FRANK SENNETT

O NEGÓCIO DO SÉCULO

A HISTÓRIA DO GROUPON

Tradução
EDUARDO RIECHE

best.
business

CIP-BRASIL. CATALOGAÇÃO NA FONTE
SINDICATO NACIONAL DOS EDITORES DE LIVROS, RJ.

S481n
Sennet, Frank
O negócio do século / Frank Sennet; tradução: Eduardo Rieche. - Rio de Janeiro: Best Business, 2013.

Tradução de: Deal of the century
ISBN 978-85-7684-598-0

1. Negócios. I. Título.

13-1382.
CDD: 650
CDU: 65

Texto revisado segundo o novo Acordo Ortográfico da Língua Portuguesa.

Título original norte-americano
DEAL OF THE CENTURY
Copyright © 2012 by Frank Sennett
Copyright da tradução © 2013 by Editora Best Seller Ltda.

Capa: Gabinete de Artes
Editoração eletrônica: FA Studio

Todos os direitos reservados. Proibida a reprodução,
no todo ou em parte, sem autorização prévia por escrito da editora,
sejam quais forem os meios empregados.

Direitos exclusivos de publicação em língua portuguesa para o Brasil
adquiridos pela
EDITORA BEST SELLER LTDA.
Rua Argentina, 171, parte, São Cristóvão
Rio de Janeiro, RJ — 20921-380
que se reserva a propriedade literária desta tradução

Impresso no Brasil

ISBN 978-85-7684-598-0

Seja um leitor preferencial Record.
Cadastre-se e receba informações sobre nossos lançamentos
e nossas promoções.

Atendimento e venda direta ao leitor
mdireto@record.com.br ou (21) 2585-2002

Para Emma Grace, que nasceu
no mesmo dia que o Groupon Now!
E para Nick, que acompanhou todo o percurso.

AGOSTO, 2010

Andrew Mason cruzou o saguão do lendário edifício-sede do Montgommery Ward, a cerca de 1,5 km a noroeste do centro de Chicago, entrou no elevador e apertou o 6. Ao chegar ao andar desejado, caminhou pelo corredor acarpetado da área de recepção do Groupon, abriu a porta de vidro e entrou. Ignorando a grande tela de vídeo que exibia o alegre logotipo de sua empresa nas cores preto e verde, ele se virou para observar a parede de tijolinhos vermelhos exposta à sua esquerda.

O projeto artístico estava pronto.

Nove capas de revistas estavam suspensas no ar, três de um lado a outro e três de cima para baixo, em uma armação do tipo desmontável, presa à parede com arame prateado. No centro da estrutura, Andrew Mason, de 29 anos, sorria e piscava para si mesmo sob o logotipo da *Forbes*, as mãos desajeitadamente escondidas dentro dos bolsos de suas calças jeans, o cabelo castanho desgrenhado, como se tivesse acabado de pular da cama, com sua camiseta casual para fora das calças, as mangas enroladas até os cotovelos, sua figura desengonçada de 1,93 m de altura adernando discretamente para a direita.

"O Próximo Fenômeno da internet", dizia a manchete.

Quando o assunto viera à tona, no início daquele mês, o diretor de marketing do Groupon sugerira que se criasse um mural para destacar a cobertura positiva da imprensa sobre a todo-poderosa das ofertas diárias. Mason odiou tanto esta ideia que a subverteu de modo perverso: todas as capas que circundariam sua estreia na revista *Forbes* mostrariam empresas de tecnologia que foram exagerada e excessivamente promovidas, mas que acabaram indo à falência e desapareceram.

"Não Mexa com o MySpace", alertava a *Fast Company*. Igualmente risível era a capa da *BusinessWeek*, com "A Geração MySpace" e a cobertura da *Fortune* sobre os "Caubóis do MySpace". Não ficando atrás, a *Time* perguntava: "O que Acontecerá com o Napster?" (Resposta: será processado e desaparecerá para sempre). O espetáculo de terror continuava. O Friendster, lançado pela *Inc.*, teve que se mudar para a Ásia para adicionar algum amigo, antes de colocar um fim à sua rede social e ser relançado como um site de jogos, em 2011. A Netscape, enaltecida nas capas da *Time* e da *BusinessWeek*, dominava 90% do mercado de navegadores em 1996; uma década depois, sua participação havia caído para menos de 1%, como uma porção esquecida da America On-line. Por falar nela, esta debilitada gigante também tinha a sua própria capa da *Time* na parede da vergonha, anunciando seu "golpe de mestre" — comprar a CompuServe.

Não era hora de estourar o champanhe, pensou Mason, enquanto absorvia esta coleção de sonhos desfeitos. O mural serviria como um lembrete aos funcionários — e a ele mesmo — de que tudo o que o Groupon conquistara era muito frágil. Talvez ele logo fosse forçado por seus investidores a vender a empresa, antes mesmo de concretizar o que planejara para ela. Se a empresa com o maior ritmo de crescimento de todos os tempos quisesse ser mais do que uma mera nota de rodapé na história da rede, já repleta de bolhas, o jovem diretor-executivo teria que continuar estimulando a equipe, antes que o solo se abrisse sob eles.

Evidentemente, isso não significava que, ao longo do caminho, eles não pudessem se divertir.

UM

A julgar pelos rumores sobre as cifras, teria sido a maior aquisição da história da internet — e, definitivamente, era preciso acreditar nas cifras. No outono de 2010, o Google, o gigante das buscas on-line, ofereceu aproximadamente US$ 6 bilhões para comprar o Groupon, um site recém-lançado de ofertas diárias, apelidado pela *Forbes* como a empresa com o maior ritmo de crescimento de todos os tempos, depois de ter sido a companhia que conseguira acumular mais rapidamente US$ 1 bilhão em vendas e a segunda mais rápida a atingir uma avaliação de mais de um bilhão de dólares, atrás apenas do YouTube, o titã dos vídeos.

Desde o início de outubro de 2010, quando o Yahoo! começou a mirar a compra do Groupon (mais informações sobre isso — "muito mais pacas", como diria a então diretora-executiva do Yahoo!, Carol Bartz — virão em seguida), até as negociações com o Google, que avançariam pelo mês de dezembro, a tensão sobre a diretoria chegou aos níveis da Crise dos Mísseis de Cuba. As aquisições on-line jamais haviam sido maiores do que esta.

Andrew Mason, o inexperiente diretor-executivo que escondia uma brilhante mentalidade analítica sob um comportamento bizarro, completou trinta anos de idade em 22 de outubro, enquanto se preparava para refutar o interesse do Yahoo!. Algumas semanas depois, o Google o procurou, por intermédio do Allen & Company, um dos bancos de investimentos com os quais o Groupon vinha trabalhando.

Mason foi convidado a visitar o grande escritório de vendas do Google em Chicago, juntamente com o presidente do conselho e cofundador do Groupon, Eric Lefkofsky, e o então presidente e diretor de operações Rob Solomon. Lá, eles se reuniram com Stephanie Tilenius, chefe do departamento comercial do Google, e Margo Georgiadis, vice-presidente de vendas globais. Todos deixaram a reunião com a agradável sensação de que uma equipe estava sendo potencialmente formada.

As negociações prosseguiram em ritmo vertiginoso depois da conversa inicial. Mason visitou Larry Page e Sergey Brin, fundadores do Google, no lendário Googleplex, em Mountain View, na Califórnia. Lefkofsky começou a tratar dos pormenores da negociação com Nikesh Arora, gerente de operações comerciais. Sabe aquele botão na página principal do Google, que diz "Estou com sorte"? Arora estava pronto para clicá-lo. Exceto pelo fato de que o Groupon estava começando a entrar em um período de supercrescimento, pressionando o Google a aumentar a oferta, que, naquele momento, havia alcançado US$ 3 bilhões.

Em meados de novembro, as negociações estavam estacionadas neste número final, mas a perspectiva da venda era tentadora, tanto para a liderança do Groupon quanto para seus investidores de capital de risco. Em 22 de novembro, Lefkofsky pediu que Solomon arrumasse suas malas: eles iriam até a Califórnia para salvar a negociação. Naquela mesma tarde, eles viajaram ao lado de Mason, do vice-presidente de produtos David Jesse, do vice-presidente sênior de operações globais Nick Cioffi, e do parceiro investidor de Lefkofsky (e cofundador do Groupon) Brad Keywell, em um voo fretado do Midway Airport, em Chicago, para San Jose. Mesmo com duas horas de vantagem em relação à Costa Oeste, eles só conseguiram chegar ao Googleplex depois das 17h.

Mason, Lefkofsky e Solomon foram rapidamente conduzidos ao escritório de Arora, onde se encontraram com o chefão da internet, Eric Schmidt, na época diretor-executivo do Google e, hoje em dia, presidente-executivo da empresa, além de Page (que, dois meses depois, voltaria ao cargo de diretor-executivo, no lugar de Schmidt) e o articulador da negociação, David Drummond, vice-presidente sênior de desenvolvimento corporativo do Google. Sob todos os aspectos, era um encontro de alta voltagem.

Naquela época, já fazia sete anos que Mason deixara a Universidade de Northwestern, onde se graduou em Música. Com 1,93 m, ele superava alguns colegas do Vale do Silício, como uma versão mais alta e mais angelical do comediante Dane Cook. Quando Mason não estava totalmente concentrado na resolução de um problema empresarial, ele conseguia desarmar até mesmo o mais duro dos críticos com um sorriso afetuoso, que fazia suas pálpebras se fecharem. Ele era extremamente reservado em relação à sua vida pessoal e às suas emoções, o que, algumas vezes, o fazia parecer frio para algumas pessoas que se relacionavam com ele. Mas, em nome da comicidade, Mason sempre fazia questão de se mostrar fisicamente vulnerável — como cultivar costeletas bizarras e dançar uma coreografia country, vestido com um chapéu de caubói, como se fosse o anunciador de um serviço de aluguel de macacos que o Groupon lançou no Dia da Mentira, 1º de abril. As roupas amarrotadas e os cabelos despenteados lhe davam um eterno ar de "manhã de domingo no alojamento" — na verdade, ele até já havia experimentado dormir de roupa, para que pudesse acordar um pouco mais tarde. Mason estava tão comprometido em desafiar as regras superficiais do mundo empresarial no tocante ao comportamento e à aparência, que, certa vez, compareceu a um almoço com um bilionário fantasiado com um moletom verde limão. Mas ele também tinha seus ternos de trabalho, e se asseava adequadamente antes de vesti-los — não que ele se importasse com a opinião alheia.

Lefkofsky já havia sido bem-sucedido na abertura de capital de outras empresas de internet, em especial a InnerWorkings e a Echo Global Logistics, que ajudavam outras empresas a otimizar os procedimentos relativos às suas redes de fornecedores. Meio palmo mais baixo do que Mason, Lefkofsky tinha algo que lembrava a aparência de um boxeador peso-galo, a impressão de energia física acumulada, ressaltada pelo fato de não temer os conflitos. Ele era um homem vigoroso de 42 anos, em boa forma física. Com sobrancelhas escuras e espessas, indefectíveis óculos e olhos cinza-azulados que transmitiam tanto uma sagacidade irônica quanto uma inteligência afiada, ele se parecia um pouco com Groucho Marx, sem maquiagem. Adicione alguns pelos faciais que mal correspondiam à definição de uma barba por fazer e um guarda-roupa que consistia principalmente de jeans, camisas casuais de botões e blusões desbotados, e tinha-se a figura exata de um magnata on-line, que parecia cada vez mais confortável consigo mesmo.

Solomon também já possuia bastante experiência: agora, com seus quarenta e poucos anos, ele desfrutara de seis anos ininterruptos de receitas crescentes, no período em que esteve à frente do Yahoo! Shopping, tendo se tornado diretor corporativo do Yahoo!. Este ex-jogador de polo aquático de Berkeley, que também sabe se equilibrar em uma prancha de surf, é um tipo tranquilo, popular e de cabelos desarrumados, que se transferira para a recém-criada empresa de viagens SideStep como presidente e diretor-executivo em

2006, supervisionando, no ano seguinte, as vendas de sua rival Kayak por US$ 200 milhões, e, posteriormente, trabalhara por um período na empresa de capital de risco Technology Crossover Ventures.

Ainda assim, esta era uma ação muito mais ousada para todos eles.

Substancialmente, a reunião consistia em ambos os lados dizerem um ao outro o quão fantástica se revelaria aquela parceria. Depois dos afagos iniciais, Lefkofsky, Mason e Solomon foram convidados a passar para uma sala de reuniões com uma lousa branca, onde negociaram por mais de duas horas com Arora e Drummond, até chegar a uma cifra satisfatória — US$ 5,75 bilhões —, que pudessem comunicar à diretoria do Groupon.

Em torno das nove horas da noite, Mason, Lefkofsky e Solomon voltaram para o Rosewood Sand Hill, um luxuoso hotel em Menlo Park, na estrada Sand Hill, a famosa rua dos sonhos para quem está à procura de capital de risco no Vale do Silício. O trio se recolheu no Madera, o restaurante do Rosewood, onde muitos negócios de alta tecnologia são selados e comemorados. Estava quase na hora de fechar, e o espaço era todo deles.

Lefkofsky celebrou a ocasião com a tequila *premium* de sua preferência, Solomon brindou com alguns dedos de uísque e Mason pediu vinho tinto. Tratava-se de um momento vertiginoso, potencialmente histórico: eles voltariam para o Centro-Oeste naquela manhã, prestes a serem os responsáveis pela maior aquisição do Google de todos os tempos. Era um resultado surpreendente para uma equipe de novos-ricos de Chicago, que começara a consubstanciar a ideia de um site de compras coletivas apenas alguns anos atrás. O trio terminou suas bebidas e, aquecido pelo fulgor da grande lareira do restaurante, contemplou os futuros financeiros ainda mais nitidamente naquele momento.

Apenas um obstáculo significativo persistia: o Google não dera garantias para o fechamento do negócio. A empresa, de fato, propusera uma elevada multa rescisória de US$ 800 milhões, mas se as preocupações antitruste adiassem a venda por um ano ou até 18 meses — o que, talvez, em última análise, levasse o Departamento de Justiça dos Estados Unidos a anular a negociação —, isso não representaria um consolo para o Groupon. Na pior das hipóteses, a empresa de Chicago poderia ficar paralisada. Imobilizada no limbo, não conseguiria fazer contratações importantes e aquisições estratégicas para turbinar o crescimento, e não poderia ir atrás de novos clientes de forma tão agressiva quanto o necessário. Lefkofsky dedicou duas semanas inteiras à elaboração de um contrato viável com base no termo de compromisso, mas sem aquela garantia de fechamento, ninguém se sentia à vontade com a negociação. Enquanto isso, as perspectivas do Groupon ser bem-sucedido se permanecesse independente estavam parecendo cada vez mais promissoras.

Após a última viagem à Califórnia, Mason e Lefkofsky começaram a promover uma série de encontros bastante tensos com o conselho, na sede do Groupon. Algumas destas conversas aconteceram nos finais de semana, à medida que o senso de urgência aumentava, e se concentravam em torno de uma pergunta simples, mas extremamente difícil de responder: seria muita loucura rejeitar esta oferta? Uma coisa é certa: as negociações forçaram os líderes do Groupon a explorar profundamente a mina de ouro sobre a qual estavam sentados. Esses tipos de cifras tendem a exigir concentração.

O Groupon conseguira decifrar um código que os gigantes do Vale do Silício vinham fracassando repetidamente em solucionar: ele conseguira conectar os comerciantes locais a uma gigantesca máquina de comércio eletrônico, e, então, distribuir as ofertas resultantes diretamente para milhões de consumidores ao redor do mundo. Executada com propriedade, esta poderia ser uma daquelas grandes e raríssimas revoluções no mundo dos negócios, talvez comparável apenas à criação de uma superloja de vendas a varejo exclusivamente on-line, lançada pela Amazon nos anos 1990. Mas se o Groupon era uma empresa especial, a oferta do Google também era incrivelmente especial.

Sendo a maior firma de tecnologia do mundo, o Google poderia propiciar vantagens importantes para o Groupon. Integrar as ofertas diárias ao produto de busca on-line mais utilizado do mercado poderia aumentar rapidamente o alcance daquelas ofertas. E o respeitável gerenciamento pós-aquisição do YouTube feito pelo Google sugeria que a equipe do Groupon seria capaz de funcionar como uma unidade de negócios verdadeiramente autônoma, uma impressão que o Google fazia todo o possível para reforçar.

Portanto, em teoria, o modelo funcionava. Mas alguns dos personagens-chave do Groupon, principalmente Mason, permaneciam com a perturbadora sensação de que YouTube havia se decidido pela venda cedo demais. E mesmo que, naquele momento, a oferta em jogo fosse quase quatro vezes maior do que a recebida pelo YouTube, o grupo de Chicago não conseguia se livrar do sentimento de que, ainda assim, poderia estar se desfazendo de suas ações antes da hora. Mas qualquer argumento contra o fechamento do negócio continuava esbarrando em um número: US$ 6 bilhões.

À medida que as negociações se arrastavam, a maior parte do conselho mudou de ideia e passou a apoiar a venda. Em meio à equipe de liderança, Lefkofsky também se inclinava para a venda; Solomon já estava preparado para aceitar qualquer resultado e Mason expressava tanto o desejo de continuar administrando a empresa quanto a vontade de se unir ao Google, desde que o Groupon saísse fortalecido e atingisse seu objetivo de criar um novo ecossistema para o comércio local. Se a maioria dos acionistas optasse pela venda, Mason poderia se sentir estimulado pela forma com que o líder de buscas on-line poderia ajudar sua empresa a crescer, ainda que se mostrasse inseguro diante do fato de que tais aquisições, de modo geral, costumavam fracassar.

Mas havia algumas vozes decisivas — tais como a do membro do conselho Kevin Efrusy, o homem que levou a Accel Partners a investir em um incipiente Facebook — pressionando o Groupon, para ver até onde ele conseguiria chegar por suas próprias pernas. Efrusy se aliou ao time dos pró-independência por intermédio do observador do conselho Roger Lee, parceiro geral da empresa de capital de risco Battery Ventures, outra investidora do Groupon.

O empreendedor alemão Oliver Samwer, que se tornara um dos grandes acionistas do Groupon depois de ter lhe vendido, no início daquele ano, seu clone europeu CityDeal, oscilava acerca da questão como um catavento em um tornado. Em certos dias, ele insistia na venda para o Google imediatamente; em outros, argumentava que o Groupon deveria permanecer independente, porque logo bateria os US$ 200 milhões por mês em vendas brutas, muito além dos US$ 50 milhões que atingia naquela ocasião. A projeção das cifras de vendas parecia insana, e, sob muitos aspectos, era mesmo. Mas no segundo semestre de 2011, menos de um ano depois, o faturamento bruto do Groupon chegou, realmente, a US$ 400 milhões por mês.

No início de dezembro, era chegada a hora de tomar uma decisão. Solomon defendia a ideia de dizer aos colegas que se eles abrissem mão da maior oferta jamais proposta para uma empresa originária da internet, acabariam sendo considerados os maiores idiotas do mundo, ou, então, os mais corajosos. O processo já chegava ao fim quando Mason levou Nitin Sharma, um cientista da informação que trabalhava para o Groupon, para conversar com Lefkofsky, Keywell e Solomon. Sharma havia analisado detidamente os números, e, com base em suas espantosas projeções — o Groupon poderia se tornar dez vezes maior se otimizasse inteiramente seu processamento de dados —, ele recomendou vividamente que a empresa permanecesse independente.

Foi aí que todos começaram a sair de cima do muro. Lefkofsky estava bastante preocupado com suas noites de insônia nos próximos dezoito meses, caso alguma preocupação antitruste adiasse a negociação com o Google, e, agora, essas novas projeções sustentavam a intuição dos fundadores do Groupon de que eles ainda tinham muito o que crescer neste modelo de comércio ainda amplamente inexplorado.

Nas seis semanas em que transcorreram as negociações com o Yahoo! e o Google, as vendas da empresa explodiram para algo em torno de US$ 50 milhões por mês — o dobro do que eram há apenas três meses. A equipe de liderança começou a imaginar que a receita bruta de 2011 poderia atingir US$ 1 bilhão — ou, até mesmo, US$ 2 bilhões.

Era difícil prever o quão íngreme seria a curva de crescimento. O mais bem-sucedido Groupon até aquela data, uma oferta da Nordstrom Rack, lançada em 4 de novembro de 2010, que vendera vale-presentes de US$ 50 por US$ 25 e rendera mais de US$ 15,6 milhões (representando cerca de 2,5% das vendas totais acumuladas do Groupon até aquele momento), sinalizava um crescimento contínuo e sustentado no mercado varejista nacional. Some-se a isso o fato de que as vendas internacionais estavam em crescimento ascendente e respondiam por mais da metade das receitas da empresa. Permanecer independente começou a parecer quase irresistível.

Mason e Lefkofsky se trancaram em uma sala de reuniões do Groupon e debateram pela última vez a oferta recebida. Eles acreditavam, naquele instante, que sua empresa valia muito mais do que US$ 6 bilhões, mas era difícil afirmar com precisão o quanto mais — a não ser que escolhessem acreditar nos boatos de que banqueiros de investimentos de Nova York estariam fixando a avaliação do Groupon em alguma cifra entre US$ 20 bilhões e US$ 30 bilhões. Esta especulação exagerada emergiu à medida que a concorrência entre a Morgan Stanley e a Goldman Sachs para ocupar a posição de coordenadora líder se tornou tão intensa que Lloyd Blankfein, diretor-executivo da Goldman e um dos verdadeiros mestres do universo no mundo das transações financeiras, programou uma visita de duas semanas à sede do Groupon no início do ano, de modo que pudesse se apresentar pessoalmente a Mason e Lefkofsky.

No fim, chegou-se à conclusão de que a empresa tinha tanto potencial de crescimento, e estava tão envolvida com aquele modelo de negócios, que a única coisa a fazer era ligar para o Google no dia 3 de dezembro e encerrar a negociação — uma negociação que, provavelmente, teria sido realizada se o gigante de buscas tivesse conseguido dar garantias sobre o fechamento. Depois de confirmar o apoio de Keywell e de Solomon ao plano, Lefkofsky colocou um ponto final na história.

"Superar aquele processo fez com que nos sentíssemos uma borboleta saindo do casulo", disse Mason. "Passamos por uma fase de introspecção e hesitações, e, então, finalmente despertamos, em um estado de confiança absoluta. Era como se disséssemos: 'OK, nós somos a melhor empresa do mundo'".

Porém, observando de fora, não foi bem esta a impressão que se teve. A rejeição do Groupon à oferta do Google provocou vertigens no Vale do Silício e surpreendeu o resto do mundo, ao mesmo tempo em que aguçou o apetite dos bancos por IPO* do Groupon, que poderia eclipsar o do próprio Google.

Foi a arrogância que levou o Groupon a permanecer independente? Aparentemente, milhões de pessoas chegaram a esta conclusão. E é verdade que US$ 5,75 bilhões teriam representado um valor assombroso para uma empresa recém-criada, com dois anos de existência. Afinal, o Google havia interceptado o voo do YouTube pela bagatela de US$ 1,65 bilhões em 2006 e, na sequência, absorvido a fortíssima empresa de publicidade on-line DoubleClick por US$ 3,1 bilhões, um ano depois. O site de leilões eBay já havia estabelecido anteriormente o teto das aquisições on-line, ao pagar US$ 2,5 bilhões pelo serviço de videofone Skype, em 2005. Mesmo levando-se em conta a inflação, o Groupon teria inaugurado a marca histórica do maior pagamento particular de todos os tempos para uma empresa de internet recém-lançada, tivesse ele apenas dito sim à oferta do Google.

Mas, no fim de 2010, diante da constatação de uma trajetória ascendente nas receitas da empresa, a gerência percebeu que havia uma possibilidade significativa de que, se e quando o Google finalmente entregasse o generoso cheque, os fundadores do Groupon poderiam estar se vendendo com um desconto muito mais exorbitante do que as ofertas pela metade do preço de sushis, tratamentos cosméticos e passeios de barco pelas quais a empresa se tornara conhecida. Mesmo assim, ninguém teria criticado o Groupon por aceitar o dinheiro.

Conforme o ano se aproximava do fim e uma forte concorrência começava a surgir no ambiente das ofertas diárias, restava apenas uma questão: a especulação de US$ 6 bilhões em torno do Groupon teria valido a pena?

---

* IPO, sigla em inglês para Initial Public Offering, que equivale à abertura de capital de uma empresa, acompanhada pelo início das venda de suas ações na bolsa.

DOIS

No ensino médio, Andrew Mason se esforçava tanto para fazer seus amigos rirem que levou seu exasperado e novato professor de matemática às lágrimas em mais de uma ocasião. Um amigo em particular, Rob Garrity, hoje diretor-executivo de uma empresa de energia renovável sediada em Nova York, morria de rir com as atitudes de Mason, até que a bagunça tomasse conta, completamente, da turma toda. "Era ótimo", afirmou Garrity. "Embora eu me sinta um pouco mal ao lembrar disso."

O compromisso absoluto com uma brincadeira, independentemente da resposta do público, continua a ser uma marca do humor de Mason. Mas muito antes de ele se tornar o Andy Kaufman dos diretores-executivos, seus amigos o consideravam a pessoa ideal para conceber as mais extravagantes cenas. Eles se recordam dos tempos, por exemplo, em que ele prometeu não comer nada além de pizza durante um mês, e tentou ficar uma semana inteira sem usar calçados — mesmo chegando ao cúmulo de cortar as solas de um velho par de tênis, de modo que pudesse frequentar as aulas, embora, tecnicamente, estivesse cumprindo a sua promessa. Porém, quando seus chamativos calçados foram descobertos, ele foi forçado a voltar a usar sapatos normais para evitar uma suspensão. Até mesmo as melhores brincadeiras têm que terminar um dia.

Na verdade, uma delas nunca deveria ter sido sugerida — embora ilustre um aspecto central da personalidade de Mason. Certa vez, ao viajar para visitar os avós de Garrity na periferia da Filadélfia, os dois adolescentes levaram o husky de Garrity para um longo passeio e acabaram indo parar em uma loja da Blockbuster Video. Eles não ousaram deixar o impetuoso cão do lado de fora, mas queriam escolher um filme juntos. Garrity sugeriu que Mason se fingisse de cego e deixasse o cachorro conduzi-lo dentro da loja, como se fosse um cão-guia.

Era um típico trote politicamente incorreto de estudantes secundaristas, do tipo que a maioria das pessoas acaba rememorando depois de algumas cervejas nas reuniões de turma. Com o husky puxando para um lado e Mason para o outro, um cliente foi até ele e disse: "Nossa, que cachorro bonito". Mason lançou um olhar vago para o espaço, a cabeça voltada para o lado oposto do cliente e disse, com a maior cara-de-pau: "Obrigado, mas eu não saberia dizer." E, então, começou a tatear as capas das fitas de vídeo, como se os títulos pudessem estar escritos em Braille.

Com certeza, deve ter sido um desempenho digno de vaias.

Mas, embora o cachorro não fosse seu, ele se agarrou à coleira, porque Andrew Mason sempre foi *aquele cara*. Ele não fazia de sua vida uma história bem-humorada apenas na escola ou quando saía com os amigos. Até mesmo na adolescência Mason se comportava desta forma no local de trabalho. Em 1998, quando esteve contratado por oito meses como recepcionista e garçom no restaurante da rede mexicana Chi-Chi, ele transformou o emprego em uma arte da atuação.

Enquanto acomodava os fregueses, Mason pegava os menus do mostruário da recepção, saía andando em um ritmo acelerado e, então, parava abruptamente, para que os fregueses fossem correndo ao seu encontro. Quando começava a andar novamente, fazia gestos vagos para várias mesas. As pessoas começavam a se sentar, e Mason ia em direção a outra mesa, deixando-as sós.

"Pelo fato de nunca ter saído para comer em restaurantes, eu achava que a função do garçom era entreter os fregueses", disse Mason. "Então, eu usava um *sombrero*, levava um acordeão e tocava algumas músicas. Hoje em dia, sendo uma pessoa que frequenta restaurantes, se algum dia tivesse que lidar com uma pessoa assim, eu a despediria."

Mas até que ponto ele havia realmente se distanciado daquelas noites de trabalho no Chi-Chi? E, dadas as controvérsias que Mason vem frequentemente despertando com suas travessuras no Groupon, será que algum dia ele conseguirá fazer um retrospecto de seus primeiros dias como diretor-executivo e concluir que seu comportamento performático tenha causado a ele e à sua empresa mais problemas do que seria necessário?

"Não", afirmou Mason no fim de 2011, "porque só se vive uma vez, e tudo que estou fazendo é ser eu mesmo. Acho que um diretor-executivo normal tenta se mostrar de uma forma que não é realmente a sua. Isso, provavelmente, não é a sua essência. Ele tem uma ideia do que significa ser profissional e parecer inteligente, e eu, simplesmente, não quero competir" nestes termos.

Esta atitude propiciou o aparecimento de uma versão folclórica de Mason, que tomaria conta do imaginário público, significando que ele raramente recebe crédito pela seriedade com que conduz os negócios nos bastidores, e, tampouco, pela perspicácia estratégica que demonstrou ao transformar o Groupon em uma potência. Até mesmo internamente, sua imagem pública de uma pessoa excêntrica levou alguns funcionários a acreditar, erroneamente, que a empresa se gabava por proteger os que apresentavam desempenhos medíocres. Quando eles começaram a entender a cultura da diversão corporativa como um fim em si mesmo, em vez de uma recompensa pelo árduo trabalho, Mason os dissuadiu prontamente desta noção, ao longo de uma série de reuniões sem agenda prévia e com formato aberto. O diretor-executivo havia cometido um erro comum entre líderes de empresas nascentes que constatam o aumento de magnitude em seus negócios: ele assumira que os funcionários mais recentes compartilhavam do mesmo comprometimento com o sucesso do Groupon que a equipe nuclear quando, na realidade, muitos deles enxergavam o emprego simplesmente como um trabalho, e não como uma missão.

"Estou confiante de que isso trará resultados a longo prazo", disse Mason, a respeito do descompasso de imagem e suas consequências involuntárias. "Mas é preciso saber viver consigo mesmo. E, simplesmente, não me sentiria bem tentando fazer isso sem ser eu mesmo. Tenho que agir de acordo com os meus princípios, da forma que eu aprecio. Quando observo o modo pelo qual as típicas empresas conduzem a si mesmas, é um esquema do qual eu realmente não pretendo participar. Ao olhar para trás e constatar os erros que cometi, sei que este não foi um deles."

Rob Solomon, primeiro presidente e diretor de operações do Groupon, pensa de outra forma. "O Andrew dos 35 e dos quarenta anos vai detestar o Andrew dos 29 e dos trinta; posso garantir", disse ele. Inegavelmente, nossa vida adulta passa por estágios. Acabamos amadurecendo comportamentos que enxergávamos como essenciais para a nossa natureza aos vinte e poucos anos de idade, com a mesma facilidade com que descartamos o CD com os maiores sucessos da Steve Miller Band, que amávamos no ensino médio.

Mesmo que Mason não comece a abominar quem ele era em sua juventude, "ele não gostará tanto de si mesmo quanto do homem em que se tornará" afirmou Solomon. Isso é verdade para muitos de nós, mas, à exceção dos fenômenos do atletismo, das crianças famosas e dos diretores-executivos de empresas nascentes, a maioria das pessoas não passa seus anos de formação sob a luz intensa dos holofotes.

Mason amadureceu cedo em aspectos importantes. Ele também criou negócios em meio às brincadeiras do ensino médio, incluindo um esquema de revenda de balas na cafeteria do colégio para seus colegas de turma, compradas por atacado no Costco, obtendo um lucro razoável. No fim dos anos 1990, Mason e seu amigo Garrity também lançaram um serviço de reparação de computadores no estilo Geek Squad, confiando no fato de que eram profundos conhecedores de PCs, apenas por manipulá-los experimentalmente.

A fim de impressionar clientes desavisados de meia-idade, eles removiam a tampa de todos os computadores sobre os quais estavam trabalhando, de modo que parecesse que estavam em meio a um complexo diagnóstico, mesmo que estivessem apenas reconectando o cabo de uma impressora. A dupla finalmente se deu conta de que não entendia nada quando se viu paralisada diante de um pedido para investigar por que um mouse não estava funcionando corretamente.

"O que estamos fazendo?", perguntou Garrity, assim que o dono da casa lhes outorgou aquela tarefa. "Temos que sair daqui", e foi o que fizeram, deixando o dinheiro do cliente na bancada da cozinha e fugindo em disparada, sem mais uma palavra. E assim, chegava ao fim a primeira empresa nascente de tecnologia de Mason.

"Era absolutamente ridículo", disse Garrity. "Era totalmente amador."

A dupla também planejou a criação de um serviço de entrega em domicilio de pães em forma de rosca. Embora este empreendimento nunca tenha saído do papel, Garrity considerava Mason um gênio de criatividade, muito antes de fundar o Groupon. "Ele é tão inteligente; ele sempre estava bolando as suas coisas. E ele era muito, muito escrupuloso".

Ainda assim, o livro anual de formandos registra que Mason foi considerado o aluno mais especial e mais divertido do ensino médio. Parece que, no caso de Andrew Mason, é impossível separar o chiado da frigideira da *fajita* de carne do Chi-Chi.

21 DE OUTUBRO, 2010

Andrew Mason estava atrasadíssimo para o almoço no Buddy Guy's Legends, um emblemático clube de *blues* nos arredores de South Loop, em Chicago. A capa da *Forbes* fora publicada há alguns meses, e estávamos a alguns passos do acirramento das negociações com o Yahoo! e o Google e a um dia do aniversário de trinta anos de Mason. A montanha-russa estava chegando ao topo da íngreme subida, mas ninguém sabia ainda a que nível de emoção chegaria aquela aventura.

O guitarrista Fruteland Jackson tocava um set acústico em um ambiente preocupantemente vazio para uma quinta-feira, quando Mason entrou, acompanhado de uma equipe de filmagem. Ele se vira obrigado a gravar uma estranha entrevista com uma mulher de uma empresa fabricante de botões, e, visivelmente perturbado, se desculpou pelo atraso, enquanto prosseguia na desconfortável tarefa de retirar a caixinha transmissora do microfone de suas calças.

Ele vestia jeans escuros e uma blusa de botões para fora das calças, com as mangas enroladas até os cotovelos. Esbelto, e com um emaranhado de cabelos castanhos, Mason exibia uma conduta atenciosa e sedutora, que alguns poderiam chamar de juvenil.

Desde o último mês de abril, o diretor-executivo estava indo e voltando do trabalho de Vespa. "Isso mudou a minha vida", disse ele. Sua scooter, um modelo de 275 cilindradas, era, pura e simplesmente, verde. "Nunca passei por nada que se aproximasse à experiência de quase-morte" nas estradas de Chicago, observou, acrescentando: "Pretendo usar a scooter durante todo o inverno." Logo, porém, estaria esbanjando seu dinheiro em uma Mercedes nova, o que se revelou uma boa ideia, pois em 2010/2011 o inverno de Chicago trouxe consigo uma nevasca que provocou o fechamento, pela primeira vez na história, da famosa Lake Shore Drive. A scooter não era à prova de intempéries.

Depois do almoço (pago com um Groupon), ele começou a divagar sobre seu novo cartão American Express Centurion, aquele preto, feito de titânio anodizado. Aquele que você precisa ser pessoalmente convidado a possuir. Ele estava impressionado, pois o cartão lhe oferecia um bilhete gratuito para um acompanhante todas as vezes que voava para a Europa. Nitidamente, ele ainda estava se acostumando à realidade de ser um magnata em ascensão.

Sua natureza pragmática continuou a transparecer durante aquele que seria o primeiro encontro dos vários que tivemos. Mason se espantou, por exemplo, com a variedade de opções vegetarianas no menu. "É raro encontrar um bife que não seja de carne em um clube de *blues*", disse. "É realmente impressionante." Ele logo pediu uma cerveja; não ficava nem um pouco paranoico com o fato de consumir álcool no horário de expediente, como muitas pessoas ficam hoje em dia. Ele falou sobre sua então noiva, Jenny Gillespie, que havia acabado de abandonar um emprego em uma revista para crianças para se dedicar à carreira musical.

No dia seguinte, os colegas de trabalho foram buscar os pais de Mason em Pittsburgh e começaram a debochar dele por conta de seu aniversário, no que depois ele denominaria "os noventa minutos mais embaraçosos da minha vida".

Outubro estava se revelando um excelente mês para Mason. Era o mês de seu nascimento, o mês de lançamento do Groupon e o mês em que ele planejava se casar. Se tudo corresse bem, talvez fosse, também, o mês em que a nova e gigantesca categoria de comércio on-line criada por ele o transformaria em um dos mais jovens bilionários do mundo.

TRÊS

Uma das descrições abreviadas e enganadoras que os jornalistas costumam utilizar para ilustrar a improvável ascensão de Andrew Mason à diretoria executiva de uma das empresas on-line mais hábeis do planeta é destacar que ele se formou na Universidade de Northwestern, em 2003, como bacharel em Música, tendo começado a trabalhar com Steve Albini, o produtor ícone do indie-rock, na gravadora Electrical Audio, em Chicago. Isso tudo é verdade. E Mason tem uma boa destreza ao piano — durante suas raras horas de folga, ele treina as Variações de Goldberg, de Bach, em um piano de cauda Steinway Modelo B, que comprou como "meu primeiro gasto desregrado, quando finalmente consegui ganhar algum dinheiro com o Groupon" (ele estava estudando a terceira variação, de um total de 32).

Mas não classifiquemos Mason como um músico que teve sorte. Ele codificava sites de internet na adolescência e se matriculou em Engenharia na Northwestern, até mudar de curso. Antes de criar o The Point, precursor do Groupon, ele fez pós-graduação em Políticas Públicas na Universidade de Chicago, porque queria obter financiamento para um site de internet denominado Policy Tree.

Ele desconhecia totalmente o mundo dos capitais de risco, mas tinha se informado através do FactCheck.org, um site criado pela Wharton School, da Universidade da Pensilvânia. Por que o Policy Tree não poderia ser o FactCheck da Universidade de Chicago? ele se perguntava.

Pense sobre isto um instante: Mason estava tão determinado a levar adiante a sua perspectiva que se inscreveu em um curso de pós-graduação, pois esta era a única maneira que ele imaginava garantir algum suporte à sua invenção. Tratava-se de um gesto genuinamente criativo, ainda que proviesse de um rapaz que, aos 26 anos de idade, conseguira concebê-lo sem os conhecimentos rudimentares sobre como as empresas nascentes de tecnologia obtêm, usualmente, os seus financiamentos.

A ideia que sustentava o Policy Tree era oferecer uma ferramenta on-line a pessoas que estavam em posições opostas diante de uma questão relativa a políticas públicas, de modo que elas pudessem utilizá-la para chegar a um denominador comum e, por fim, unir forças em prol do bem da sociedade. Em janeiro de 2006, antes de se matricular no curso de Políticas Públicas da Harris School, da Universidade de Chicago, para aprimorar o conceito do site, Mason conseguiu um emprego como desenvolvedor de FileMaker em uma das empresas de Lefkofsky, a Echo Global Logistics, que usa rastreamento on-line e tecnologia analítica para auxiliar empresas a transportar suas cargas com mais eficácia.

Durante os primeiros meses no emprego, Mason não era mais do que um perfeito desconhecido para Lefkofsky, que supervisionava tanto a Echo Global Logistics quanto outra empresa recém-criada, a InnerWorkings, que potencializa tecnologia para que os clientes diminuam seus custos de impressão e de marketing. Mas Lefkofsky causou, rapidamente, uma impressão — uma má impressão — em Mason.

Naqueles primeiros dias, Mason teve a infelicidade de estar sentado em um cubículo contíguo à estação de trabalho de um funcionário da Echo Global que, com frequência, costumava ser vítima da ira de Lefkofsky. Depois de ouvi-lo repreender continuamente os membros da equipe com um volume de voz confessadamente alto, Mason criou um apelido para Lefkofsky: "socável".

"Ele simplesmente me pareceu um cara que eu gostaria de socar", disse Mason. "Porque ele é totalmente insensível, incapaz de fazer qualquer tipo de gentileza ou de promover o bem-estar para qualquer pessoa."

"Isso é verdade mesmo", afirmou Lefkofsky. "Não sou caloroso nem dissimulado."

Mason teve uma epifania alguns anos depois, quando ambos estavam almoçando juntos no Chipotle, e Lefkofsky se comportou praticamente como um cachorro alfa, exatamente como fazia no escritório, dando ordens aos empregados da rede de *fast-food* como se fosse o dono do estabelecimento.

"Eu funciono no mesmo diapasão desde a primeira hora do dia até voltar para casa, à noite", disse Lefkofsky.

"Inclusive com os filhos dele", contou Mason. "É esquisito. Você deveria observá-lo interagindo com os próprios filhos qualquer dia destes."

Mason e Lefkofsky implicam livremente um com outro, mas a relação não é desprovida de afeto. Na verdade, o presidente do Groupon protege fervorosamente Mason, defendendo publicamente e sem hesitação alguns dos mais duvidosos gestos do jovem diretor-executivo. Lefkofsky também costuma apoiar Mason em ocasiões privadas, como aquela em que, aos gritos, calou um investidor do Groupon que exigia uma participação acionária maior do que a de Mason. A encenação funcionou. A reunião terminou com o investidor concordando que sua parcela não poderia ser maior do que a do diretor-executivo.

Poucos meses depois de ingressar na Echo Global, Mason já havia sido transferido para a outra empresa de Lefkofsky, a InnerWorkings, que necessitava de auxílio extra na área de tecnologia, e também estava sediada no mesmo prédio na parte norte de Chicago — que, por fim, acabaria se transformando na sede do Groupon. Tendo se destacado dos demais por sua dedicação ao trabalho e seu pensamento criativo, Mason era, agora, o desenvolvedor líder, responsável por reestruturar a interface de tecnologia de impressão da InnerWorkings.

Foi aí que a compulsiva ansiedade de Mason em aprimorar qualquer item de tecnologia que lhe chegasse às mãos o conduziu à sua grande virada. Um dos sistemas de automação da empresa não estava sendo suficientemente aprimorado para satisfazer as necessidades de uma crescente base de clientes. Isso deixava Mason frustrado, e ele pensou em uma solução que sabia que iria funcionar. O projeto não era da alçada de seu cargo, mas quando ficou sabendo que a InnerWorkings havia tentado resolver o problema por três vezes e fracassado em todas as tentativas, ele decidiu expor o seu plano à equipe de desenvolvimento.

"Tem um cara lá na Tecnologia que quer reformular todo o nosso sistema por conta própria, e ele diz que consegue fazer isso em seis semanas", revelou o supervisor de Mason a Lefkofsky. Era uma afirmação ridícula: a empresa tinha investido anos tentando solucionar o problema, e agora este garoto consertaria tudo por conta própria, em menos de dois meses? Lefkofsky e a gerência da InnerWorkings decidiram arriscar, acreditando que o pior que poderia acontecer era a momentânea queda de produtividade de um único funcionário.

Foi a primeira vez que Lefkoksky tomou conhecimento de Mason. Não demorou muito para que ele ficasse impressionado com a disposição e a autoconfiança daquele jovem. Mason precisou dormir no escritório para dar conta de seu prazo autoimposto, e todas as vezes que Lefkofsky encontrava com ele, Mason estava codificando.

"Era apenas uma questão de puro trabalho", afirmou Mason. "Codificar é divertido. Era só isso."

Quando Mason finalmente fez valer sua promessa, consertando o sistema que outros haviam sido incapazes de consertar, Lefkofsky se surpreendeu.

Mesmo assim, a empolgação de Mason em cumprir aquele desafio se esvaiu rapidamente. Afinal, ele nunca havia sonhado em desenvolver uma carreira no ramo da tecnologia de impressão interempresarial. Naquele outono, ele decidiu se matricular na Universidade de Chicago. Lefkofsky tinha outros planos, e estava determinado a manter sua nova estrela por perto.

Se era dinheiro que Mason queria, não havia problema algum. A Inner Workings estava pronta para aumentar seu modesto salário de cinco dígitos para US$ 200 mil. Espantosamente, Mason se mostrou impassível diante da oferta.

"Não", disse ele. "Eu prefiro ir à faculdade."

Mason deu início, de fato, ao seu curso de pós-graduação, mas concordou em retornar à InnerWorkings um dia por semana para ajudar a transferir os seus projetos para outra pessoa. No resto do tempo, ele ficava na Universidade de Chicago, amadurecendo o Policy Tree, vivendo a vida de um brilhante idealista, incorruptível diante dos sonhos de enriquecimento rápido e indiferente a um emprego muito bem remunerado, mas que não significava nada para ele. Sem dúvida, uma carreira recompensadora no mundo acadêmico e as organizações sem fins lucrativos o esperavam, em um mundo onde as pessoas ainda economizavam dinheiro recortando cupons dos jornais.

QUATRO

O Policy Tree não era a única ideia de site que disputava a atenção de Mason. Ele também pretendia lançar um site que melhoraria o mundo pelo aproveitamento da força das ações coletivas. Em determinado momento, ele contou a Lefkofsky que gostaria de desenvolver o conceito sozinho, sem nunca chegar a expressar verdadeiramente o que tinha em mente. Mason havia feito um esboço da proposta para Eric Belcher, presidente e diretor-executivo da Inner Workings. Por sorte, Belcher a confidenciou a Lefkofsky, que, um dia, ligou para Mason no intervalo entre suas aulas e pediu que ele apresentasse sua ideia.

Para um rapaz que se matriculara em um curso de pós-graduação porque esta lhe parecia a única maneira de fazer com que um projeto de internet obtivesse financiamento, isso representava uma oportunidade surpreendente de conhecer um anjo investidor — embora, por acaso, ele também fosse seu chefe — e apresentar o seu conceito do site de ações coletivas, que ficaria conhecido como The Point e, por fim, seria desmembrado no Groupon.

Pressionado pelo telefonema, um despreparado Mason se atropelou na apresentação do projeto, esquecendo de explicar muitas das principais características de seu conceito. Ainda assim, Lefkofsky ficou intrigado.

A ideia central era a de que os usuários postassem no site campanhas que demandassem ações coletivas — fosse para dar início a um boicote a uma empresa de telefonia celular, para forçá-la a mudar as cláusulas contratuais consideradas abusivas (Mason teve a ideia do site depois de passar por uma terrível experiência de atendimento ao consumidor, junto ao seu provedor de internet sem fio) ou, até, para financiar uma cúpula de vidro de controle do clima, que tornaria a cidade de Chicago um paraíso temperado, coisa que Mason notoriamente defendeu logo depois do lançamento do The Point.

Cada campanha só seria colocada em marcha depois de alcançar um patamar mínimo preestabelecido de comprometimento de recursos, fosse em trabalho voluntário ou em doações financeiras. Se os recursos mínimos não estivessem garantidos até determinada data, a campanha proposta simplesmente expiraria, e todos aqueles que haviam se oferecido para cooperar seriam dispensados.

A ideia de Mason era tão simples quanto poderosa: o site estimularia uma troca social eficaz, permitindo que as pessoas comprometessem tempo e dinheiro com uma causa apenas quando tivessem certeza de que isso faria a diferença. Se você não assinaria um cheque de US$ 25 para alguém que batesse à sua porta levantando fundos para a construção de um parque local que talvez nunca saísse do papel, haveria muito mais probabilidades de concordar com a doação se você soubesse que o cheque só seria compensado quando a construção começasse.

"Isso parece muito interessante", disse Lefkofsky a Mason quando ele concluiu sua improvisada exposição ao telefone. "Por que você não prepara um esboço de cinco páginas e traz até aqui? Aí veremos se é algo que poderemos financiar e desenvolver juntos."

Lefkofsky estava inclinado a desconsiderar as toscas habilidades de Mason para exposições, em parte porque ficara muito impressionado com a pessoa que havia concebido a proposta. Além dos talentos de Mason para a codificação, Lefkofsky apreciava a abordagem notadamente franca com que o jovem lidava com qualquer situação. Na época em que Mason era apenas um membro júnior da equipe, em meio a alguns milhares de funcionários das duas empresas, ele criticava destemidamente as falhas organizacionais.

"Este cara é um chato, um idiota, você precisa se livrar dele", foi o comentário que Mason fez a Lefkofsky a respeito de um funcionário. Mason sentia que era seu dever informar o chefe, caso ele estivesse muito ocupado com assuntos estratégicos e não conseguissse prestar a devida atenção às operações do dia a dia. Era assim que tinha que ser, pensava Mason. Lefkofsky era um homem sábio e inclemente, então por que ele compactuaria com a incompetência?

"Você acha que eu não sei disso?", respondeu Lefkofsky quando foi informado de que um dos seus gerentes era um asno. "É claro que eu sei disso. Mas há uma razão para deixar como está."

Mason ficou chocado. Mas esta foi a sua primeira lição na gerência corporativa — ter uma perspectiva ampla exige, algumas vezes, conviver com um funcionário nem tão ideal assim, até que chegue a hora certa de substituí-lo. Este foi um dos muitos ensinamentos que Mason logo colocaria em prática, em uma escala que teria sido impossível imaginar naquele momento.

Portanto, Mason era inteligente e eficaz, e se expressava com os mesmos termos sem rodeios de seu chefe. Mas Mason também tinha algo importante, que Lefkofsky necessitava arduamente: uma janela de comunicação com a geração mais nova, aquela que havia sido criada com a internet e conseguia perceber para onde ela se encaminharia.

A emergência do YouTube como uma plataforma on-line essencial, com uma avaliação multibilionária, pegara Lefkofsky de surpresa. Ele conhecia o funcionamento do setor interempresarial, mas se quisesse se tornar uma peça fundamental no ramo da internet focada no consumidor, precisaria contar com ideias mais criativas.

Lefkofsky gostou da ideia do site, mas talvez estivesse ainda mais interessado no fato de que Mason passava dez horas por dia on-line. A perspectiva de que um jovem que pensava praticamente da mesma maneira que ele pudesse lhe servir como guia neste novo mundo o entorpecia, e isso poderia valer um dinheiro considerável.

NOVEMBRO, 2006

O esboço de cinco páginas preparado por Mason sobre o seu site foi muito melhor do que a exposição oral; tão melhor que Lefkofsky estava disposto a investir assim que acabou de ler.

"O que você pretende com isso? — perguntou Lefkofsky.

"Posso lhe vender a ideia — disse Mason. — Por que você simplesmente não a compra por, vamos dizer, US$ 15 mil?

"Eu não quero comprar a ideia — respondeu Lefkofsky. — O que vou fazer com ela? Não tenho ninguém para operar o site. Esta tarefa tem que ser sua.

Como isso funcionaria?, pensou Mason. Afinal de contas, ele estava na pós-graduação e a semana de exames finais se aproximava.

Foi quando Lefkofsky pronunciou as palavras mágicas: "Vamos colocar um milhão de dólares neste negócio e transformá-lo em uma empresa."

Só havia um problema: se Mason aceitasse o dinheiro de Lefkofsky para desenvolver o site, ele teria que abandonar a Universidade de Chicago no fim daquele período.

Ele pediu alguns dias para avaliar suas opções. Afinal, esta era uma decisão que poderia definir a sua vida.

CINCO

Aceitar o investimento significaria dar um grande passo, agravado pelo fato de que Mason acreditava que o Policy Tree estava mais fadado ao sucesso do que o The Point, que era uma ideia muito mais abrangente e complicada de executar. Mas o estudante de pós-graduação não tinha os recursos necessários para desenvolver o Policy Tree sozinho, e seria difícil desprezar a oferta de sete dígitos feita por Lefkofsky. A Universidade de Chicago estava entrando na semana final de provas e, em seguida, no recesso das férias; o ano de 2007 estava se aproximando. Talvez fosse a hora certa para um recomeço.

Mason consultou seus professores e eles o incentivaram. Àquela altura, Mason sabia que iria abandonar o curso. Ele começou a trabalhar seriamente em um plano de negócios para o site de ações coletivas, mas também continuou estudando para os exames finais. Ele terminaria o semestre e tentaria obter boas notas, caso precisasse retornar algum dia. Seria tolice acreditar que este arriscado e incipiente empreendimento o deixaria rico (quando recebeu seu primeiro cheque polpudo, ele o depositou em um caixa de seu banco, no supermercado, e foi informado por um surpreso atendente que deveria abrir várias contas poupança e repartir o dinheiro, para assegurar que o montante total estivesse habilitado à cobertura da FDIC, a agência americana de seguro de depósitos, cujo limite máximo é de US$ 250 mil por conta).

Mason começou a definir o projeto nos escritórios de Lefkofsky e Keywell em janeiro de 2007. No fim daquele mês, ele postou uma mensagem na embrionária página inicial do PolicyTree.org: "Oi! O Policy Tree está suspenso indefinidamente — estou ocupado, trabalhando no The Point. Alguém desejaria assumi-lo?"

O primeiro nome de trabalho do The Point foi "Big Vox". Ninguém gostava deste nome, mas depois de algumas semanas propondo todas as alternativas potenciais imagináveis — centenas de nomes — nenhuma sugestão melhor apareceu.

As dificuldades para batizar o site ressaltavam um problema central, uma conclusão, enfim, a que Mason chegou: o conceito que o sustentava era tão abstrato e amorfo que parecia impossível pensar em um endereço da internet que transmitisse adequadamente o seu objetivo.

Finalmente, no fim de janeiro, chegou-se a "The Point". Eles gostaram do nome, pois reforçava o conceito de um patamar mínimo, característica essencial na funcionalidade do site. Afinal, uma campanha só poderia ser lançada depois de alcançar este "patamar".

Os patamares mínimos já vinham sendo utilizados por alguns outros sites de ações coletivas de menor abrangência, notadamente o DonorsChoose, de fins não lucrativos, lançado no Brooklyn pelo educador Charles Best em 2000, para ajudar a financiar projetos educativos postados por professores de todo o país. Na verdade, alguém poderia argumentar que o The Point era, essencialmente, o DonorsChoose sem uma conexão específica a alguma causa. E o The Point não seria o último site deste tipo a ser lançado: o Kickstarter, que nasceu em 2009, justamente quando o Groupon estava ganhando corpo, também se beneficiou, com sucesso, da força do patamar mínimo para estimular a ação coletiva, neste caso para financiar desde projetos criativos de produções de teatro e dança até filmes e videogames.

Ironicamente, o Groupon, sendo um desdobramento do The Point, cresceu com tamanha rapidez e em tão pouco tempo que o patamar mínimo rapidamente perdeu importância — hoje em dia, a maior parte das ofertas atinge imediatamente o número mínimo de consumidores, e poucas chegam à sua data de expiração sem o fazer. Mas naqueles primeiros dias, o patamar mínimo era um componente decisivo de todo o processo.

No início de 2007, quando Lefkofsky fundou o The Point, ele ficou com a maior parte das ações, cabendo a Andrew 15%, o que ressalta a influência exercida pelos abastados anjos investidores. Mas Mason, mais uma vez, deu provas de que o dinheiro não era uma de suas principais motivações.

"Faça, simplesmente, o que você considerar justo", disse ele a Lefkofsky. "Não negociarei isso de forma alguma. Porque se eu negociar, vou achar que sempre poderia ter obtido mais, e aí me sentirei mal. Portanto, faça qualquer coisa."

O investimento fez com que Mason se sentisse incrivelmente otimista. Quando o dinheiro apareceu, ele foi passear com uns amigos no centro de Chicago e lhes disse: "Já está no papo — basicamente, em alguns anos, terei acumulado trinta milhões de dólares. Isso vai acabar acontecendo, tenho certeza."

Lefkofsky adotava uma perspectiva mais realista. Ele entendia que a distribuição pouco equitativa das cotas de participação era justificável, já que estava investindo um milhão de dólares em uma ideia decididamente incerta. "De modo geral, a distribuição das participações é uma bagunça nos primeiros momentos destas empresas em fase embrionária", acrescentou Lefkofsky. "É muito raro um empreendedor obter sucesso financeiro na primeira vez em que monta um negócio. A menos que seja um experimento como a Microsoft, em que os fundadores foram espantosamente bem-sucedidos desde o começo e não precisavam de muito capital para operar os seus negócios. Até mesmo no Facebook, Mark Zuckerberg detém apenas cerca de 28%, e isso depois de um crescimento inacreditavelmente meteórico."

Mesmo antes de enriquecerem com o negócio, Mason e Lefkofsky não se detiveram na questão da disparidade da divisão acionária. Mas havia algo a mais naquela estrutura que incomodava a ambos.

"Há pessoas que detêm uma parcela considerável desta empresa e que não fazem muita coisa", afirmou Lefkofsky. "Isso é muito mais frustrante. Se alguém detém uma parcela considerável e está se matando de trabalhar, como Brad e eu estamos, não há como não sentir raiva quando pessoas que detêm uma parcela considerável não fazem nada. E há pessoas que são donas de uma parcela considerável de ações e sumiram; elas não estão nem por perto."

Mas havia um obstáculo final na forma como a empresa fora estabelecida, e este obstáculo poderia ter um profundo impacto nas recompensas financeiras de seus fundadores. Uma vez que Lefkofsky investiria US$ 1 milhão de suas reservas pessoais no The Point, ele precisava decidir qual seria a participação a ser oferecida ou não ao seu sócio Brad Keywell, que não tinha investido um centavo sequer.

Segundo o acordo tácito que haviam estabelecido, ambos recebiam uma determinada cota de participação das empresas nascentes nas quais haviam investido ou fundado, sendo que Keywell recebia uma parcela ligeiramente inferior à de Lefkofsky. Mas o The Point era um híbrido incomum, o que dificultou a decisão sobre a distribuição dos percentuais: a dupla seria considerada cofundadora, mas, além disso, Lefkofsky adiantara quase todo o dinheiro necessário. No fim, Lefkofsky destinou a Keywell sua participação usual, que, neste caso, era ligeiramente inferior aos 15% recebidos por Mason. Se Keywell fosse retirado desta divisão, a participação de Lefkofsky aumentaria em cerca de 50%.

Um calvo e entusiasmado Keywell considerou a decisão de Lefkofsky uma prova de sua parceria de vinte anos e de uma amizade que só floresceria na Universidade de Michigan, apesar de ambos se conhecerem desde crianças, quando frequentaram a mesma sinagoga. No curso de Direito, aos vinte e poucos anos de idade, eles acabaram sendo alocados na mesma turma, o que significava que seriam colegas de classe em todas as disciplinas do primeiro ano. Alguns dias depois do início do período letivo, a dupla se tornou inseparável. Eles perceberam que não tinham interesse algum em trabalhar para outras pessoas, e que queriam criar empresas. Por fim, ainda na faculdade de Direito, terminaram ajudando um ao outro em vários planos de negócios, e, uma vez formados, continuaram a explorar juntos o caminho do empreendedorismo.

"Esta não era uma questão para mim", disse Keywell, a respeito da divisão das cotas de participação. "A maior parte das parcerias não vai para a frente por uma grande lista de razões. Geralmente, aquelas que prosperam são bem-sucedidas por uma pequena lista de razões: nelas, existe confiança, habilidades complementares, respeito e amizade verdadeira. Se estas quatro coisas existirem, tem-se uma grande parceria". Keywell e Lefkofsky tinham todas essas quatro coisas.

Hoje em dia, Keywell tem se dedicado mais ativamente à codiretoria administrativa da Lightbank, ao lado de Lefkofsky. "Não existe ninguém igual a ele", comentou Lefkofsky a respeito de seu parceiro. "Ele é pura energia e inteligência. Um dos melhores empreendedores que eu já vi".

Uma vez decidida a questão da divisão das cotas de participação, Lefkofsky rapidamente fez a empresa deslanchar. Em 2007, quando o The Point foi legalmente constituído, os fundadores o capitalizaram com montantes nominais em troca de participação nos lucros líquidos. Lefkofsky acrescentou mais US$ 8.275 ao US$ 1 milhão inicial, e Keywell investiu US$ 7.150. Andrew Mason contribuiu com US$ 375, complementando o resto da participação com o seu trabalho. Agora, chegara o momento de montar a equipe. Com os US$ 35 por hora que vinha ganhando como desenvolvedor na InnerWorkings, Mason pagava US$ 10 não contabilizados por hora para um rapaz da sua idade, chamado Joe Harrow, para que ele fosse até o seu apartamento e o ajudasse a desenvolver o projeto do Policy Tree.

Harrow, que acabou se associando ao The Point e, por fim, assumindo a função de atendimento ao consumidor do Groupon, conseguiu o emprego ao responder a uma postagem na Craigslist. Mas antes de transferir oficialmente Harrow para o The Point, Mason precisava finalizar a redação do plano de negócios e contratar um desenvolvedor sênior, Brendan Baldwin. Baldwin acabou ficando por dezessete meses e construindo a *interface* do The Point na plataforma Ruby on Rails, juntamente com Mason e outros cinco codificadores.

Quando Mason apresentou o plano de negócios, que fazia referência a compras coletivas em diversos ambientes, através, por exemplo, da promessa de integrar os pedidos de ofertas dos consumidores a comerciantes específicos dentro da arquitetura de busca do site, e da possibilidade de os usuários "barganharem com um fazendeiro local para entregar produtos frescos naquele bairro, a preços reduzidos", ou, então "comprarem algo (...) que exige uma série de pessoas", Lefkofsky percebeu que havia escolhido o homem certo. Ele detestara todos os outros planos de negócios que lhe haviam sido submetidos. Além de serem muito mal escritos, eram, geralmente, incoerentes. Ele ou Keywell acabavam reescrevendo todos os planos. Até aparecer este. Lefkofsky revisava todas as seções que Mason ia escrevendo e, simplesmente, lhe dizia para seguir em frente. Depois de fazer pouquíssimas alterações, Lefkofsky afirmou: "Este plano de negócios realmente serviu para o The Point por dezoito meses."

Lefkofsky poderia ser o capitalista convicto ideal para o obcecado codificador Mason, mas eles tinham uma dificuldade semelhante, que era encontrar colaboradores com quem conseguissem se entrosar. Mason é notório por rejeitar e reescrever as cartas de atendimento ao consumidor e outras comunicações externas do Groupon. Mas quando passa os olhos sobre apresentações contábeis preparadas por Lefkofsky, ele as endossa habitualmente, sem nem pensar duas vezes.

Estes dois fanáticos pelo controle tiveram, de fato, sorte de encontrar um ao outro, pois nenhum dos dois seria capaz de tolerar uma situação na qual não concordassem com os mínimos detalhes, como, por exemplo, os *slides* de uma apresentação em PowerPoint. "Trabalhamos muito bem juntos, caso contrário, seria um desastre", afirmou Lefkofsky. "Encaramos o mundo da mesma maneira."

Eles também compartilham um estilo de administração sem envolvimento emocional que pode incomodar, ainda que, com frequência, o amenizem através do humor. Um dia, por exemplo, Lefkofsky foi conversar com Nick Cioffi, vice-presidente sênior de operações globais do Groupon. Quando um colega mencionou que era aniversário de Cioffi, Lefkofsky respondeu: "Pouco me importa. Neste momento, estamos trabalhando. E, no trabalho, fazemos dinheiro." E logo suavizou, acrescentando: "Hoje à noite, quando eu sair do trabalho e for para casa brincar com meus filhos, vou lhe desejar feliz aniversário."

Em outra ocasião, um funcionário interpelou Mason por ter ignorado alguém que estava lhe dirigindo a palavra. Ele se desculpou rapidamente, mas a pergunta ficou no ar: "Esta é a insensibilidade do diretor-executivo, ou trata-se da insensibilidade padrão?" Joe Harrow relata: "Não sei se ter se tornado diretor-executivo fez Andrew mudar tanto assim. Ele é um cara excêntrico, e não pede desculpas por causa disso. Ele é audacioso."

Se o indivíduo conseguir se afinar com Mason e Lefkofsky — e for valorizado por eles —, eles serão ótimos companheiros de trabalho. Mas se não conseguir acompanhar o ritmo que eles estabelecem ou priorizam dentro de seu estilo incisivo, será melhor se afastar rapidamente.

O ano de 2008 começava, e como o The Point ainda não apresentava um modelo de negócios lucrativo, Mason e Brad Keywell foram prospectar financiamentos de capital de risco na famosa Sand Hill Road, no Vale do Silício, percorrendo-a de alto a baixo por três dias inteiros, no mês de janeiro. Lá, foram advertidos e desencorajados por pesos-pesados da Sequoia Capital, da Benchmark Capital e da Kleiner Perkins.

"Era um bando de sujeitos dizendo o que havia de errado com aquela ideia", afirmou Keywell. "Desde então, todos eles reconhecem que se recordam da reunião, e lembram-se de nos haver dito em que medida tal e tal empresa estava no caminho certo, e como nós estávamos errados." Essencialmente, era uma versão do século XXI dos investidores de capital de risco negando aos Beatles um contrato de gravação, e Keywell, que vem buscando investimentos de risco no Vale do Silício desde 1998, se diverte com a história.

O The Point finalmente atingiu seu objetivo com a New Enterprise Associates, que havia financiado empreendimentos anteriores de Lefkofsky e Keywell. Os parceiros tinham esperança de conseguir diversificar sua base de financiamento para além da NEA, mas perceberam que ainda não era a hora. "Era preciso confiar nesta equipe", afirmou Keywell. "Procuramos todos os suspeitos usuais da Sand Hill Road, mas, no fim do processo, aqueles que haviam tido experiências prévias comigo e com Eric foram os que resolveram se arriscar." Em 29 de outubro, o The Point anunciou uma rodada de investimentos Série A de US$ 4,8 milhões, capitaneada pela NEA, cuja diretoria contava, agora, com o sócio-gerente administrador Peter Barris.

Embora Keywell focasse essencialmente em negociações nacionais, recrutando talentos de alto nível e costurando parcerias estratégicas, ele tinha o papel menos definido dos três fundadores, e seu envolvimento seria inconstante, ao contrário do envolvimento de Mason e Lefkofsky, que permaneceria estável. Mas Keywell estava contente em servir onde se mostrasse necessário, mesmo que fosse para analisar as oportunidades de abertura de outras empresas.

"Para mim, isso é felicidade", afirmou Keywell, que lançou o seu primeiro negócio, uma empresa de cartões comemorativos, aos sete anos de idade. "Isso é a felicidade absoluta. Começar uma coisa, fazê-la crescer e ser empreendedoristicamente criativo é a razão inquestionável pela qual penso que existo. Eric tem feito isso há anos, porque é isso o que ele faz; eu tenho feito isso há anos, porque é isso o que eu faço. Isso me deixa feliz, e, portanto, continuo fazendo mais e mais. Isso o deixa feliz, e, portanto, ele continua fazendo mais e mais."

Enquanto isso, Lefkofsky e Mason continuaram a dividir a maioria das obrigações cotidianas ligadas à manutenção do The Point, e, posteriormente, do Groupon, de uma maneira que ressaltava os pontos fortes de cada um. Como presidente, Lefkofsky cuidava da obtenção de fundos e das relações com investidores, avaliava parcerias estratégicas potenciais e lidava com as agências reguladoras, como a SEC (equivalente norte-americana à Comissão de Valores Mobiliários, ou CVM), entre outras obrigações de alto escopo. Em uma das primeiras reuniões da diretoria, por exemplo, houve uma discussão sobre quem deveria ocupar o comitê de auditoria do Groupon. Mason se ofereceu como voluntário, mas Lefkofsky o aconselhou a não fazê-lo. "Claro", disse Mason com um leve sorriso, "eu nem sei o que é isso".

Além de servir como a imagem pública divertida de ambas as empresas, Mason supervisiona as operações diárias, sem a interferência de Lefkofsky.

Tanto é assim que, quando a dupla levou o prefeito de Nova York, Michael Bloomberg, para uma visita ao Groupon, em 2011, eles foram parar em uma sala que abrigava noventa vendedores. Era a primeira vez que Lefkofsky colocava os pés naquele ambiente.

E, apesar desta imagem exterior de Mason, dentro da empresa, especialmente entre sua equipe administrativa, ele é tudo, menos um trapalhão. A equipe o descreve como superfocado, supercompetitivo e superracional. O Groupon é um gigante movido a informações, onde os números governam e as questões empresariais são analisadas de forma imparcial e rigorosa. Mason também recrutou uma equipe de excelentes profissionais on-line, que ele gerencia firmemente. Nenhum assunto é grande ou pequeno demais para que ele deixe de analisá-lo em profundidade. O *feedback* é direto e preciso. Se uma pessoa estiver fazendo alguma coisa da maneira correta, ela será informada sobre isso. Se estiver fazendo alguma coisa da maneira errada, será informada ainda mais rapidamente. Mas a falta de tato e de sensibilidade, que, por vezes, parece um detrimento pessoal de Mason, cria uma cultura de gestão estável, regular e altamente funcional; em meio ao enorme caos externo e a um dos crescimentos mais rápidos de todo o planeta.

Quando se trata de estabelecer a estratégia de negócios, lidar com a diretoria e assegurar os investimentos, Lefkofsky — que parece investir em uma nova empresa a cada cinco minutos, por intermédio do fundo de capital de risco Lightbank, dele e de Keywell — desempenha um papel relevante.

"Dinheiro e negócios: é aí que está a essência da parceria", afirmou Lefkofsky. "Mas a maneira como a empresa é gerida de Andrew para baixo, é algo que cabe completamente a ele. Não tenho nenhuma responsabilidade sobre esta inacreditável cultura que existe aqui."

Talvez isso seja verdade. Mas Lefkofsky quase aceitou o conselho de algumas pessoas, que queriam acabar com a empresa antes mesmo que ela decolasse.

SEIS

Lembra-se daquele pequeno problema, de que o The Point tinha um conceito tão abrangente que era quase impossível defini-lo? E do fato de que estava sendo gerenciado por um codificador criativo de 26 anos de idade, que não se sentia motivado pelo dinheiro e que nunca havia administrado anteriormente uma empresa de verdade? Somados, esses fatores não contribuíram para o rápido sucesso do The Point, e, por muito pouco, quase tiraram todo o empreendimento dos trilhos antes do lançamento de sua primeira oferta diária.

Como resultado de tais problemas, o clima ficou tenso entre Mason e Lefkofsky. Não havia um modelo de negócios claro, e Mason estava mais preocupado em concretizar sua concepção do site do que em desenvolver um modelo. Enquanto isso, Lefkofsky estava tão atarefado administrando suas outras empresas que não conseguia se encontrar com Mason mais do que uma vez por semana. Durante este período, o jovem diretor-executivo cometeu erros de formação que ajudaram a prepará-lo para o papel de maior destaque que ocuparia no Groupon, mas um pouco mais de orientação operacional com Lefkofsky não teria lhe feito nenhum mal.

Quando eles conseguiam se encontrar, costumavam sair faíscas. Mason estava obcecado em criar uma experiência de usuário perfeita, sem necessidade de pré-configuração, não importando o quanto isso demorasse, enquanto Lefkofsky queria que ele lançasse alguma coisa aceitável em seis semanas. Como o processo de desenvolvimento já se arrastava por três meses, Lefkofsky não conseguia mais tolerar.

"Que merda!", disse ele a Mason. "Não se prenda aos mínimos detalhes. O site não tem que ser perfeito; apenas coloque alguma coisa para funcionar e vá aprimorando a partir daí".

"Como assim?", replicou Mason. "Tem que ser uma experiência excelente."

À medida que prosseguia, a equipe continuava acrescentando novas funcionalidades — o site precisava de um componente para redes sociais, um sistema de mensagens e uma maneira de fazer a distinção entre os comprometimentos de fundos ou de esforços. O objetivo de solucionar todos os problemas logísticos das ações coletivas escapara aos maiores agentes sociais da história, mas Mason acreditou que pudesse alcançá-lo com uma plataforma suficientemente robusta.

Embora a equipe de Mason fosse pequena e não estivesse desperdiçando o capital da nova empresa em ritmo descontrolado, Lefkofsky e a diretoria ficavam cada vez mais apreensivos com um produto que tardava em se materializar. Entretanto, sem dominar as habilidades de programação no Ruby on Rails, não havia nada que pudessem fazer, a não ser pressionar Mason para que ele lançasse logo o site. "Ele estava totalmente isolado", afirmou Lefkofsky.

A equipe nuclear que desenvolvia o The Point estava trabalhando horas e horas a fio em uma pequena suíte, nos fundos dos escritórios da InnerWorkings. Mas, ainda então, Mason se recusava a levar a vida com muita seriedade.

Em abril de 2008, quando Mart Loseke, codificador de HTML e CSS que acabaria se tornando o funcionário número seis do Groupon, foi contratado, sua estação de trabalho ficava em uma quina no fundo da sala, diante de uma parede. Todos os seus colegas se sentavam às suas costas, fora de seu campo de visão, a menos que ele desviasse o olhar de sua tela de computador. Logo depois de ser admitido no novo emprego, Loseke se tornou alvo de elásticos de borracha, lançados em sua nuca. Ele se virava e perguntava quem estava atirando os elásticos, mas ninguém nunca confessava. "O dia todo, elásticos quicavam na minha cabeça", afirmou.

Então, certo dia, Loseke chegou ao trabalho mais cedo do que o usual. Mason e um outro funcionário já haviam chegado antes dele. Loseke mal havia ligado o seu computador quando *plaft!*, um elástico de borracha atingiu sua cabeça.

Loseke se virou na direção de Mason. "Cara, que merda é essa?", disse ele.

"O que foi?", respondeu Mason, com uma expressão totalmente dissimulada.

"Não conheço você o suficiente para saber se está querendo me sacanear", retrucou Loseke, voltando a se concentrar em seu trabalho.

O grupo inteiro estava se revezando para atacá-lo, imaginou Loseke. Para além disso, era um escritório com um ambiente descontraído e divertido. Ele adorava o seu trabalho, suas peculiaridades e tudo o mais — como o trote que Aaron With, ex-colega de turma de Mason, que havia sido contratado de uma organização sem fins lucrativos para trabalhar no The Point, aplicou nas outras empresas que ocupam o prédio no mês em que Loseke fora admitido.

With tinha cabelos louros, uma queda por se vestir com suéteres, um bigode que dava a impressão de que duas lagartas haviam rastejado até seu lábio superior e a compleição pálida de um homem que passara a vida inteira sob o brilho de lâmpadas incandescentes. Mas assumir que ele era um conservador que envelhecera antes do tempo seria um engano.

With detestava o cheiro de pipoca que vinha da cozinha compartilhada e que invadia as instalações do The Point. Um dia, então, ele afixou uma circular próximo ao micro-ondas. O comunicado, supostamente advindo da Divisão de Controle da Atmosfera do condomínio, proibia a preparação de pipoca em todas as dependências do prédio. Para With, todos entenderiam que se tratava de uma brincadeira, mas várias pessoas protestaram, e em 29 de abril ele acabou postando um envergonhado pedido de desculpas, depois que as prerrogativas da empresa para a utilização da cozinha quase foram suspensas. "Prometo que não farei mais nenhuma brincadeira deste tipo", escreveu With. Evidentemente, à medida que a empresa começou a tomar conta de todo o edifício, o ambiente se tornaria muito mais tolerável àquele senso de humor.

E houve, ainda, o dia em que Mason apareceu com o cabelo raspado bem no meio da cabeça, desde a testa até a nuca, deixando apenas as partes laterais e uma barba por fazer. Ele estava gravando um vídeo educativo do The Point, no papel de um Andrew Mason mais velho, que vinha do futuro para conversar.

Mas o futuro estava bem mais próximo do que ele pensava. Nove meses depois de se entocar, Mason foi finalmente forçado a lançar o The Point. O site exibia um incrível conjunto de funcionalidades, mas nenhuma delas funcionava particularmente bem. Foi aí que ele percebeu o que Lefkofsky quis dizer com lançar rapidamente. É possível criar um site sólido em um curto período de tempo, caso não se tente incorporar tantos recursos supérfluos e desnecessários.

"Ainda acredito que é preciso lançar algo que constitua uma experiência excelente", afirmou Mason. "Acho, apenas, que não é necessário lançar tantas coisas." Foi uma importante lição aprendida, mas este aprendizado quase lhe custou o negócio.

O incompleto e extremamente ambicioso site finalmente entrou no ar em setembro de 2007, mas ele não recebeu a atenção que Mason esperava. A equipe, então, começou a pesquisar uma maneira de transformá-lo em um negócio viável. Lefkofsky trouxe pessoas de fora, como Dan Seals — consultor empresarial e político democrata dos subúrbios de Chicago que disputou e perdeu três eleições para o Congresso —, para pensar criativamente em modelos que conduzissem o The Point à lucratividade. Mas os meses se passavam, e nada tomava uma forma definitiva, ao mesmo tempo em que os fundos da empresa recém-criada continuavam a evaporar.

Durante a fase de adolescência do The Point, todos os esquemas concebidos pela equipe para tornar o negócio rentável se revelaram inúteis. Eles se ofereceram para criar campanhas genéricas para organizações sem fins lucrativos, permitindo, essencialmente, que as organizações assumissem o sistema de automação do The Point como se fosse um produto próprio. Com o fracasso desta iniciativa, Mason decidiu que o site precisava ser completamente remodelado, um reinício que durou aproximadamente cinco meses. Inacreditavelmente, Mason tornou o site ainda mais complexo do que já era. O foco mudou da obtenção de um patamar mínimo, atingido quando um certo número de pessoas simplesmente se filiava a uma campanha, para a inclusão de um componente de ação secundária. "Era mais ou menos assim: 'Vamos todos colocar dinheiro neste negócio, mas só vamos autorizar o seu uso quando alguém concordar em concorrer à prefeitura'", contou Mason. Assim como um viciado em cirurgias plásticas que tenta obter uma aparência natural entrando na faca uma e outra vez, ele permaneceu na sala de operações durante todo o verão.

Certo dia, em uma cena que se repetiria mais de uma vez, um visivelmente agitado Lefkofsky adentrou o escritório de Mason para uma conversa a portas fechadas, conduzida em um volume tão alto que poderia ser facilmente ouvida em todo o pequeno ambiente de trabalho do The Point.

"Você tem que encontrar um modelo lucrativo", insistia Lefkofsky, com a voz cada vez mais alta. "Sua pequena e divertida empresa embrionária de merda acabou. As pessoas, e não apenas eu, investiram milhões de dólares no seu sonho, e se você não transformá-lo em realidade RAPIDAMENTE, tudo isso vai ter um fim bastante abrupto. Não posso segurar os outros investidores eternamente. Eles já estão querendo desistir. Já gastamos tempo demais e esta não é uma organização sem fins lucrativos. Encontre um nicho de negócios, ou vamos partir para outra coisa."

Incrivelmente, Mason não se deixou entrar em pânico. Sem nenhuma evidência concreta, ele disse a Lefkofsky: "Calma. Quando for a hora de fazer dinheiro, simplesmente faremos muito dinheiro." Mason tinha uma confiança inata de que, quando estivesse preparado, encontraria uma forma de usar o poder da internet e a força das ações coletivas para gerar receitas.

Lefkofsky não conseguiu acreditar no que estava ouvindo. Mason achava que, de alguma forma, poderia ligar ou desligar um interruptor e — *boom!* — eis um fluxo instantâneo de receitas. Se era este o caso, a hora de fazê-lo era agora.

Para o grupo de idealistas, essas exaltadas discussões entre os chefes era um sinal de alerta. Eles sempre souberam que teriam que monetizar o The Point algum dia, mas este dia parecia uma realidade vaga e muito distante. Agora, a pressão era real demais.

SETE

Lefkofsky estava pensando seriamente em dar um fim a esta situação. Ele acusou Mason de se comportar como se estivesse querendo rearrumar as cadeiras no convés do Titanic, mas havia alguma coisa naquele projeto que mantinha Lefkofsky emocionalmente conectado.

Ele reconheceu laivos de brilhantismo criativo quando, por exemplo, Mason lançou sua campanha para arrecadar US$ 10 bilhões para construir uma cúpula de inverno sobre a cidade de Chicago, com o acionamento determinado pelo clima. "A erradicação do inverno permitiria que nossa cidade florescesse até seu pleno potencial", escreveu Mason, ao expor publicamente a ideia da cúpula, que teria "buraquinhos em formato de avião no teto" e poderia ser desmontada e guardada durante o verão. "A possibilidade de usar bicicletas como meio de transporte durante todo o ano permitiria que as pessoas vendessem seus carros e reduzissem o tráfego. Conseguiríamos realizar mais coisas durante o inverno, sem ficar presos dentro de casa. As possibilidades são infinitas."

Lamentavelmente, a campanha estacionou na promessa de US$ 239 mil, ou apenas US$ 9.999.761 a menos do que o necessário para atingir o patamar mínimo. Mas, pelo menos, ela ajudou a explicar eficazmente como o site funcionava. Como observou Mason, os participantes "não gastarão um centavo, a não ser que levantemos dez bilhões de dólares, o que seria mais do que suficiente para executar a nossa tarefa. Não há nenhum risco em aderir à campanha. Não fique aí pensando se o dinheiro será ou não arrecadado, pense apenas no quanto valeria a pena você se ver livre dos sofrimentos no inverno de Chicago."

Mas nada poderia consertar o fato de que faltava foco ao site. O conceito era amplo demais para que os usuários o assimilassem. Eles poderiam usar o The Point para mobilizar um grupo de amigos para ir a uma festa, para comprar uma mesa de pingue-pongue para o seu alojamento, para organizar um boicote contra uma corporação multinacional, para tentar anular uma lei federal, para levantar dinheiro para uma organização sem fins lucrativos... ou para realizar compras coletivas. De modo geral, os usuários não faziam nada disso. Ao tentar ser bom em todas estas coisas, o site, essencialmente, não se mostrava bom em coisa alguma.

Enquanto isso, Zac Goldberg, responsável pelo marketing de busca online, estava ocupado, tentando direcionar o tráfego para o The Point sem gastar muito dinheiro. Ele começou comprando espaço publicitário no Google, tendo por base as palavras-chave das campanhas de ativismo que já estavam montadas. Infelizmente, uma das primeiras campanhas propostas pelos usuários do site foi um convite para legalizar a maconha, através da adesão pública de um milhão de pessoas à causa, e, desta forma, Goldberg começou a comprar anúncios para o The Point com base em palavras-chave como "legalização da maconha". Estes anúncios apareceriam em janelas secundárias no Google, sempre que alguém usasse aquela frase em alguma busca. Dentro de três dias, o The Point foi invadido por fãs de uma banda anarquista chamada Insane Clown Posse, que começou a lançar uma campanha de legalização da maconha atrás da outra. Goldberg mudou imediatamente o foco da campanha publicitária, procurando se concentrar na prevenção de crueldades contra animais.

Mason comparava este frustrante estado de coisas com suas experiências de composição musical. "Quando alguém está criando arte, há uma necessidade de expressar as ideias em sua totalidade, quase ignorando se as pessoas estão entendendo ou não", disse ele. "Mas as inovações empresariais mais bem-sucedidas são aquelas que dão um passinho além de algo que já existe e que as pessoas já compreendem. Assim, elas podem olhá-las por um segundo e entender do que se trata. 'Ah, é igual àquilo, mas tem um toque a mais.' E, no fim, foi nisso que se resumiu o Groupon."

Como ficou demonstrado com o DonorsChoose, focar em um nicho específico ainda é a única maneira comprovada de fazer o modelo dos fundos de investimentos sociais funcionar. É apenas uma questão de simplicidade. E, sob esta lógica, conforme Mason tende a admitir, o The Point poderia dar origem a outras atividades segmentadas, nos moldes do Groupon.

Então, da próxima vez que você ficar chateado ao ver os Andrew Masons da vida ficando ricos por conta de conceitos que estão a apenas um clique de distância de algo que já existe — como, por exemplo, os cupons de desconto —, console-se com o fato de que simplesmente reconhecer tais conceitos pode ser o segredo para o seu sucesso. Não perca tempo criticando a criança que gostava tanto que a mãe retirasse a casca dos sanduíches da rede PB&J, e que quando ela cresceu acabou "inventando" os sanduíches Sem Casca; talvez você consiga fazer uma fortuna a partir de novos e divertidos usos para as cascas desperdiçadas.

Evidentemente, talvez o seu empreendimento vá pelos ares, da mesma forma que o The Point quase foi. Depois daquele árduo período de adolescência, entre maio e outubro de 2008, quando Lefkofsky procurou vislumbrar algum sinal de promessa para além da ausência de um modelo de negócios, ele passou a temer que, talvez, nunca houvesse um caminho sustentável para o The Point.

Já era hora de dar a última cartada. Se Lefkofsky e Keywell haviam adotado uma política de não intervenção, agora eles estavam agressivamente envolvidos em tentar monetizar o site. Lefkofsky sugeriu a venda de espaços publicitários, mas Mason resistiu. Enquanto isso, o conselho de administração começou a pressionar Lefkofsky para abortar o negócio. Aqueles eram os mesmos diretores que ocupavam cadeiras nos conselhos de suas empresas InnerWorkings e MediaBank, uma empresa on-line de compra de mídia que ele e Keywell haviam fundado. Essas empresas estavam indo muito bem, o que, por comparação, fazia com que o The Point parecesse ainda pior.

"Dê um fim a isso de uma vez", disse um dos diretores a Lefkofsky, quando as folhas do outono começaram a cair. "Ainda temos três milhões restantes. Distribua o dinheiro e vamos partir para outra."

Durante aquela fase, parecia que cada conversa entre Mason e Lefkofsky se transformava em conflito. Suas discordâncias eram enormes, e poderiam, facilmente, ter se tornado insuperáveis. Lefkofsky ficou tão convencido de que Mason se sentia desobrigado a fazer dinheiro que começou a se referir ao jovem diretor-executivo como socialista. A missão pessoal do presidente passou a ser libertar Mason de seus modos supostamente anticapitalistas.

Do ponto de vista de Mason, seu mentor estava se comportando de forma estúpida. Quando Lefkofsky o pressionou a vender espaço para anunciantes no site, Mason finalmente perdeu a paciência com ele.

"O que há de errado com você?", perguntou Mason. "Estamos com trinta mil visitantes por mês e vamos ganhar US$ 9 mil por mês com publicidade. Por que eu faria isso? Quem, em sã consciência, tentaria vender espaço publicitário quando não há tráfego algum?".

"Você, simplesmente, precisa entender qual é a sensação de fazer alguma coisa que traga retorno financeiro", insistiu Lefkofsky.

Mason finalmente concordou em criar alguns espaços publicitários no *blog* do The Point, mas nenhum dos dois saiu vitorioso da discussão, e, em agosto, já havia ficado claro que veicular anúncios não geraria uma receita significativa. Oferecer a tecnologia para que organizações sem fins lucrativos criassem campanhas genéricas de levantamento de fundos era outro beco sem saída. A equipe, então, começou a focar na resposta a uma questão primordial: como eles conseguiriam monetizar as compras coletivas?

Mas se essas alternativas permaneciam como um impasse, a campanha de reeducação capitalista de Lefkofsky conseguira, por fim, levar Mason e os outros jovens idealistas de sua equipe a procurar um modelo de negócios consensual, no qual todas as partes poderiam sair lucrando. Para chegar a esta epifania, o grupo examinou de perto como os associados estavam utilizando o site. Curiosamente, alguns deles haviam tentado convencer os comerciantes a oferecer um desconto se, digamos, um certo número de usuários concordasse em jantar em seu restaurante.

"Algumas campanhas que as pessoas vinham sugerindo desde o início de 2008 e que já existiam no The Point, são, basicamente, as campanhas do Groupon", explicou Mason. Mas, naquela época, a empresa só oferecia uma sala virtual para que a negociação fosse realizada, e não ficava com nenhuma participação nos lucros por colocar ambas as partes em contato.

Muitas tentativas de implementar as compras coletivas pela internet já haviam sido feitas antes disso. Então, o que o ThePoint.com faria de diferente? Mason abordou a questão a partir da perspectiva do consumidor: se ele recebesse um e-mail diário apresentando um ótimo negócio a um preço ainda melhor, ele estaria sempre motivado a comprar. Mas a grande sacada que levou ao nascimento do Groupon, é, na verdade, incrivelmente simples, e, como a maioria dos melhores modelos de negócios, faz com que você se pergunte: "Por que não pensei nisso antes?".

O que Mason e sua equipe acabaram descobrindo foi isto: todos os dias, alguns itens dos comerciantes locais ficam absolutamente intocados. Comidas vão para o lixo, reservas são canceladas. E para conseguir mais consumidores, os comerciantes têm que atraí-los a entrar em seus estabelecimentos, o que, geralmente, significa oferecer-lhes um desconto. Mas, para a maioria dos comerciantes, os descontos e as vendas formam uma relação paradoxal. O comerciante só vai querer abaixar os preços se souber que conquistará novos consumidores. Até a chegada do Groupon, esta era uma equação sem solução. O Groupon aplicou a lógica dos patamares mínimos e perguntou aos comerciantes: "Se nós conseguirmos cem consumidores, vocês dariam a todos eles um desconto de 50%?" Isso criou uma conexão imediata entre o incentivo oferecido e o resultado desejado pelo comerciante. Da noite para o dia, um novo mercado consumidor estava formado. Mas a logística precisava ser discutida. Além de Lefkofsky, Keywell, Mason, Harrow e Cioffi, que estavam supervisionando as operações diárias, a tarefa de organizar o site e desenvolver uma estratégia de vendas também era amparada por Shawn Bercuson, que se tornaria o primeiro vice-presidente de desenvolvimento de negócios do Groupon, e pelo colega de universidade de Mason, Aaron With. Àquela altura, Mason já havia se transferido de seu escritório e ocupava uma mesa entre With e Harrow.

"Como vocês acham que deveríamos batizar o novo site?", perguntou, certo dia, o diretor-executivo a seus colegas. Alguém havia sugerido, anteriormente, chamá-lo de Thrill & Chill (apresentando duas ofertas a cada dia — uma empolgante e outra descontraída), mas a ideia foi descartada, sem despertar nenhuma empolgação.

Em menos de trinta segundos, With respondeu: "Que tal Groupon?" Ele gostava de brincar com neologismos — misturar palavras para criar novas —, e uma vez que o conceito do serviço que fora desmembrado do The Point era oferecer cupons que as pessoas comprariam em grupo, combinar "grupo" e "cupom" soava natural.

Mais tarde, Mason disse a With, em tom de brincadeira: "Se você não tivesse sugerido este nome, em algum momento eu mesmo teria feito isso." E With observou, dando uma risada: "Foi meio insensível da parte dele dizer isso, mas é verdade."

De qualquer maneira, o nome Groupon pegou — e o *slogan* "pegue o seu Groupon" também.

Era um momento de decisões rapidas. Dias depois de With batizar o serviço, os designers já haviam criado capturas de tela. Em pouco tempo, a programação rudimentar estava pronta e o Groupon foi habilitado para um lançamento experimental. Todo o processo durou menos de seis semanas.

Isso servia muito bem a Lefkofsky. Com uma rápida implementação, pensava ele, a equipe poderia fracassar novamente sem gastar muito tempo, e partir, então, para ideias melhores. Ele ficou intrigado com o conceito de compras coletivas, mas não imaginou que este seria o aplicativo mais poderoso e inovador da equipe.

Mason aplicara as lições que aprendera com os fracassos do The Point, desenvolvendo rapidamente um produto enxuto e com foco bastante preciso. Os primeiros Groupons ficariam organizados em um *blog* da WordPress, com um dispositivo do The Point embutido em cada oferta postada.

"O sistema de automação era horroroso", afirmou Mason. De fato, quando os associados compravam um Groupon, eles recebiam um e-mail dizendo: "Obrigado por se filiar a esta campanha do The Point". Os endereços eletrônicos dos usuários eram, então, exportados para uma base de dados FileMaker. Joe Harrow rodava um *script* de computador que abria um aplicativo de e-mails da Apple, criava mensagens individuais para cada endereço eletrônico associado à compra de uma oferta, embutia cupons de ofertas em PDF nas mensagens e as enviava uma a uma. O site foi totalmente remodelado.

Com o processo pronto para ser testado, a equipe começou a tentar vender aos comerciantes locais o conceito de oferecer cupons de desconto, em troca de um número garantido de consumidores em seus estabelecimentos. Talvez fosse a equação de ganha-ganha que todos procuravam. Se resolvida da forma correta, tanto os consumidores quanto os comerciantes se beneficiariam da experiência das ofertas coletivas, e o Groupon poderia ficar com uma participação considerável nos lucros, como o intermediário que criara um mercado capaz de unir a todos.

"A maior lição que aprendemos com o The Point foi termos ampliado de tal forma a abrangência daquela coisa que não conseguíamos nos especializar", afirmou Harrow. "Ninguém conseguia se envolver com aquilo; não conseguíamos nem entender realmente o que estávamos construindo. Quando fizemos o Groupon, nós dissemos: 'Vamos pegar uma pequena parte deste site e otimizá-la.'"

Mas se esta abordagem não funcionasse, o futuro do The Point seria incerto.

21 DE OUTUBRO, 2008

O The Point lançou seu primeiro Groupon em uma terça-feira. A oferta, que ainda pode ser vista no site, era muito simples: duas pizzas pelo preço de uma no Motel Bar, a propriedade anexa ao piso inferior do edifício-sede do Groupon, que os funcionários haviam transformado em um reduto para fazer suas refeições.

Os associados do The Point pagariam US$ 13 pelo que valia US$ 26. Uma vez efetuada a compra, os Groupons expirariam em 25 de outubro de 2009, dando aos compradores tempo suficiente para devorar as pizzas. O Motel Bar estabeleceu um patamar mínimo de 25 ofertas, acreditando que, se conseguisse trazer para o seu estabelecimento pelo menos aquele montante de (em sua maior parte) novos consumidores, já seria um investimento de marketing válido para tentar a fidelização de clientes.

Esta negociação serviria como modelo para o Groupon. Mais adiante, um Groupon seria uma oferta que daria, geralmente, 50% ou mais de desconto sobre o preço de um bem ou serviço. Normalmente, os lojistas ficariam com metade da renda de cada compra feita através do Groupon, conseguindo cobrir, também, o valor do cupom. Portanto, se um Groupon oferecesse por US$ 10 um serviço que custava US$ 20, o Groupon ficaria comUS$ 5 — metade do preço-base de venda — de cada oferta adquirida. O comerciante ficaria com os outros US$ 5, mas teria que oferecer a cada consumidor o valor estimado de US$ 20.

Assim, descontando-se a parcela do Groupon e o valor do cupom, os comerciantes estariam abrindo mão de 75% do preço bruto de varejo em cada oferta comprada. Significava uma redução brusca da margem de lucro a curto prazo, mas as empresas tinham esperança de que as promoções seriam recompensadas com a conversão dos compradores das ofertas em consumidores de longo prazo, de forma mais eficaz do que as correspondências pelo correio ou os velhos cupons de jornal. O Groupon não seria o melhor veículo de marketing para todos os tipos de comerciantes, mas, de modo geral, o segredo era planejar as ofertas, de modo que o investimento fosse justificável. Mesmo com descontos tão elevados, muitos comerciantes lucrariam diretamente com as próprias ofertas, graças, em parte, aos consumidores que acabariam adquirindo outros itens. Se aquele Groupon de US$ 20, fosse usado como parte de uma compra de US$ 40, por exemplo, as margens de lucro já começariam a parecer muito melhores.

Às 21h18 daquela noite, faltando menos de três horas para a expiração da oferta, o Groupon do Motel Bar já havia atingido o patamar mínimo, e o The Point conseguiu seus primeiros US$ 325.

É assim que são criadas as raríssimas empresas que revolucionam o mercado.

OITO

Havia apenas um problema: o The Point não tinha dinheiro suficiente em caixa para fortalecer o Groupon, a não ser que cortasse dramaticamente seus custos fixos. Apenas dez dias antes da oferta do Motel Bar ser colocada no ar, Mason reduzira a equipe do The Point de doze para seis pessoas, em uma tentativa desesperada de dar uma sobrevida ao conceito do Groupon.

A equipe de vendas implorava às empresas que dessem uma chance a este método de marketing estranho e não comprovado. Mas, ainda naquele início, as ofertas não costumavam atingir o patamar mínimo. E os consumidores e comerciantes não sabiam muito bem como lidar com os cupons de oferta. No dia seguinte em que o Groupon do Motel Bar atingiu o patamar mínimo, Zac Goldberg, que hoje em dia é vice-presidente de marketing on-line do Groupon, e dois de seus colegas do The Point desceram as escadas para resgatar um dos cupons. Mas nem eles nem as garçonetes tinham a menor ideia de como a transação deveria funcionar. Depois de pagar US$ 13 pelo Groupon que valia US$ 26, eles acabaram dando o cupom da oferta à atendente, mais um adicional de US$ 13, pagando, assim, o preço cheio da pizza.

O segundo Groupon, com ingressos para ver *O Cavaleiro das Trevas* em uma sala de cinema IMAX, estava longe de atingir o patamar mínimo, mesmo precisando vender apenas dez cupons. No último minuto, Goldberg colou panfletos sobre a oferta em todos os elevadores do prédio e o Groupon atingiu o número mínimo. "Era uma de nossas mais primitivas e não muito escalonáveis táticas de marketing", disse ele.

Era o momento do ovo ou da galinha para o Groupon: sem uma ampla base de consumidores, seria difícil convencer os comerciantes; mas sem os comerciantes para oferecer boas ofertas, por que os consumidores dariam crédito ao Groupon? Além disso, poucas pessoas fora daquele prédio estavam sabendo da existência do serviço.

Para piorar as coisas, a oferta do Motel Bar sequer trazia uma página de cadastro em anexo. O The Point não tinha nenhum método para reunir endereços eletrônicos para os quais pudesse enviar ofertas subsequentes. Rapidamente, Mason codificou uma página inicial que retardava a visualização da oferta, pedindo que os visitantes fornecessem, antes, suas informações de e-mail. A página incluía uma promessa: "Os 500 primeiros a se inscreverem receberão um maravilhoso e incrível presente."

Graças a técnicas de marketing de busca pouco dispendiosas, as ofertas logo começaram a atrair milhares de novos associados por dia. Era o nascimento da poderosa lista de e-mails do Groupon. Entretanto, como afirmou Goldberg, "talvez nos responsabilizem por ainda estarmos devendo um presente àqueles primeiros quinhentos inscritos" (Mason acredita que eles ganharam algo, talvez um crédito para adquirir um Groupon).

Eles continuaram abrindo caminho, mas ainda havia um clima tenso tão grande no escritório que, certo dia, quando Mason e o gerente de tecnologia Ken Pelletier convocaram o desenvolvedor Matt Loseke para uma reunião, ele estava tão certo de que seria despedido que não conseguiu ouvir uma palavra sequer do que eles diziam.

"Posso usar vocês dois como referência?", articulou Loseke, finalmente.

"O quê?", perguntou Pelletier. "Não, não, não. Você não está despedido. Está tudo certo com você."

Mais ou menos naquela época, Goldberg foi chamado ao escritório imediatamente depois de Mason ter demitido dois de seus colaboradores. Ele havia sido contratado em setembro, e, portanto, esperava pelo pior.

"Zac, você é o próximo", disse o diretor-executivo.

"Certo, quais são as más notícias?", perguntou Goldberg, assim que se sentou.

"Ah, só queria que você soubesse que está fazendo um ótimo trabalho", respondeu Mason. "Agora você já pode ir."

Goldberg acredita que o chefe o deixou intencionalmente assustado, apenas para lhe pregar uma peça. "Isso é muito indicativo do seu senso de humor", afirmou o profissional de marketing.

Mas quando Aaron With, o homem que batizara o Groupon, foi afastado de verdade, não havia brincadeira alguma. Mason foi até o apartamento de

With e o dispensou de forma curta e grossa na noite do dia 11 de outubro, véspera de seu embarque para uma viagem de seis semanas à Europa, onde faria uma turnê com sua banda, a Volcano.

Mason sofreu com o desenrolar dos acontecimentos. Para With, significou uma derrota ainda maior do que perder seu emprego. O The Point estava prestes a falir, e isso representava uma enorme decepção para ambos.

A amizade de With e Mason já durava quase uma década, desde a época em que frequentaram a Universidade de Northwestern. Eles tocavam em uma banda *indie-pop* chamada Planet of the Plants, na qual Mason assumia os teclados. Ele e With também tocavam guitarra e faziam os vocais. Por intermédio da banda, os dois estabeleceram um vínculo. Agora, Mason estava dizendo a With que ele poderia aproveitar a turnê para redigir o texto das ofertas como autônomo, mas era difícil não suspeitar que a relação profissional estivesse chegando ao fim.

Depois do embarque de With, Mason não teve tempo de refletir sobre a perda. Apesar de possuir um site com recursos mínimos e recodificado às pressas — que, ironicamente, havia se tornado possível somente pelo código escrito para reiniciar o The Point, que Lefkofsky havia criticado —, o Groupon estava começando, realmente, a ganhar algum impulso. Em 11 de novembro, o The Point lançou o Groupon.com, "reinventando, assim, o cupom", como mencionava o material distribuído à imprensa naquele dia. Os comunicados oficiais da empresa eram quase sempre bem-humorados, mas nunca modestos.

Quando a temporada de compras durante as férias começou, mais comerciantes se mostraram dispostos a testar o conceito e as ofertas começaram a atrair centenas de consumidores. Eram boas notícias, mas os processos manuais que Mason havia estabelecido para o Groupon começaram a fraquejar sob tamanha pressão. Enquanto os e-mails estavam sendo gerados em decorrência de uma compra bem-sucedida, Joe Harrow precisava se afastar de seu computador e arrumar alguma outra coisa para fazer no escritório, por uma hora ou mais. Depois de voltar e pressionar o botão "Enviar" janela após janela, ele geralmente tinha que organizar um segundo lote.

Isso ainda não era o pior de tudo. Se um consumidor solicitasse uma restituição, Harrow era obrigado a fazer o *login* na conta-corrente do Groupon e emitir um crédito. Então, tinha que copiar as informações e enviá-las ao então chefe de desenvolvimento Mike Cerna, e lhe avisar: "Cancele este pedido. Já emiti uma restituição". Somente depois de Cerna incluir manualmente os dados no sistema é que o processo se completava. E isso acontecia em cada uma das restituições solicitadas. Entretanto, mesmo que este não fosse um sistema sustentável, ele funcionaria o tempo suficiente para provar que o Groupon era o modelo de negócios que, afinal, eles estavam desesperados para encontrar.

Embora os cupons de restaurantes tivessem se revelado ofertas substanciais, e se mantivessem como o item básico do site, Mason logo pediria à sua equipe de vendas que começasse a reservar ofertas que encorajassem os associados a apreciar novas e divertidas experiências em sua cidade. Inspirado em um passeio de barco que mostrava os destaques arquitetônicos de Chicago, feito com seu pai no verão anterior, ele queria que o Groupon ajudasse as pessoas a redescobrir as alegrias da vida urbana.

"Fazer uma oferta incrível por dia de experiências verdadeiramente interessantes como esta não era uma ideia fácil naquela época, em todos os sentidos", afirmou Mason. "Hoje em dia, parece muito simples, e as pessoas já consideram natural. Mas esta é a beleza da internet: ela já completou vinte anos, e ainda surgirão muitas oportunidades com ideias realmente simples e banais, capazes de mudar completamente o mundo."

Grande parte da fórmula do Groupon, que parece inexorável se analisada retrospectivamente, foi, na verdade, concebida em função da necessidade. O conceito de uma oferta por dia? Foi desenvolvido a partir do fato de que, no início, o Groupon não tinha tantos clientes, fossem consumidores ou comerciantes, e, então, as ofertas tiveram que ser divididas. Além disso, também era mais fácil e mais rápido lançar as ofertas isoladamente.

Investir em comerciantes locais? A empresa não tinha acesso algum aos comerciantes nacionais. O foco em serviços e experiências, e não sobre os produtos? Mason tinha observado o Mercata e outros sites iniciais de compras coletivas fracassando após focar em vendas de produtos, que, de qualquer forma, era um negócio com pouca margem de lucro. Lançar o site em meio a uma recessão, quando havia facilidade de encontrar funcionários e as pessoas estavam especialmente sedentas por barganhas? Pura sorte. E onde, em muitos estados, a Amazon havia se envolvido em disputas pela cobrança de impostos sobre as vendas, o Groupon vendia certificados de presentes — bingo! Nenhuma taxa a ser cobrada.

Escaldado pela experiência do The Point, Mason afirmou: "Sempre encaramos o Groupon com desconfiança: provavelmente, esta coisa não vai funcionar, então vamos focar de verdade nos problemas e, assim que nos depararmos com eles, mudar de direção rapidamente, para que haja, de fato, alguma chance de sucesso. Acho que nossa desconfiança sobre o conceito geral foi o que o levou a ser bem-sucedido, e, geralmente, isso nos conduz ao sucesso empresarial." Evidentemente, a desconfiança apenas será uma ferramenta útil se o empresário estiver disposto a se dar algum crédito quando for necessário. Mason admitiu: "Algumas vezes, somos muito duros conosco mesmos, e isso nos coloca na iminência de tomar decisões estúpidas."

Como praticamente vender o site para o Google antes da hora.

Ainda assim, mesmo depois da experiência de quase morte da empresa, o novato diretor-executivo precisava aprender a ser um pouco menos presunçoso. Um dos raros momentos em que Lefkofsky feriu seus sentimentos aconteceu quando Mason adentrou seu escritório para lhe dizer que uma campanha do Groupon havia gerado receita bruta suficiente para pagar a remuneração diária de seu funcionário mais caro.

"Saia daqui, isso não é nada", disse Lefkofsky. "Volte quando estiver conseguindo fazer U$ 10 mil por dia."

Mason percebeu que havia se transformado em um pregoeiro, que insistia em dizer a Lefkofsky: "Esta coisa vai funcionar." Era chegada a hora de provar. *Eric não vai mais aturar as minhas besteiras*, pensou ele.

Ainda havia dias em que as ofertas não atingiam o patamar mínimo, mas o modelo estava se provando cada vez mais promissor. Menos de um mês depois, Mason já estava na estrada, ao sul de Illinois, indo se encontrar com alguém que talvez estabelecesse ali uma franquia do Groupon, durante o breve período em que a empresa considerou ampliar seus negócios por meio do modelo de franquia. Ele parou no acostamento para verificar, no telefone celular, como a oferta daquele dia — um restaurante de sushis — estava se saindo. Já haviam sido vendidos quinhentos cupons.

"Caramba!", exclamou Mason a si mesmo, ali em meio aos milharais. Ele fizera o chamado, e eles atenderam.

Foi aí que o Groupon conseguiu recontratar Aaron With. Diferente da história de traição empresarial descrita no filme sobre o Facebook, *A Rede Social*,

Mason e With tinham uma relação construída tanto na honestidade e na integridade quanto na visão criativa compartilhada. Logo depois que a Volcano retornou a Chicago, no começo de dezembro, Mason ligou para o seu amigo e pediu que ele voltasse em tempo integral, redigindo o texto das ofertas como editor do site e, paralelamente, negociando com os comerciantes.

With cogitou seriamente em declinar do convite, mas, então, pensou: *Ajudei a criar esta coisa. Se ela for decolar, eu quero estar lá para aproveitar o voo.* Ele logo se associou a Mason como uma das vozes mais atuantes do Groupon, desenvolvendo o estilo excêntrico de redação publicitária que ajudou o site de ofertas diárias a alcançar seus fiéis seguidores. Um exemplo do guia de estilo da empresa, que recomenda incrementar o texto das ofertas com falsos provérbios, comparações ilógicas e histórias falsas, diz: "Se os seus olhos são a janela da alma, os seus cabelos são o túnel da mente. Não deixe que sua mente-matéria fuja do Groupon de hoje, de escova capilar".

With merece crédito por ter dado ao Groupon um perfil editorial diferenciado, que faz com que os consumidores se sintam parte de um clube de humor, além de ajudar a difundir a cultura empresarial para os novos contratados. Mas With também criou uma operação editorial com uma medida de independência em relação à função de vendas. Se, por exemplo, um comerciante parecesse desonesto, os editores estavam autorizados a cancelar uma oferta. A manutenção desta integridade ajudou a construir a confiança entre os consumidores, mesmo que, algumas vezes, os comerciantes relutassem em aceitar o fato de não ter a palavra final sobre o texto de suas próprias ofertas.

Depurar o estilo de humor era fundamental para fazer o processo funcionar. O primeiro texto de uma oferta rascunhado por With estava repleto de humor desagradável, sexista e de mau gosto. Ele e os cinco redatores contratados para compor a equipe editorial desenvolveram, com rapidez, um estilo próprio aceitavelmente excêntrico, ainda que, no primeiro ano, algumas brincadeiras exageradas continuassem passando do tom. Um diretor de vendas do Groupon ficou tão furioso com a ideia de que aqueles rapazes insensíveis e sarcásticos pudessem afastar seus clientes que teve uma discussão áspera com Mason sobre este assunto.

Habitualmente, Mason era muito duro com With em público, de modo a não parecer um favorecimento indevido. Mas quando a voz que alicerçava o Groupon foi atacada, o diretor-executivo defendeu firmemente o seu editor diante da equipe de vendas, e o gerente questionador foi logo silenciado. "Este episódio estabeleceu o tom para que construíssemos a independência editorial da qual precisávamos", afirmou With. "Continuamos a refinar o nosso perfil, até o ponto em que ele passou a ser visto como um de nossos valores definidores e diferenciadores."

Mais tarde, no auge das negociações com o Google e o Yahoo!, ele e Mason assistiram juntos ao filme *A Rede Social*. Como cinema, Mason achou bom, embora não tenha conseguido se identificar como empreendedor. "Não tivemos um Justin Timberlake no Groupon", disse ele. "Ninguém ficou com ninguém no banheiro — até onde eu sei."

Ao sair do cinema, o editor brincou sobre como seria um filme a respeito do Groupon.

"Precisaríamos inventar muitos conflitos a mais", disse With a Mason, que detestou a ideia de ver o Groupon nas telas. "Talvez você tivesse que me demitir novamente."

Mas já havia reviravoltas mais do que suficientes à espera do Groupon, mesmo com Aaron With recuperando o seu emprego. Enquanto isso, o ano de 2008 chegava ao fim, com um faturamento bruto de US$ 94 mil, receitas de US$ 5 mil e um prejuízo operacional de US$ 1,6 milhão, em seus dois primeiros meses de funcionamento oficial. Passos de formiga.

NOVE

No início do primeiro ano de seu calendário pleno, o Groupon vendia de duzentas a trezentas ofertas por dia em Chicago, e Lefkofsky incorporava o ex-executivo da AOL, Ted Leonsis, à jovem diretoria da empresa. O The Point começava a desaparecer no retrovisor, e, no dia 5 de janeiro de 2009, Mason informava aos usuários: "Nos últimos meses, a maior parte de nosso tempo foi gasta com o Groupon, a parte de compras coletivas do The Point." Em breve, o site precursor do Groupon seria apenas a resposta a uma pergunta sobre trivialidades. O primeiro funcionário de Mason, Joe Harrow, que se considerava uma pessoa sem ambições financeiras, sentia que o The Point nunca serviria para ganhar dinheiro. Mas quando o Groupon começou a decolar, o dinheiro parecia ser o único assunto sobre o qual todos conversavam lá dentro. *Eu costumava me dedicar a mudar a maneira pela qual as pessoas tomam decisões, e agora estamos vendendo cupons?* Pensava ele. *O que estou fazendo?*

Naquela época, em uma festa, Harrow comentou com um conhecido que não conseguia entender por que alguém precisava ganhar mais do que US$ 60 mil por ano. Mesmo depois de alguns anos chefiando o departamento de atendimento ao consumidor do Groupon, ele afirmou que se sua casa fosse destruída por um incêndio, a única coisa que valeria a pena resgatar seria o seu laptop — que lhe havia sido fornecido pela empresa —, com o qual ele partiria em seu automóvel de US$ 3 mil.

"Eu realmente não acredito em patrimônio", disse ele. "Acho que devemos tentar nivelar as coisas e cuidar de pessoas que não têm nem comida nem água." Este era o *ethos* que formava o The Point. Parte deste sentimento migrou para o

G-Team, o braço do Groupon destinado à arrecadação de fundos beneficentes, mas o mais interessante é que esta transição para uma empresa obcecada pelo comércio soava surreal e, até mesmo, um tanto perturbadora para os jovens que fizeram parte da equipe inicial.

Talvez o direcionamento dos negócios tenha sido influenciado pelo seu entorno. Afinal de contas, o Groupon estava abrigado, ao lado das outras empresas de Lefkofsky e Keywell, na lendária Montgomery Ward & Co. Catalog House, construída em 1908, é uma pérola da arquitetura industrial do início do século XX, revestida de terracota e incrustada bem na porção norte do rio Chicago. Não fazia sentido que o novo queridinho do comércio eletrônico fincasse suas bases onde o fabuloso e falecido gigante do comércio colaborativo produzira seus livros de desejos, vendidos por correspondência?

Dentro, porém, era difícil lembrar que se tratava de um prédio centenário. Os 139 mil metros quadrados haviam sido transformados em uma colmeia de modernas suítes de escritórios, decoradas com paredes de vidro, tijolos aparentes, carpetes macios e detalhes em metal polido, todos dispostos em torno de um átrio circular estiloso, em cujo saguão de espera havia um mural com telas de vídeo. O Groupon começou a absorver mais espaços ali, com a mesma rapidez com que os sublocava, até alcançar, em 2012, aproximadamente 31 mil metros quadrados.

À medida que novas fronteiras iam sendo intermitentemente conquistadas, as mesas, algumas vezes, eram redistribuídas nas salas de reuniões, onde ficavam por meses, para dar conta do incansável crescimento da mão de obra da empresa. No entanto, mesmo que fosse um amontoado de cubículos vigorosamente eficiente e privilegiado, o Groupon também era, de modo geral, um lugar divertido para se trabalhar.

Os visitantes reconhecem que estão na seção de atendimento ao consumidor quando veem a parede de retratos ao lado de várias estações de trabalho — muitos dos representantes têm formação em improvisação, da qual se valem para distrair os consumidores, em um diálogo bem-humorado e prestativo (também existe uma "parede da vergonha", onde as queixas são afixadas). Lousas brancas cheias de rabiscos preenchem as outras paredes. Ali perto, é possível espionar uma jovem trabalhando com uma coroa de papel sobre a cabeça, porque é seu aniversário.

É a partir deste escritório que os funcionários vendem para cidades de toda a América do Norte, e este fato propicia conversas engraçadas. Certo dia, no elevador, duas mulheres debatiam sobre um colega, que ria todas as vezes que alguém mencionava um certo mercado, localizado ao norte da fronteira (note que, além de ser a capital de Saskatchewan*, "Regina" rima com "vagina"). Este tipo de humor cai bem em um escritório cujos funcionários têm idade média de 25 anos.

Em todos os setores, espera-se que os Grouponistas adotem a ética da transparência e da colaboração e — graças, em grande parte, à redação jocosa, porém bem fundamentada do texto das ofertas, que Mason chama de "a pulsação da empresa" — usem o humor excêntrico. Mason sempre se acomoda em meio a estes funcionários, em uma estação de trabalho exatamente igual à deles. Nos primeiros anos, ele chegou, inclusive, a se transferir para um cubículo diferente a cada par de meses. Pode parecer um tanto estranho constatar que, de repente, o chefe está sentado bem às suas costas, mas os membros da equipe "percebem, com muita rapidez, que não precisam me tratar com nenhum tipo de respeito", brincou Mason. Para reuniões mais delicadas, ele preferia se trancar em uma sala, mas o fato é que o diretor não tinha um escritório de verdade desde os primeiros dias do The Point.

À medida que a sede continuava se expandindo, Mason e Lefkofsky começaram a perceber que o Groupon talvez não fosse apenas um novo negócio, mas, também, um modelo inteiramente novo de comércio. Se conseguisse progredir, poderia colocar na internet comerciantes locais de várias cidades do mundo, destravando um segmento de mercado que valia trilhões de dólares. Mas isso ainda era apenas um enorme "se".

Afinal de contas, embora o Groupon já caminhasse a passos largos em Chicago, esta ainda era uma sensação totalmente local. Mesmo seis semanas após o lançamento do Groupon em Boston, em 16 de março, a expansão mais se assemelhava a um fiasco.

A cidade parecera um segundo mercado natural para o Groupon. Para além do "cenário de negócios locais, diversificado e vibrante", conforme a empresa postou em um blog naquele mês, Boston podia se vangloriar de suas "inúmeras universidades, que produziam milhares de formandos com habilidades para a internet, alguns dos quais chegam ao extremo de se casar com o próprio computador."

---

*Uma das dez províncias existentes no Canadá. (*N. do E.*)

Todas as ofertas da primeira semana de Boston atingiram o patamar mínimo, incluindo a oferta inaugural de vinte dólares por uma refeição que valia quarenta dólares em um restaurante mexicano. Mas, no geral, a equipe de vendas de Boston tinha muito pouca sorte em fechar as negociações.

É isso, pensou Lefkofsky. *Acabou. O Groupon é um fenômeno de uma única cidade. Não vai funcionar bem em outros lugares. Só temos uma vantagem em Chicago porque nossos vendedores conhecem as pessoas daqui.*

Em um anúncio que oferecia vagas de editor e gerente de comunidade para empregos em Boston, a empresa brincou: "Não sabemos nada sobre Boston. Não sabemos nem imitar o sotaque." Se entender o mercado era um pré-requisito para o sucesso, o Groupon estava frito.

Mas, então, em maio, Boston repentinamente deu um passo decisivo. Um dia, Lefkofsky adentrou uma reunião de avaliação e perguntou: "Como estão as coisas em Boston?" Ele já havia perdido todas as esperanças, mas, ainda assim, precisava saber.

"Boston está inacreditavelmente bem", veio a resposta.

O quê?, ele pensou. *Boston está inacreditavelmente bem?*

Foi aí que ele se deu conta: *Isso vai funcionar em todos os lugares.*

O que significava, afinal, que eles mudariam o mundo.

Pouco depois, o Groupon estabeleceu uma fórmula para se instalar em novas cidades em poucas semanas: montar uma lista de comerciantes prospectivos, contratar dois vendedores para mobilizar o mercado a partir do escritório de Chicago, acrescentar uma equipe de atendimento ao consumidor e um redator, treiná-los segundo os protocolos do Groupon e apertar o gatilho.

O clima na sede do Groupon mudou de "Temos um modelo?" para "Com que rapidez podemos chegar a todas as cidades?".

"Muitos de nós tínhamos medo de ir para Boston, acreditando que não estávamos preparados", disse o editor Aaron With. "Eric, com muita propriedade, nos incentivou a apertar o passo. Se ele não tivesse feito isso, teríamos perdido. As primeiras dez cidades foram assim. Eu continuei querendo fortalecer a operação, antes de expandi-la. No fim, simplesmente me submeti à veloz realidade e, em curtíssimo tempo, descobrimos, de alguma forma, uma maneira de lançar vinte cidades por mês. Sempre estamos sendo forçados para além de nossos limites naturais, e buscando maneiras de sobreviver às alterações de escala absurdamente intensas."

Eles estavam tão atarefados que mal notaram o material de imprensa da PR Newswire, de 27 de abril, cuja manchete era: "'BuyWithMe' [compre comigo] & Economize em Restaurantes, Eventos, Spas & Lojas da Área de Boston."

Em um trecho, podia-se ler: "BuyWithMe.com, uma novíssima fonte de ofertas diárias, lançada no início de maio, usa o poder das compras coletivas e das mídias sociais para fazer com que, nesta difícil economia, as pessoas obtenham seus itens favoritos por menos. O BuyWithMe traz descontos e ofertas exclusivas dos melhores restaurantes, serviços, eventos e lojas de Boston para a comunidade BuyWithMe. De modo geral, estas ofertas dão 50% de desconto ou mais, e estão disponíveis para compra durante um intervalo de tempo determinado. O conceito é uma ideia original de um grupo de jovens empreendedores bostonianos, com fortes laços locais com sua cidade. O BuyWithMe se sente estimulado em lançar este conceito em sua cidade natal, e que, em breve, se tornará nacional. O BuyWithMe é uma situação de ganha-ganha — os consumidores conseguem ótimas ofertas e os comerciantes locais conseguem centenas de novos consumidores."

Aparecendo mais de um mês depois do lançamento do Groupon em Boston, esta "ideia original" deve ter sido uma gêmea idêntica. Tratava-se de um audacioso plágio do conceito do Groupon.

A guerra dos clones havia começado.

DEZ

Assim, abriu-se um capítulo na história do Groupon que continua a causar dores de cabeça para a empresa. Em alguns casos, os sites plagiados, que se multiplicaram aos montes, simplesmente roubaram o código e o plano de marketing do Groupon.

Mas o BuyWithMe, lançado em 18 de maio com uma oferta de spa, pegou o Groupon completamente de surpresa. Os vendedores sediados em Chicago ligavam para os comerciantes de Boston e ouviam os donos dizerem: "Vocês já estiveram aqui, já temos os seus panfletos. Vamos ligar quando estivermos interessados."

Que diabos está acontecendo?, Mason se perguntou quando tomou conhecimento destes bizarros telefonemas. *Temos fãs lá, vendendo em nosso nome?*

Era o oposto. Havia outra empresa na cidade desviando a atenção e se antecipando ao Groupon. Em sua fase de pré-lançamento, os intrusos de Boston se autodenominavam Groupies Inc., e somente adotaram o "BuyWithMe" depois que o Groupon se queixou da confusão que eles estavam criando no mercado.

Quando Mason finalmente observou o site do BuyWithMe, ele mal conseguiu acreditar no quanto aquele plano de marketing reproduzia o do Groupon. *É uma cópia praticamente integral*, pensou. Ele ficou furioso, mas pouco podia fazer legalmente para impedir até mesmo os sites que eram imitações ainda mais descaradas — tal como Groupon.cn, uma operação chinesa que saqueou tudo, desde o nome da empresa e seu logotipo até todo o *design* do site. Era surreal.

Em pouco tempo, apareceram outros plagiadores, incluindo o LivingSocial, que lançou, em 27 de julho, uma versão experimental de suas ofertas diárias em sua base doméstica, Washington D.C., com uma oferta de restaurante, antes de se expandir, no fim de agosto, para a cidade de Nova York. A entrada do LivingSocial no mercado foi um espetáculo grandioso, pois ele já contava com uma base de 80 milhões de usuários, que vinham se cadastrando desde 2007 para usar seus aplicativos de pesquisa no Facebook. Se havia algum emergente no mercado interno disposto a competir seriamente com o Groupon, era este.

Em uma oportunidade, o Groupon levou um dos clones à justiça, notadamente o Scoopon, site de ofertas australiano que registrou o domínio Groupon.com.au e forçou o verdadeiro Groupon a entrar no mercado sob o nome de Stardeals, ensejando a abertura de um processo por usurpação de domínio contra seu rival. Depois de longos meses de disputa litigiosa, o processo chegou ao fim em julho de 2011, abrindo caminho, enfim, para que o Groupon pudesse operar na Austrália com seu verdadeiro nome.

Mas, na maior parte das vezes, o Groupon ignorou os clones e, simplesmente, exerceu mais pressão, expandindo-se para novos mercados com a maior rapidez possível, tentando alcançar uma massa crítica de cidades e consumidores, de modo que ninguém fosse capaz de derrotá-lo, naquela que era, admitidamente, uma arena fácil de se entrar. Mason e Lefkofsky engoliram, inclusive, a sua repulsa e começaram a adquirir clones bem administrados em mercados internacionais. A estratégia se provaria brilhante.

Os dezoito meses que se seguiram ao lançamento de Boston foram um período de crescimento desenfreado para o Groupon. "Não havia tempo para refletir profundamente", afirmou Lefkofsky. "O ritmo foi muito veloz, tudo aconteceu com muita rapidez. Lançávamos em uma cidade, e o resultado era bom. Lançávamos em outra. Não havia más notícias. Mas aconteceram coisas assustadoras. Lembro-me, lá no começo, quando o LivingSocial nos copiou ou quando o Boston.com fez um acordo com o BuyWithMe. Houve alguns momentos nos seis primeiros meses em que eu pensei: 'Será que é o nosso fim?'"

Foi tudo tão atribulado que Mason teve que abrir mão de um de seus mais venerados e excêntricos trunfos, possivelmente pela primeira vez. Em julho de 2009, quando sua esposa conseguiu um emprego em Providence, em Rhode Island, o executivo de marketing do Groupon, Zac Goldberg, se mudou para lá, sem que a empresa rescindisse o seu contrato de trabalho. Foi aí que o diretor-executivo teve a ideia de construir uma versão robótica de Goldberg no escritório de Chicago, que poderia ser operado da Costa Leste, pelo computador da versão humana. O rosto de Goldberg apareceria, inclusive, via webcam, em um monitor de vídeo que faria às vezes da cabeça do robô, quando ele se deslocasse pelo escritório em cima de um carrinho de abastecimento.

"Andrew começou a procurar engenheiros para construir o robô", lembra Goldberg. "Ele chegou a planejar um guarda-roupa para ele. A única coisa que impediu a concretização deste projeto foi o nosso rápido crescimento."

A primeira metade de 2009 resumiu-se, especialmente, "em dedicação absoluta, trabalho redobrado, lançamentos em uma cidade após a outra", afirmou Mason.

Isso não quer dizer que o diretor-executivo não tenha encontrado maneiras criativas de se sentir útil. Durante aquela fase, em uma manhã de um fim de semana, o chefe de *design* Steven Walker foi até o escritório e encontrou Mason retornando as ligações da linha de atendimento ao consumidor.

"Olá, tudo bem? Aqui é o Andrew", ele estava dizendo quando Walker passou por sua mesa. "Estou retornando sua ligação a respeito da solicitação de atendimento ao consumidor." E, então, depois de uma breve pausa: "Sim, aqui é o diretor-executivo. Resolvi fazer as ligações de atendimento ao consumidor hoje. Queria saber qual o problema que você teve."

Depois do lançamento em Boston, vieram Washington D.C., em maio, e, então, em junho, as cidades de Nova York e São Francisco — pela primeira vez, a empresa era implementada em duas cidades no mesmo mês. Mason comparou a experiência à condição de um bebê — havia, diariamente, uma nova experiência formativa, e a equipe continuava aprendendo mais e mais sobre que tipo de ofertas funcionavam e ou não.

Uma das primeiras e mais importantes lições aprendidas por Mason foi a necessidade de verificar minuciosa e antecipadamente as ofertas, para evitar problemas potenciais — como, vamos dizer, causar a morte dos consumidores. O diretor-executivo se deu conta disso quando, certo dia naquela primavera, acordou às cinco da manhã para acompanhar as vendas do primeiro salto de paraquedismo do Groupon.

Ele se deparou com uma mensagem tenebrosa no painel de discussão, cujas frases diziam: "Várias pessoas morreram ao utilizar este serviço, e o dono está na cadeia. É estranho que vocês estejam dando destaque a este lugar."

Mason procurou o nome da empresa no Google, ao lado da palavra "morte". Efetivamente, os comentários eram verdadeiros. Mason conseguiu retirar a oferta do ar e substituí-la por alguma outra coisa, antes que o e-mail diário fosse disparado.

Algumas das primeiras ofertas foram verdadeiros fracassos. Imortalizadas em uma espécie de anuário escolar oferecido aos funcionários do Groupon no fim de 2010, sob o título "No que Estávamos Pensando?", apareciam ofertas para três meses de acesso a um site de encontros chamado Omaha Love (duas almas solitárias morderam a isca), uma sessão de trinta minutos de vidência pelo telefone (esta também vendeu dois cupons, talvez para aqueles mesmos consumidores que se perguntavam por que não haviam encontrado sua alma gêmea no Omaha Love), roupas da Ed Hardy Kids (perfeitas para a primeira viagem de Júnior a Vegas, foi o que três casais devem ter pensado) e ainda esta oferta maravilhosamente confusa do Groupon de San Antonio: "US$ 20 por um garrafão de água de 23 litros e 14 refis (20 refis se você já tiver o garrafão) da Krystalina Water (em valores de até US$ 41)". Esta última vendeu apenas três Groupons, o que, infelizmente, foi insuficiente para atingir o patamar mínimo.

Naquela época, uma pizzaria de Chicago faliu antes de expirar o prazo de suas ofertas do Groupon. Logo depois, uma floricultura de Boston se recusou a honrar os seus Groupons porque a esposa do dono havia concordado em fechar a negociação, mas ele a vetou depois que todos os cupons já haviam sido vendidos. Para aumentar a confusão, o dono da loja insistiu que sua esposa estava em fase de treinamento.

Mason não sabia o que fazer. O Groupon deveria emitir reembolsos imediatos? Deveria adotar uma abordagem reativa? No fim das contas, a empresa retirou a oferta do ar e devolveu o dinheiro. *Nenhum destes consumidores jamais comprará conosco novamente,* pensou Mason.

O que aconteceu depois está imortalizado no anuário. Ali, na seção "Primeiros Dias", aparece uma foto que a empresa enviou para os consumidores que compraram a oferta da floricultura. Todos os quinze funcionários do Groupon, com Mason ocupando a posição central na primeira fila, estão em pé, atrás de uma cartolina branca, onde se lê uma mensagem escrita com caneta preta: "Pedimos desculpas!! — Seus amigos [do] Groupon."

"O retorno que obtivemos foi: 'Caramba, há pessoas de verdade nesta empresa'", lembra Julie Mossler, diretora de relações públicas do Groupon. "E a maioria disse: 'Não vou cancelar o meu cadastro no site, vou continuar com vocês, obrigado por me reembolsar.'" Era um clássico exemplo de como transformar as más relações com o público em um vínculo ainda mais forte com o consumidor.

Isso não quer dizer que todas as ideias do Groupon foram tão boas assim nos primeiros meses — o logotipo inicial da empresa mostrava uma mulher nua empunhando uma espada, montada nas costas de um pterodátilo. Mais adiante, a empresa desenhou uma blusa para cobrir a mulher, um raro exemplo em que o recato prevaleceu.

Quanto àquela foto do pedido de desculpas feito por toda a equipe, Mason afirmou: "É difícil conseguir este tipo de coisa quando se é maior, porque uma das características das grandes empresas é se tornar impessoal e perder esta conexão direta — as pessoas se sentem menos participativas nas coisas." Mas o espírito daquele dia ainda se mantém. "O que estávamos dizendo às pessoas era que, não importando o que acontecesse, se elas alguma vez se sentissem desapontadas, receberiam o seu dinheiro de volta", afirmou Lefkofsky. "Estas coisas estavam definidas quando éramos pequenos, e, hoje em dia, continuam definidas exatamente da mesma maneira."

Este comprometimento evoluiu para o Compromisso do Groupon, uma política de restituição sem nenhum questionamento. A política significava muito para Mason, por haver surgido a partir de uma epifania que ele teve aos vinte e poucos anos de idade, depois de comprar um suéter na Patagonia, loja de vestuário para atividades ao ar livre. Ele usou o suéter ao longo de um verão que passou na Nova Zelândia, onde costumava atear fogo em pilhas de mato seco — e, junto com isso, vieram alguns buracos em sua estimada peça de roupa.

Ao tomar conhecimento da generosa política de troca e devolução da Patagonia, Mason decidiu trocar o suéter chamuscado por um novo. Entretanto, ao solicitar a troca, o vendedor lhe disse: "Se você acha que esta peça não atendeu às suas expectativas, você pode, simplesmente, devolvê-la." Com a responsabilidade por suas ações pesadamente apoiada sobre os ombros, Mason se sentiu culpado por querer levar vantagem sobre a empresa. *Eles estão agindo corretamente comigo, então eu deveria agir corretamente com eles*, concluiu. Ele ficou impressionado com o fato de a Patagonia ter elevado o nível das relações no atendimento ao consumidor.

Anos depois, o Groupon contratou um funcionário que havia trabalhado na Patagonia, e Joe Harrow, gerente de atendimento ao consumidor, lhe contou a história de Mason. O homem riu e disse: "O cara era eu! E, na verdade, eu também contava esta história aos novos contratados da Patagonia quando lhes ensinava a explicar a nossa política de troca e devolução aos consumidores."

Mason acredita que a maioria dos consumidores optará por não abusar das políticas de troca e devolução se os comerciantes conseguirem alcançar este senso de responsabilidade e de valores sociais compartilhados. Quanto aos poucos antiéticos que, inevitavelmente, procurarão levar vantagem, Mason afirma: "Preferimos imensamente sofrer este abuso a forçar o resto dos 98% de nossos consumidores que agem de boa-fé a passar pela burocracia de serem tratados como crianças irresponsáveis."

Certamente, seria adorável que a crença de Mason na humanidade fosse sempre positivamente reforçada, mas consumidores de má-fé se tornaram um problema crescente para o Groupon, conforme declarou Joe Harrow, no fim de 2011.

"Quase não tínhamos fraudes e quase não tínhamos, também, nenhuma proteção contra essas fraudes; simplesmente, confiávamos nos nossos consumidores", disse Harrow. "Mas, hoje em dia, há cada vez mais fraudes. Ao encontrar uma falha no sistema, um consumidor usará um *script* para criar 150 contas e usará o mesmo código promocional 150 vezes, até que consertemos o problema."

O pior caso de fraude por parte de um consumidor enfrentado pelo Groupon talvez seja aquele que fez a empresa acionar o FBI, e que poderia ter lhe custado US$ 250 mil. Um golpista encontrou uma vulnerabilidade no sistema de pedidos on-line e começou a explorá-la ao máximo.

A falha técnica permitia que, ao utilizar os créditos do site — conhecidos como dinheiro do Groupon —, os consumidores conseguissem uma restituição em dobro, caso comprassem uma oferta e a cancelassem imediatamente. Conseguir um pouco de dinheiro do Groupon para dar início à falcatrua era fácil; o Groupon o distribuía como bônus sempre que o consumidor recomendava o site a seus amigos, e algumas das ofertas beneficentes do G-Team se tornavam mais atraentes pelo oferecimento de créditos que poderiam ser revertidos para uma compra futura de uma oferta diária.

A pessoa que descobriu esta falha criou um *script* de computador que fazia o processo se repetir indefinidamente. O crime permaneceu oculto até o invasor reunir cerca de US$ 250 mil em créditos, momento em que o Groupon acionou a polícia federal. Pelo fato da maior parte do dinheiro do Groupon ainda estar na conta do tratante, a empresa conseguiu, simplesmente, recuperá-lo. Mas foi, realmente, por pouco.

Quando se trata de consumidores que se aproveitam do Compromisso do Groupon para solicitar repetidamente a devolução do dinheiro investido em ofertas — pense neles como aqueles que devolveriam aquele casaco surrado da Patagonia, mesmo que ainda houvesse fumaça saindo pelos buracos chamuscados —, o que a equipe de atendimento ao consumidor faz, essencialmente, é romper com eles.

Os representantes costumam dizer a tais frequentadores assíduos: "Você poderá receber esta restituição, mas à medida que continua comprando nossas ofertas, parece que tem se decepcionado de forma desproporcional em tais experiências. Portanto, para que você não continue se decepcionando, sugerimos que sigamos caminhos diferentes."

Um retorno negativo dos comerciantes também pode fazer com que, no fim, um consumidor seja dispensado, afirmou Harrow. "Se três comerciantes diferentes afirmarem que você foi um péssimo consumidor, nós lhe diremos: 'Valorizamos os negócios que fazemos com você, mas também valorizamos os nossos comerciantes'. Eles também são nossos clientes, e eles o odeiam. Portanto, não podemos mais trabalhar com você." Na verdade, o Groupon se vale de uma linguagem mais diplomática do que esta, mas é possível compreender o espírito da coisa.

Como muitos clientes fiéis do Groupon sabem, os comerciantes que publicam ofertas diárias também podem ser desonestos. Aqui, o Groupon também faz o papel de juiz. "Se os nossos consumidores dizem: 'Esta empresa é uma porcaria — está na cara que eles mudaram os preços do menu imediatamente antes de entrar em contato com vocês, e estão cobrando US$ 16 por um burrito que custa US$ 8, também precisamos ouvi-los", disse Harrow.

Em casos extremos, isso pode significar o cancelamento das ofertas no meio do caminho, e o imediato estorno do valor de todas as compras, como no caso do florista de Boston e sua esposa em fase de treinamento. Nenhum sistema de escrutínio é perfeito, e, portanto, as ligações dos consumidores, seus e-mails e seus comentários postados nas páginas de ofertas funcionam como um antídoto contra falhas. O Groupon se orgulha de sempre ter interditado os comerciantes golpistas em tempo real, depois de confirmar o problema existente.

"Dizemos: 'Esta oferta não atende aos nossos padrões, vamos emitir uma restituição para você'", explicou Harrow. "Algumas pessoas ficam chateadas, mas a maioria diz: 'Se a oferta não atende aos seus padrões, eu não quero.' Nosso argumento é que o consumidor ainda está livre para comprar algo naquele estabelecimento, mas não poderá fazê-lo com um papel endossado pela nossa empresa. Nós funcionamos como curadores."

Mesmo enquanto o Groupon ainda estava estabelecendo os alicerces de sua cultura, um dos membros da diretoria, Peter Barris, investidor capitalista do Vale do Silício que orientou a primeira grande rodada de investimentos do The Point, mostrava-se cada vez mais impaciente com o ritmo de crescimento. Em uma reunião entre os diretores, ele incentivou o aumento do número de lançamentos mensais da empresa, de uma para quatro cidades.

Parecia uma marcha alucinada, mas, no fim de 2009, o Groupon havia sido lançado em trinta cidades dos Estados Unidos, e estava sendo implementado em dez a quinze novas cidades por mês. Aquele corajoso grupo de idealistas que coubera na cozinha da casa do gerente de tecnologia Ken Pelletier durante uma festa que ele promoveu em janeiro havia crescido para mais de trezentos funcionários, que se preparavam para o início de 2010. A empresa estava com um faturamento bruto de US$ 34,1 milhões e receitas de US$ 14,5 milhões, contra um prejuízo operacional de US$ 1,1 milhões, que, surpreendentemente, era menor do que aquele registrado pelo Groupon nos dois meses em que esteve em operação durante 2008.

O domínio total estaria muito longe?

ONZE

Aquela reunião de diretoria foi um momento de testar a coragem da jovem operação, como a que veio antes da captação de US$ 30 milhões junto à Accel Partners e à NEA, em outubro de 2009. Foi quando o investidor da Accel, Kevin Efrusy, que mais tarde se tornou um firme defensor do potencial do modelo, aconselhou a não realizar a venda para o Google e incentivou a empresa a aproveitar as possibilidades globais, antes que os clones do Groupon fossem bem-sucedidos em sua invasão dos chamarizes de ofertas.

Com o grande aporte de capital que, finalmente, colocara o Groupon no mapa de maneira grandiosa perante a comunidade do Vale do Silício, Efrusy disse a Mason e a Lefkofsky: "Vocês precisam ficar atentos ao mercado internacional."

Porém, depois do término da rodada de investimentos e com 2010 chegando ao fim, aproveitando a deixa, mais plágios apareceram — muitos deles, além-mar, onde o conceito das ofertas diárias ainda era novo. A empresa estava trabalhando em sua expansão para Toronto, mas logo ficou claro que o Groupon precisava estabelecer uma parceria com algum daqueles clones, se quisesse avançar rapidamente para além da América do Norte.

Em janeiro, Keywell e Lefkofsky começaram a avaliar potenciais diretores-executivos europeus e a apresentar a Mason aqueles com possibilidades mínimas de contratação. E ele não se mostrava satisfeito com a perspectiva de premiar alguém que havia roubado a ideia do Groupon.

A equipe do Groupon se reuniu com inúmeros de seus sósias europeus. Keywell e Lefkofsky conseguiram se relacionar bem com eles, mas Mason repudiava a maioria, de forma instantânea e intensa. Depois dos cinco minutos iniciais das primeiras reuniões, ficou claro, para Lefkofsky, que seu diretor-executivo não queria participar de tais discussões.

"Todos nós odiávamos os clones", disse Mason. "Não os odiávamos como empresas, mas pessoalmente. E eu não queria me reunir com nenhuma daquelas pessoas, a menos que fosse absolutamente necessário para superar o meu ódio, porque, de alguma forma, eu sentia que o ódio era produtivo."

Em sua primeira reunião com o dono de uma empresa plagiária europeia, Mason se empenhou na busca inútil de algo com que pudesse se identificar em nível pessoal. Ele perguntou ao homem, um empreendedor serial alemão chamado Oliver Jung, o que ele fazia quando não estava trabalhando. Mason descobriu que Jung colecionava moedas, e que havia recolhido novos exemplares depois de pousar em Chicago.

— Ah, que interessante — disse Mason. — O que você gosta de fazer com as moedas? Você se interessa por sua história, ou você fica se perguntando de onde elas vieram?

— Não, eu apenas as retiro do cofre todas as quintas-feiras e fico olhando para elas, pensando no quanto elas valem — respondeu Jung.

Mason não acreditou no que ouviu. *Que coisa mais bizarra de se dizer*, ele pensou. *Fico feliz por você ter roubado a nossa ideia, para que possa gastar mais dinheiro comprando moedas.*

Segundo Lefkofsky, "havia muita carnificina" naquelas primeiras reuniões, e eles não estavam progredindo muito em sua busca.

Falando em carnificina, o Groupon estava prestes a assumir o controle de um conjunto adjacente de escritórios, no sexto piso do prédio onde ficava a sua sede, em seu esforço para acomodar centenas de novos funcionários. Enquanto a ampliação não começava, a empresa ficou com uma enorme sala vazia, cujo chão estava coberto por um linóleo. Era muito tentador para que Mason a deixasse deste jeito.

Em uma noite de sexta-feira, no mês de março, o chefe de design, Steven Walker, Joe Harrow e alguns outros colegas estavam promovendo uma confraternização naquele espaço árido, quando Mason disse: "Seria um lugar perfeito para uma partida de hóquei sobre o piso."

Na manhã seguinte, o diretor-executivo pegou Walker em casa e eles deram um pulo em uma loja de artigos esportivos, onde gastaram cerca de quinhentos dólares em um equipamento de hóquei sobre o piso.

Formados os times, Walker assumiu o gol e a partida começou. Harrow arremessava com força o disco em sua direção, e todos faziam muitas palhaçadas. Durante o jogo, Mason comentou com Walker que Andrew Braccia, seu contato na Accel, estava tentando promover um encontro entre ele e Rob Solomon, um potencial diretor de operações para a empresa.

Walker ficou espantado. Ele não tinha certeza do que isso significava. "Você vai arrumar um chefe?", perguntou. Mason riu. Ele lhe explicou o papel de um diretor de operações e disse que a candidatura de Solomon era uma aposta muito alta, pois ele estava acostumado a gerenciar empresas na função de diretor-executivo. "Você nunca vai conquistá-lo", teria dito Braccia a Mason.

Algumas semanas depois, porém, Mason disse a Walker: "Nós o pegamos. Estou muito empolgado com isso."

A empresa fica importante quando contrata um diretor de operações, pensou Walker.

Quando Rob Solomon foi admitido como presidente e diretor de operações, em 17 de março, iniciou-se um período de puro dinamismo. Não fazia tanto tempo assim que seu amigo Braccia havia lhe dito: "Você tem que conhecer o Andrew Mason." Braccia sabia que Mason estava procurando um braço direito voltado para operações, assim como Mark Zuckerberg, do Facebook, havia encontrado Sheryl Sandberg, e, no seu ponto de vista, Solomon se adaptaria perfeitamente àquela cultura.

"Não há a menor chance de eu me mudar para Chicago", disse Solomon, "mas eu adoraria conhecer este garoto". Quando os dois finalmente se encontraram, o entrosamento foi imediato. Solomon considerou Mason divertido e peculiar, uma mudança revigorante em relação às equipes habituais do Vale do Silício, e Mason entendeu que Solomon era experiente — graças às suas passagens pelo Yahoo! e pelo SideStep — e suficientemente diferente do operador típico, a ponto de poder conduzir o Groupon durante seu período de crescimento, sem forçá-lo a adotar um modelo voltado para processos.

"Eu sou este cara maluco e cabeludo que teve um pouquinho de sucesso no Vale do Silício", brincou Solomon, descrevendo-se como uma versão da Carolina do Norte do personagem de Jeff Bridges em *O Grande Lebowski*. "E Andrew deve ter dito: 'Talvez ele seja o braço direito ideal.' Não pensei muito nisso porque eu não iria me mudar para Chicago."

Mas de sua casa em Woodside, na Califórnia, Solomon começou a observar o Groupon, e percebeu que a empresa estava alcançando receitas de US$ 5 milhões por mês. *Bom demais para uma empresa recém-criada*, ele pensou, *mas eu não a equipararia ao Facebook e ao Twitter*. Ainda assim, quanto mais refletia sobre isso, mais ele se dava conta de que estava cansado de suas atribuições como investidor de capital de risco. Aos 43 anos de idade, ele estava pronto para assumir um novo desafio.

"Talvez eu deva tentar esta coisa", comentou com sua esposa, que, por acaso, tinha uma irmã que morava no bairro de Hyde Park, considerado um lar tanto pela Universidade de Chicago quanto pelo presidente Obama. "Vamos passar um fim de semana em Chicago. Eu visito o pessoal do Groupon e avalio se faz sentido nos mudarmos para lá."

Menos de dois meses depois de seu primeiro encontro com Mason, Solomon estava visitando a sede do Groupon. Ele não conseguia acreditar na quantidade de coisas conquistadas por aquele diretor-executivo, considerando-se que ele não tinha, praticamente, nenhuma experiência na montagem de uma empresa.

"A partir daquele momento, eu me senti seduzido pela possibilidade de levar meus três filhos, meus três cachorros e minha esposa para Chicago", disse Solomon. "Loucura."

Se Mason fracassasse, Solomon sabia que poderia intervir e comandar a organização. Ele percebeu que o conselho o considerava uma boa apólice de seguro e um outro mentor para o jovem diretor-executivo. "Andrew era suficientemente pragmático para admitir: 'Não sei que diabos estou fazendo, nunca fiz nada deste tipo antes, quero que alguém me ajude'", afirmou Solomon. "Ele reconhece que não sabe o que não sabe. Mas, aí é que está, ele aprende rápido."

Embora Solomon supusesse que aquele emprego duraria de dois a quatro anos, sua esposa se recusou a alugar por tanto tempo a casa da família em Woodside. Ela encontrou uma família que precisava de um lugar enquanto sua própria casa estava sendo construída e disse: "Vocês podem alugá-la por um ano e, depois disso, provavelmente estaremos de volta."

Solomon estava convencido de que sua esposa não tinha uma noção muito boa de tempo. Seriam necessários alguns anos até que a empresa se desenvolvesse e abrisse o seu capital, não é mesmo? Não que ele não estivesse disposto a desafiar seus limites o mais arduamente possível. Efetivamente, em sua primeira reunião de equipe no Groupon, ele estabeleceu uma meta verdadeiramente ambiciosa.

"Rapazes, estou feliz por estar aqui", disse Solomon. "Esta é uma grande empresa. Temos três milhões de associados. Um dia, teremos 25." Várias pessoas presentes consideraram a sugestão insana, mas, sem dúvida, ele havia causado uma primeira impressão inesquecível.

Em 26 de março, nove dias depois da efetivação de Solomon, o Groupon vivenciou um rompante puramente adolescente. Em total desobediência às regulamentações da certificação OSHA [Administração de Segurança e Saúde Ocupacional dos EUA, na sigla em inglês], a empresa transformou a ocasião da ampliação de suas instalações em uma festa de demolição, na qual membros da equipe distribuíam capacetes e máscaras de proteção facial, empunhavam latas de cerveja, desenhavam nas paredes que separavam espaços limítrofes — um deles escreveu um haikai: "Quebrar paredes é divertido/ No Groupon não existem regras/ Mamãe, por favor, me ajude!" — e, então, literalmente, as derrubavam. Foi um dia de prazerosa destruição. Uma dupla de colaboradores usou pilôs vermelhos para escrever a letra de "I Wanna Dance With Somebody" em uma porta, que seus colegas logo botaram abaixo.

Mason, Lefkofsky, Keywell, e, agora, Solomon estavam sendo incitados pela diretoria, e sabiam que era chegada a hora de o Groupon derrubar a parede europeia e encontrar seu próprio conviva, antes que o tempo se esgotasse. O único problema era que nenhum dos proprietários de clones parecia ser uma escolha perfeita. Porém, se a empresa não encontrasse logo o seu esperado parceiro, ela até poderia acabar se tornando uma potência regional, mas seria uma perdedora nata em nível global

DOZE

Que entrem Oliver e Marc Samwer. A dupla, ao lado do caçula Alexander, era famosa na Europa por clonar com sucesso empresas de tecnologia norte-americanas, notadamente pelo plágio do eBay, chamado Alando.de, que eles venderam para o próprio eBay por US$ 54 milhões em 1999, quando tinham vinte e poucos anos de idade. Os Samwer estavam preparados para obter um sucesso ainda maior com o CityDeal.de, um site de ofertas diárias que estava tomando de assalto o continente, lançando-se em oitenta cidades de dezesseis países diferentes, e chegando a seiscentos funcionários em apenas cinco meses. Naquele momento, o Groupon tinha 15 meses de existência, cerca da metade de colaboradores e, até o fim de março, nem sequer havia chegado a cinquenta cidades.

Há algum tempo, a inteligência dos Samwer consiste em deixar que o Vale do Silício realize os estudos e cuide de seu desenvolvimento para a família. Em vez de tentarem ser aquelas raríssimas pessoas que criam do zero o próximo Google, os irmãos escolhem, dentre as grandes empresas nascentes de internet, as prováveis vitoriosas, e, então, aplicam uma astúcia operacional extraordinária para fazer com que suas cópias europeias funcionem. O mercado norte-americano é tão amplo que os empreendedores do Vale do Silício raramente constroem tentáculos além-mar a tempo de agir decisivamente antes dos Samwer — mas eles estão sempre querendo adquirir os clones mais bem administrados, como uma forma mais rápida de chegar aos mercados globais. E os irmãos não se importam de não receber o crédito pela originalidade, desde que saiam vencedores desta briga pelo dinheiro, como fizeram depois de clonar o eBay e, em seguida, vendê-lo para a empresa de leilões por uma quantia exorbitante. Depois do CityDeal, o clone do Groupon, eles abriram o Pinspire, um plágio do site de compartilhamento de fotos Pinterest, e conceberam, então, um plano para criar uma firma bilionária de comércio eletrônico para venda de mobiliário.

Marc Samwer, de 41 anos, é um homem incrivelmente inteligente, com aparência de garoto, físico magro e um cabelo castanho que está desaparecendo lentamente de sua cabeça, tendo se tornado, dentre os irmãos, o homem de ponta do Groupon nos Estados Unidos.

"A ideia de copiar empreendimentos de sucesso surgiu a partir de uma certa reflexão que aprendemos a fazer desde cedo, de que o enorme e o mais absoluto risco, para além do risco tecnológico, do risco de execução, do risco de financiamento e de todos os outros riscos associados à criação de uma empresa, o enorme e o mais absoluto risco é o risco de mercado, o risco de não ser adotado pelos consumidores", explicou Samwer.

"Esta ideia empresarial que, em teoria, parece realmente fantástica e que pode ter sido testada com seus amigos e sua família, é algo que, de fato, as pessoas farão, comprarão e na qual investirão dinheiro? Pode-se ter análises e mais análises, teorias e mais teorias, pesquisas de mercado e mais pesquisas de mercado, mas o teste definitivo é feito no mundo real. Portanto, para nós, isto era bem claro: se encontrarmos modelos que parecem ser bem-sucedidos por já haver provas concretas de que os consumidores pagarão por eles, esta é a melhor redução de riscos a que podemos chegar."

Em 1998, em uma missão exploratória no Vale do Silício, os irmãos travaram conhecimento com investidores de capital de risco, diretores-executivos, fundadores, qualquer pessoa que quisesse conversar com eles. Muitos norte-americanos tratavam os Samwer como se eles fossem de um país em desenvolvimento. A princípio, os irmãos assinalavam, orgulhosamente, que a Alemanha era, na verdade, a maior economia da Europa. "Mas, então, nós dissemos: 'Vamos fingir que estamos vindo de um país em desenvolvimento. Vamos deixar que eles pensem isso.'", recorda-se Samwer. "Porque os norte-americanos adoram ensinar ao mundo como todas as coisas devem ser feitas. Eu não descreveria isso como um sinal de arrogância. Mas, ao mesmo tempo, nos valemos desta atitude, eu não diria contra vocês, mas a nosso favor: 'Nos conte, nos conte, nos conte.'"

Os Samwer podem até usar as inovações americanas como um atalho para construir empresas de sucesso, mas a eficiência operacional alemã, no fim das contas, ajuda as empresas americanas que são clonadas a prosperar no exterior. "É uma grande simbiose, porque vocês, aqui nos Estados Unidos, têm um mercado doméstico, têm esta cultura empreendedora", afirmou Samwer. "Aqui, as pessoas dizem: 'Vou abrir uma empresa. Se eu fracassar, abrirei outra empresa'. Na Alemanha e no resto da Europa, isso seria considerado um fracasso e pronto. Na Ásia é ainda pior. Mas vocês não são bons em internacionalização. Nós somos."

"O que pode ser melhor para uma empresa com uma ideia bilionária do que ser copiada por nós e, depois, nos comprar?", perguntou Samwer. "Sinceramente, para o Groupon, foi o melhor negócio que ele poderia ter feito. Meg Whitman continua afirmando até hoje que comprar o Alando por US$ 54 milhões em 1999 foi o melhor negócio que o eBay fez depois de comprar o PayPal. Porque aqueles US$ 54 milhões valem, hoje, US$ 5 bilhões. Para o eBay, a Alemanha é o seu mercado internacional mais importante."

Mesmo tendo o eBay como o seu primeiro grande projeto bem-sucedido, os irmãos não encontraram muito respaldo nos Estados Unidos. "Todos diziam: 'Bem, era apenas uma cópia descarada; vocês não são inteligentes o suficiente para criar nada'", lembra-se Samwer.

Esse comentário ficou atravessado em suas gargantas, e, então, em uma próxima oportunidade, os irmãos decidiram ser pioneiros, apostando alto em uma empresa de internet móvel chamada Jamba. Isso, porém, aconteceu em uma época em que os smartphones ainda tinham telas em preto e branco, e, assim, os Samwer se viram estagnados em um mercado no qual haviam entrado cedo demais.

Lançando-se à procura de uma forma de monetizar a empresa com mais rapidez, os Samwer se depararam com os toques de celular, que, imediatamente, explodiram em popularidade. "No fim, o que nos salvou foi que sempre nos perguntamos: 'Onde está o negócio? Onde está o dinheiro? O que as pessoas estão usando e comprando, e em que estão gastando?'", disse Samwer.

O Jamba escapou por um triz, mas isso, finalmente, ajudou os irmãos a se sentirem mais confortáveis com o espaço que ocupavam no ecossistema online. "Ser um pioneiro pode ser terrivelmente solitário, precoce demais, dinheiro zero, árduo, interminável, cansativo", afirmou Samwer. "E isso nos curou. Desde então, o que dizemos, basicamente, é: 'Dane-se'. Não nos importamos se as pessoas acham que não somos inteligentes o suficiente para inventar alguma coisa."

A inteligência dos Samwer reside em introduzir inovações nos modelos já existentes e, então, gerenciar os plágios com implacável eficiência. Eles são inteligentes o suficiente para *não* inventar nada.

Os Samwer entraram na órbita do Groupon quando Mason trocou e-mails sobre o CityDeal com Oliver, irmão mais novo de Marc. Em março, Oliver Samwer foi até Chicago para algumas reuniões com Keywell e Lefkofsky acerca da venda do CityDeal para o Groupon, e acabou ficando por lá para coordenar toda a operação. Os executivos do Groupon logo ficaram convencidos de que Samwer era o parceiro certo. O CityDeal era operacionalmente sofisticado e se destacava dentre todos os clones como o que mais progredia. Samwer lhes passou a imagem de um autêntico capitalista, e esta percepção foi posteriormente confirmada quando ele enviou um e-mail para a equipe de coordenação do Groupon, em que sentenciava magnificamente: "O hipercrescimento é melhor do que o sexo." Os investidores já tinham uma oferta na manga para os Samwer. Havia somente um único e provável obstáculo: Mason. A preocupação de Lefkofsky era a de que o jovem diretor-executivo não toleraria dividir a mesma sala com Oli Samwer nem por dois minutos.

Mas a reunião precisava ser agendada. Pelo fato de Mason estar em trânsito, ele acabou conversando com Samwer no aeroporto O'Hare, em Chicago, por 45 minutos. Logo depois, Lefkofsky recebeu um telefonema surpreendente.

"Sim, está ótimo", disse Mason. "Gostei dele."

O que ele apreciara especificamente em Oli Samwer foi ele ter se apresentado como um indivíduo sem frescuras, e tão franco em suas considerações quanto Mason e Lefkofsky. Logo de início, Samwer disse a Mason: "Veja bem, não somos inovadores, somos operadores, mas somos os melhores na área de operações."

Os Samwer também gostaram do que viram em Mason. "O Andrew é um grande visionário, um grande líder empresarial e um grande fundador", afirmou Marc Samwer. "Oli e eu respeitamos muitos os fundadores. Acho que, imediatamente, ele percebeu em nós grandes operadores e pessoas que podem ampliar e promover ainda mais o desenvolvimento, inovar. Nós não somos apenas os reis da pirataria porque conseguimos copiar muito bem, mas, também, porque conseguimos continuar desenvolvendo a fundo os modelos. Nós os aprimoramos. Ambos os lados logo perceberam que poderiam formar uma ótima equipe e construir uma grande empresa juntos."

"O fato de que tanto Oli quanto Andrew saíram da conversa no aeroporto dizendo 'Caramba, isso pode ser fenomenal' foi um momento decisivo na história do Groupon", afirmou Keywell.

Os diretores do Groupon compartilhavam inúmeros e importantes traços de temperamento com os Samwer. Marc Samwer resumiu desta forma os valores de sua família: "Concentração, responsabilidade e nenhuma baboseira. Não há tempo para política, não há tempo para qualquer espécie de ego. Oli e eu vivemos isso todos os dias. Estamos dispostos a admitir nossos erros. Evidentemente, algumas vezes dizemos: 'Chega de conversa, agora faremos deste ou daquele jeito'". Isso se encaixava perfeitamente na mentalidade dos líderes de Chicago.

Também não causava nenhum mal-estar o CityDeal já estar presente em mais cidades do que o Groupon. Os Samwer foram forçados a avançar com mais rapidez, pois havia muita concorrência na época em que eles apareceram no cenário. A finalidade da estratégia era fazer com que o Groupon comprasse a empresa, mas isso só ocorreu porque os Samwer demonstraram que poderiam explorar muito bem o modelo.

À medida que o Groupon preparava o contrato de compra do CityDeal, a empresa continuava a se expandir para mais mercados, atingindo, finalmente, sua quinquagésima cidade, Tucson, no Arizona, em 19 de abril — o mesmo dia do lançamento no Canadá, juntamente com as cidades de Orlando, na Flórida, e Fort Worth, no Texas.

Uma outra coisa aconteceu no dia 19 de abril: o Groupon fechou uma nova rodada de investimentos de aproximadamente US$ 135 milhões, liderada pela Digital Sky Technologies (DST) e pela Battery Ventures. Ao término da rodada, Lefkofsky havia se desfeito de uma parte das ações de sua propriedade, no valor aproximado de US$ 63 milhões; as ações de Keywell somavam mais de US$ 23 milhões. Mason, estava, enfim, verdadeiramente rico, ao varrer da mesa cerca de US$ 18 milhões — e ninguém poderia argumentar que ele não havia trabalhado arduamente para consegui-los. Logicamente, todos esses pagamentos deixaram apenas US$ 15 milhões para investir na empresa, mas o fluxo de caixa operacional era tão sólido que, naquele momento, ninguém parecia particularmente preocupado com isso.

Para a Digital Sky, o investimento consolidava a aposta de que "as atividades das redes sociais e com base em comunidades vão conduzir, moldar e definir a evolução da rede nos próximos anos", afirmou o diretor-executivo Yuri Milner. Para a Battery, era a chance de trabalhar com uma equipe administrativa que "anteviu uma enorme oportunidade, e agiu impecavelmente para delineá-la e assumir a posição de liderança", disse o sócio-gerente Roger Lee. "Acreditamos que há muito chão pela frente."

A empresa que fez o seu nome lançando ofertas diárias com 50% de desconto nunca parecia fazer nada pela metade. E, agora, eles estavam verdadeiramente prontos para decolar.

TREZE

Rob Solomon comparou um processo tão acelerado de expansão empresarial à construção de uma aeronave em pleno voo. O Groupon estava repleto de funcionários inteligentes e interessados, mas inexperientes, que tentavam criar uma nova categoria de mercado on-line a partir do nada. O diretor de operações imediatamente atribuiu a Lefkofsky grande parte do crédito por ter conseguido manter o caos sob controle.

"O Eric é extremamente brilhante e já fez isso antes", afirmou Solomon. "Se não fosse o Eric, o Groupon não poderia ter existido de verdade. Não foi um acidente. Eric está familiarizado com os centros de teleatendimento: a Echo e a InnerWorkings são empresas com milhares de operadores de teleatendimento. Ninguém no Vale do Silício teria feito isso. Andrew não saberia como fazê-lo."

Esta infraestrutura — uma poderosa equipe de vendas que comercializa com pequenas empresas em todo o continente, a partir do escritório de Chicago — era uma considerável parcela do que um Google ou um Yahoo! tentariam adquirir para adentrar este ambiente. A internet não havia conseguido estabelecer uma conexão eficaz com o mercado lojista local, até que o Groupon, subitamente, o revelou. O Vale do Silício havia tentado atendê-lo com máquinas e algoritmos, mas pequenos negócios precisavam de um tratamento mais personalizado do que o Google Local, o Yahoo! Local ou, até mesmo, o Yelp poderiam oferecer. "As empresas locais não se importam com luminosos customizados ou com a conscientização", afirmou Solomon. "Elas só querem saber do público pagante."

Certamente, o Groupon estava colocando muito público — a maior parte dele formado por jovens urbanos de espírito aventureiro, com orçamentos domésticos maiores do que a média — para dentro. Um Groupon lançado em 29 de março para um passeio de barco pelo rio Chicago vendeu 17 mil ofertas, pouco tempo depois da chegada de Solomon. *Isso é fantástico*, ele pensou. *Temos que fazer este negócio se ampliar para cem mercados, depois duzentos, o mais rápido que pudermos.*

Um componente fundamental do trabalho de Solomon era assegurar que os processos do Groupon fossem passíveis de expansão, e que as funções principais desses processos pudessem ser executadas por pessoas experientes. Lefkofsky tinha experiência operacional, mas a empresa precisava contar, em seus quadros, com muitos veteranos a mais.

Discretamente, Solomon decidiu se aproximar do vice-presidente sênior de vendas, Darren Schwartz, um afável empreendedor de quarenta e poucos anos, com a mais farta das cabeleiras dentre os membros da equipe de gerentes. Lefkofsky apresentara Schwartz à equipe administrativa do Groupon no outono anterior, logo depois da falência de sua firma de treinamento em comunicações, a SureSpeak. Eles haviam frequentado a mesma escola de ensino médio, em Michigan, embora não fossem exatamente amigos naquela época.

Quando Solomon foi apresentado a Schwartz, o diretor de vendas estava cuidando do caso da proprietária da Posies Bakery & Cafe, de Portland, em Oregon. Em 9 de março de 2010, a mulher colocara uma oferta no Groupon, vendida para quase mil novos consumidores, que sobrecarregaram a sua pequena loja. Ela postou a experiência em um *blog*, despertando grande polêmica entre a população anti-Groupon.

"Era a dona de uma pequena empresa que não entendia o poder desta ferramenta", disse Schwarz. "Nós todos não éramos suficientemente sábios para entender o poder da ferramenta."

Comerciantes descontentes que não conseguiam lidar com o fluxo de consumidores recebidos através do Groupon (na maioria dos casos, porque os donos haviam se recusado a estabelecer um limite para as ofertas) logo estariam atacando a empresa com mais virulência do que a sofrida por Sylvester Stallone em todos os seis filmes da série *Rocky* juntos.

Mason reagiu incrementando as opções de suporte a comerciantes por meio do Groupon Works, um conjunto de dicas, macetes e tutoriais de vídeo on-line de pessoas que conseguiram executar com sucesso as suas ofertas. Os representantes de vendas também cuidam de muitas ações de personalização em tempo real — como realizar, aleatoriamente, algumas escutas não autorizadas nas ligações de suporte efetuadas pelos vendedores. Qualquer funcionário do Groupon que trabalha com uma oferta pode levantar questões sobre sua estrutura e postergar a oferta até que tais questões tenham sido respondidas. A empresa também começou a insistir na limitação do número de ofertas que cada loja está autorizada a vender, baseando-se no volume de tráfego que consegue ser razoavelmente administrado por empresas de diferentes tipos e tamanhos.

"Me ensinaram, desde cedo, que é preciso saber quantas cadeiras estão disponíveis, quantas reservas foram feitas e com que frequência as mesas são liberadas", disse a vendedora Sydney Slutzky, que, a partir de sua mesa de Chicago, trabalhava para o mercado de São Francisco. Além disso, em muitos mercados, o Groupon implementa um suporte local de vendas, a fim de auxiliar as empresas que necessitem de cuidados adicionais.

"Se a realidade é que alguns comerciantes não se aperfeiçoarão e precisarão de ajuda, nós não somos o tipo de empresa que afirmaria que o problema é deles", disse Mason. "Somos pioneiros em um novo modelo de negócios, e, portanto, a responsabilidade é nossa."

E se um número razoável de comerciantes tiver tido experiências ruins com o Groupon, é evidente que os concorrentes lhes parecerão mais sedutores. Querer proteger a própria pele não seria uma atitude altruísta do Groupon. Trata-se de um processo que precisa de monitoramento contínuo; mais de um ano depois do fiasco da Posies, o Groupon foi alvo de uma série de manchetes negativas no Reino Unido, quando uma padaria ficou congestionada com os pedidos de 102 mil cupcakes, que haviam sido vendidos por um preço baixo demais. Incidentes como este, com alto potencial de exposição na mídia, podem se mostrar verdadeiramente custosos para a reputação do Groupon, seja com os comerciantes, seja com os consumidores (de fato, o Groupon do Reino Unido entrou em acordo com uma agência de proteção ao consumidor em março de 2010, logo após uma investigação descobrir que as operações no Reino Unido não estavam protegendo adequadamente os comerciantes contra a sobrecarga, e que haviam vendido ofertas enganosas para os consumidores).

Além de ajudar a criar práticas mais eficazes para o estabelecimento de negociações com os comerciantes, Solomon e Schwartz precisavam reformular a estrutura de gestão do departamento de vendas. Quando Solomon foi admitido, Schwartz estava sucumbindo diante do fardo que era comandar cerca de trinta subordinados diretos. Enquanto Solomon esteve no Yahoo!, a equipe de vendas era liderada, de cima, pelos vice-presidentes regionais; abaixo deles vinham os diretores de vendas. Os diretores, por sua vez, coordenavam de dez a vinte vendedores cada. Este foi o modelo que Solomon aconselhou Schwartz a adotar.

A reestruturação permitiu que Schwartz desocupasse parte do seu tempo e desse um passo além daquele processo orientado apenas para o primeiro e único dia de vendas, adotando um programa de treinamento que incluía exercícios de desempenho de papéis, a escuta de ligações feitas por representantes veteranos e a realização de reuniões semanais da equipe, focadas em todos os assuntos, desde técnicas de vendas até melhorias no sistema de condução das ofertas. Os diretores passaram a ser formalmente instruídos a respeito das metas de vendas e os processos de comunicação interna começaram a ser aprimorados.

Havia apenas um problema: à medida que se instalava em mais cidades, o Groupon ia necessitando tão continuamente de novos funcionários que nunca havia tempo para se livrar do peso morto que rondava o departamento de vendas. "Quando começávamos a crescer, alguém sempre dizia: 'Bem, vamos colocar duas pessoas em uma cidade, duas pessoas em outra e duas pessoas em outra'", afirmou Schwartz. Pelo fato de a expansão do Groupon vir acompanhada de um volume de dinheiro cada vez maior, até mesmo os vendedores menos capacitados conseguiam se manter empregados, e somente os piores dentre os piores eram demitidos. Como resultado, a complacência, e, até mesmo, um senso de invulnerabilidade começou a se instalar entre os vendedores de baixo desempenho, que teriam sido logo dispensados em uma organização de vendas mais amadurecida.

Entretanto, depois de organizar a área de treinamento e de hierarquia corporativa, Schwartz começou a usar o próprio quadro de funcionários para recrutar diretores setoriais de vendas, dando a alguns dos vendedores em quem mais confiava seu primeiro plano de carreira. A equipe de vendas ainda precisava ser convenientemente enxugada, mas este já era um esforço para trilhar um caminho melhor.

No meio do ano, acima dos cerca de 12 gerentes setoriais de vendas, Schwartz adicionou vice-presidentes regionais. Todos os vice-presidentes já haviam coordenado operações de vendas anteriormente. *Esta é uma estrutura que pode continuar a crescer*, pensou Schwartz. *Ela é expansível. Não depende de mim, do Rob ou do Andrew.* Muito embora a meta de receita estipulada por Solomon fosse ambiciosa, a equipe de vendas conseguiu atingi-la antes do início de dezembro de 2010.

O segredo para tirar alguma vantagem do caos controlado do Groupon era criar estruturas básicas que também pudessem ser replicadas rapidamente em outros departamentos. "Somos muito parecidos com uma linha de montagem", afirmou Solomon. "Estabelecemos este papel de editoria, em que crianças escrevem coisas engraçadas, e, quando é preciso escrever mais coisas engraçadas, mais crianças são contratadas. Assim, tem-se um processo, e ele funciona."

O mesmo exercício foi repetido na implementação em outras cidades. Oito semanas antes do lançamento, o Groupon contratava novos representantes de vendas. Dois ou três deles começavam a ligar para os comerciantes locais e iniciavam as negociações. "Depois, é só lançar", disse Solomon. Com os processos acionados, o Groupon continuava, simplesmente, colocando mais pessoas na máquina; ao que parece, ela nunca emperraria. Em breve, os resultados já demonstravam melhoras, e os processos também.

Na tarde de 5 de maio, quando a equipe de Chicago ainda tinha um tamanho razoavelmente administrável, a ponto de caber em um salão de eventos, Solomon convocou uma reunião geral de emergência. Assim que os funcionários chegaram, Solomon os presenteou com vinte garrafas de tequila. Foi uma celebração improvisada do Cinco de Mayo*

"Estou com saudades da Califórnia", disse Solomon. "O Cinco é muito maior na Califórnia do que em Chicago, mas todos estes garotos de vinte e poucos anos acharam que este cara maluco do Vale do Silício era legalzinho."

Este tipo de gesto que aliviava as tensões era exatamente o que se fazia necessário em um ambiente que estava se transformando, rapidamente, em uma panela de pressão.

---

* Dia que celebra a vitória do exército mexicano sobre as tropas francesas na batalha de Puebla, em 5 de maio de 1862. Nos Estado Unidos a data marca um dia de celebrar a influência da cultura mexicana sobre o país. (*N. do E.*)

15 DE MAIO, 2010

Dois meses depois da conversa de Andrew Mason e Oli Samwer no aeroporto, o diretor-executivo do Groupon mandou uma mensagem para o *designer* Steven Walker para avisá-lo que a empresa iria adquirir o CityDeal. Era um domingo à tarde, e Walker estava trabalhando em um café, perto de sua casa. Mason estava em outro café. Walker o convidou para ir até o lugar onde ele estava e lhe fazer companhia.

"Servem comida aí?", perguntou Mason.

"Sim", respondeu Walker. E, então, Mason saiu pilotando sua Vespa verde Para documentar o glorioso momento, assim que Mason chegou, Walker tirou uma foto, que guarda até hoje em seu telefone.

Durante a refeição, Mason pediu a Walker que reprogramasse o seletor de cidades no site do Groupon. A empresa havia acabado de aumentar sua área de cobertura, passando de dois para quinze países. Quando o designer estava começando a se manifestar, o telefone de Mason tocou. Era o *Wall Street Journal*.

Observando Mason dar uma entrevista exclusiva sobre a transação ao jornal de negócios de maior prestígio do país, Walker pensou: *É com este tipo de coisa que você lida diariamente? Você tem só 29 anos!*

No dia seguinte, a manchete dizia: "Site de Compras Groupon Adquire a Alemã CityDeal."

O Groupon comprou o clone oferecendo participações que, se tudo corresse bem com o IPO, poderiam acrescentar mais de um bilhão de dólares à carteira de valores dos Samwer, embora estivessem avaliadas em torno de US$ 125 milhões naquela época. Em 16 de maio, na celebração do Dia Internacional no Groupon, Mason estava vestido com uma boina e um sári, enquanto Solomon foi trabalhar fantasiado de montanhista suíço, para marcar o fechamento do negócio. Os irmãos Samwer não estavam interessados em administrar as operações internacionais a longo prazo, mas concordaram em se manter presentes durante 2011. Sua permanência acabaria se revelando uma coisa muito boa para o Groupon.

QUATORZE

O fato de o Groupon ser menor do que seu sósia europeu foi motivo de piada entre os funcionários do CityDeal quando Mason fez um pronunciamento no escritório de Berlim, poucas semanas depois da aquisição anunciada.

"A taxa de crescimento que vocês vêm mantendo é uma coisa que eu nunca vi, nem ouvi falar, em toda a minha vida", disse ele aos jovens membros da equipe, em pé, perto de um pôster em que apareciam balões de ar quente, uma mulher em uma sauna e o *slogan* "Bem-estar".

O novo líder do CityDeal, vestido com uma camiseta verde-escuro, exibindo uma espessa barba e cabelos desgrenhados que denunciavam sua perseverança ao atravessar outro interminável inverno em Chicago, riu mais uma vez, ao prometer: "Não planejamos adotar a abordagem americana de infiltração, como a que foi feita no Iraque."

Ironicamente, logo aconteceria uma infiltração, com o lado alemão invadindo as operações norte-americanas. Mas aquele era um momento feliz, e o diretor-executivo fez uma afirmativa final: "Eu não poderia estar mais empolgado com a empresa que vamos construir juntos. Ela, realmente, tem potencial para ser uma das maiores e mais emblemáticas marcas do século XXI."

Isso significava continuar o esforço pela expansão internacional, ao qual o Groupon se dedicou ao longo de 2011. Solomon foi marcando em uma lista os mais importantes mercados: "Os grandes países na Europa Oriental, os Estados Unidos, os grandes países asiáticos e o Brasil. O Brasil é importante, a Coreia é importante, o Japão é importante e a China é importante — mas se não nos sairmos vitoriosos nestes lugares, continuaremos bem. É preciso vencer nos Estados Unidos e é preciso vencer no Reino Unido, na Alemanha e na França. E ainda há muitos outros países para contribuir."

Com esta finalidade, os Samwer foram acionados para ajudar a supervisionar o Brasil e o restante da América Latina, além de alguns dos mercados asiáticos. "Isso tem funcionado satisfatoriamente, sob a perspectiva de que, se alguém consegue chegar logo a um mercado, há uma chance muito grande de se tornar o líder daquele mercado", afirmou Solomon. "Os Samwer são velozes e furiosos, e nos fizeram entrar nesses mercados. E as coisas correram bem. Se eles não estivessem conosco, não teríamos esta área de cobertura que conquistamos em todos os lugares."

Porém, como qualquer empresa ocidental já pôde constatar, a China era um caso especial. Mas o Groupon vinha se instalando em todas as outras grandes economias ao longo de 2010, e, portanto, já era chegada a hora de atacar aquele mercado também. A equipe de liderança tinha uma escolha a fazer: investir ou adquirir uma das cerca de duas mil empresas chinesas de ofertas diárias que operavam no supersaturado mercado, ou, então, encontrar um parceiro chinês propício, como o Tencent, líder de comércio na internet. Era uma discussão que não estaria resolvida até o fim daquele ano.

Finalmente, a opção pela sociedade prevaleceu, o que levou à criação de um empreendimento conjunto, lançado no fim de fevereiro de 2011, depois de uma espiral de contratações que durou três meses e arregimentou mil funcionários. O Groupon e o Tencent tinham, ambos, 40% da sociedade, sendo que o Groupon investira US$ 4 milhões na participação, embora o Tencent ocupasse dois assentos na diretoria e o Groupon, apenas um. O outro assento pertencia à sócia Rocket Asia, que detinha 10%, e cujos donos eram os irmãos Samwer, e os 10% restantes eram controlados por uma empresa de fundos de investimentos de capital. Pelo fato de o plágio Groupon.cn já estar em operação, com aproximadamente 7 milhões de usuários cadastrados, o site do empreendimento foi denominado Gaopeng, que pode ser livremente traduzido como "amigos queridos sentados ao redor da mesa".

"Não conseguiríamos fazer isso sozinhos", afirmou Solomon. "O Tencent é uma empresa impressionante, uma empresa inovadora, líder na internet, e eles trabalham com o governo" — um fator determinante na China. Ainda assim, este lançamento foi uma das mais duras labutas do Groupon. Desde 2005, pelo menos, as compras coletivas já eram populares na China, com multidões de consumidores entrando nas lojas e negociando descontos diretamente com os lojistas, e, na época em que o Groupon apareceu por lá, o mercado já estava saturado, com uma estimativa de nove sites novos clonados surgindo todos os dias, de acordo com um relatório publicado, em 2012, pela Wharton School of Business.

Durante o primeiro ano do Groupon na China, com o número recorde de cinco mil concorrentes e margens médias de lucro em torno dos 15% — ou piores do que isso — pouco importava se a empresa estivesse enfrentando as típicas dificuldades de um novo empreendimento. O Gaopeng começou a funcionar em meados de fevereiro por insistência do Groupon — "Queremos dominar o mercado na China", disse à imprensa o diretor-executivo da empresa em Hong Kong — mas o Tencent logo tirou o site do ar, temendo que ele não estivesse pronto para ser lançado.

Oliver Samwer foi despachado de Berlim para fazer com que o projeto retornasse aos eixos, e, em 28 de fevereiro, o Gaopeng foi definitivamente lançado em Pequim e Xangai. No mês de agosto, porém, o Groupon teve que dispensar centenas de maus funcionários, e acabou reduzindo drasticamente as operações em dez cidades, mantendo os escritórios em cerca de vinte mercados chineses. No entanto, se o Gaopeng pudesse ganhar alguma resistência, o esforço teria valido a pena. As vinte empresas mais bem colocadas no mercado eram responsáveis por algo em torno de 90% do volume de vendas de ofertas diárias na China, fazendo com que o grande número de concorrentes fosse encarado mais como uma perturbação do que como ameaça. E as estimativas diziam que o número de compradores on-line na China passaria de 140 milhões, em 2010, para 520 milhões, em 2015. Basicamente, mesmo com modestas margens de lucro, a China valeria bilhões de dólares por ano em receitas para os líderes de mercado. Na metade do ano, o Groupon já estava galgando a oitava posição.

Mas embora a China fosse importante, Solomon não encarava o país como um "ou vai ou racha" para o Groupon. "Obter ou não obter sucesso na China não importa", alegava o diretor de operações. "É fantástico. O Google não está na China e vale algumas centenas de bilhões de dólares. É bom estar no maior mercado do mundo; é uma ajuda e tanto. Se você for bem-sucedido, isso é incrível. Se não for, a vida continua."

Além de devorar os clones superdimensionados e peregrinar pelo mundo em 2010, o Groupon também encarou a sua primeira grande ação judicial — um caso no Tribunal Estadual de Illinois relativo à data de expiração de ofertas, que ganhou destaque na imprensa, mas logo foi resolvido. O caso tocou no cerne da definição do Groupon: as ofertas eram cupons ou certificados de presentes? Na verdade, elas são os dois. O valor base de um Groupon — os cinco dólares que são pagos pelos dez dólares em um sushi bar — é, segundo as leis federais, um vale-presente que nunca expira. Portanto, os consumidores têm direito aos cinco dólares equivalentes ao makimono daquele Groupon, mesmo depois que o valor promocional — os cinco dólares extras — expirar, exatamente da mesma forma que um cupom.

Esta distinção está explicitada em vários lugares no site do Groupon. No entanto, apesar da clareza com que estas afirmativas estão redigidas e da frequência com que são reforçadas, o Groupon é um fenômeno de tal ordem que ele se torna um alvo natural, não apenas para ações judiciais movidas por consumidores, mas, também, para procuradores-gerais estaduais farejarem problemas. Com a empresa alcançando até 50% de penetração no mercado de consumidores adultos em algumas cidades, as autoridades "não podem ignorar o Groupon; ele é, simplesmente, grande demais", afirmou Lefkofsky. "Então, se as pessoas se queixam de alguma coisa, por menor que seja, o procurador-geral é praticamente obrigado a dizer: 'Vou analisar e descobrir o que está acontecendo'. Não é muito diferente do que eles diriam [em outras ocasiões]: 'Vamos analisar a questão das cobranças de taxas da Amazon.'"

A empresa também enfrentou uma apreciação jurídica pela violação potencial da Lei Seca em estados que não permitem a venda de bebidas alcoólicas com desconto, e foi ré de ações coletivas movidas por funcionários que alegavam não terem recebido por horas extras, em casos onde as políticas de recursos humanos não conseguiram acompanhar o hipercrescimento do Groupon. Mas nada do que acontecia nos tribunais parecia capaz de frear o ritmo da empresa.

Não que eles ainda não soubessem apagar um foco de incêndio dentro do escritório. Em uma manhã aparentemente normal de agosto de 2010, Andrew Mason irrompeu um dos corredores da sede do Groupon, em Chicago, em um acesso de fúria que seus funcionários jamais haviam visto. "Runnin' With the Devil" retumbava por trás da porta de um escritório com o qual a empresa compartilhava um dos andares, e as poderosas cordas vocais de Van Halen estavam perturbando os trabalhos.

Mason bateu à porta, mas David Lee Roth continuava berrando. "Michael, você tem que desligar isso!", gritou Mason. "E você me deve aquele dinheiro!" Em uma configuração estranhamente típica no Groupon, havia, ao que parece, um acordo de locação entre Mason e o misterioso homem que vivia ali.

"Vá embora!", veio a incisiva resposta lá de dentro. Mas Mason continuava batendo. Momentos depois, o morador, que raramente era visto, apareceu no corredor, vestindo um macacão amarelo que combinava com as ataduras envoltas em torno de sua cabeça. "Andrew é um idiota!", berrava o homem. "Eu não estou com o seu dinheiro. O dinheiro está com o papai!"

Antes que algum dos cerca de cem funcionários que presenciavam o espetáculo pudesse ajudar seu chefe, o homem, conhecido apenas como Michael, deu um empurrão em Mason e saiu em disparada até a entrada do escritório, correndo o mais rápido que podia com uma perna aparentemente ruim, enquanto deixava escapar o último insulto: "Você nunca terá o seu dinheiro, e nunca me encontrará!" Um atordoado Mason tentou alcançá-lo, mas Michael já tinha aberto uma boa vantagem. Em seguida, todos os funcionários do Groupon receberam um e-mail de Michael que dizia, em determinado trecho: "Por favor, fiquem longe do meu escritório e NÃO acreditem no Andrew! Eu não tenho dinheiro algum. Não tentem me encontrar." Mason, depois, também enviou um e-mail para toda a equipe, pedindo: "Vocês podem me ajudar a encontrar o Michael?"

Vários funcionários se ofereceram para ir ao seu encalço, e, embora Michael continuasse foragido, sempre surgiam pistas de seu paradeiro. Enquanto isso, o escritório continuava da mesma forma que seu perturbado ocupante o deixara. Uma bicicleta ergométrica estava conectada a uma vitrola, programada para tocar "Smooth Operator", de Sade, todas as vezes que alguém começasse a pedalar, e um terrário de vidro exibia um buraco serrado em um dos cantos, por onde a aranha de estimação de Michael havia escapado...

Se isso parece uma pegadinha muito sofisticada, é porque era mesmo. "É isso que há de especial no Groupon", disse Mason. "Nós criamos estes... pequenos eventos. Grande parte do que fazemos tem a ver com a surpresa — 'Qual será a oferta do dia?'. E quem poderia imaginar uma sala como esta dentro do escritório? Do ponto de vista do funcionário, isso rompe bruscamente com a monotonia e o faz dizer: 'Este emprego não é igual a nenhum outro que eu já tive.'" O diretor-executivo acredita que manter esta cultura irreverente intacta se mostrará vital para o contínuo sucesso da empresa.

Como resumiu o editor-chefe Aaron With — que ajudou a bolar a cena da sala de Michael, com a colaboração do humorista Cullen Crawford —, "estas coisas doidas, idiotas e absurdas são muito importantes para que façamos um bom trabalho".

Como slogan, não chega nem aos pés do grito de guerra de Steve Jobs, "Insanamente grande". Mas, conforme o verão chegava ao fim, alguns possíveis e influentes compradores começaram a enxergar este grupo de pândegos desajustados como um excelente alvo de aquisição — um alvo que poderia gerar vendas de proporções potencialmente históricas —, mesmo diante da entrada de grandes adversários on-line, como o Yelp, no ambiente das ofertas diárias.

4 DE SETEMBRO, 2010

O dia 4 de setembro de 2010 foi o friorento sábado de Chicago em que Andrew Mason finalmente se tornou mais famoso na internet do que Steve Albini. Apenas sete anos antes, Mason estagiara nos estúdios Electrical Audio, de Albini, instalados em uma antiga fábrica de máquinas de pinball, na parte noroeste da cidade. Naquele verão de 2003, Mason aprendera o essencial para manter um empreendimento criativo de sucesso. Albini era um dos mais respeitados engenheiros de gravação da era grunge, e mais do que isso, havia trabalhado com artistas seminais, como Nirvana e Pixies. Ele e seus colegas construíram o Electrical Audio do zero.

Foi a primeira experiência de Mason com pessoas muito bem-sucedidas em suas áreas, e que estavam absolutamente comprometidas com o seu ofício. Eram técnicos com talento e integridade moral em doses equilibradas, que se enfiavam no estúdio por volta do meio-dia e, então, mergulhavam no trabalho até as três ou quatro horas da manhã do dia seguinte. Era inspirador, era rock 'n' roll, e era exatamente a formação de que Mason precisava para lançar o empreendimento que se transformaria no Groupon.

Mesmo com o crescimento da empresa de Mason, a Electrical Audio continuava sendo uma referência para ele. Ele gostava de entrar na página de mensagens on-line do estúdio, onde seu apelido era "Intern_8033". Por sua vez, Albini se manteve bem próximo a Mason, à medida que o site de ofertas diárias progredia. O notoriamente amargo engenheiro tinha uma rara queda por seu ex-estagiário. "Ele não é um sonhador. Ele é um cara que faz as coisas acontecerem de verdade", afirmou Albini. "Quando o Groupon começou a decolar, ficou óbvio — e diante de toda a concorrência com os plágios, continua sendo — que ele iria se impor. Andrew é a razão pela qual o Groupon não pode ser copiado com sucesso em nenhum outro lugar: ninguém mais tem o Andrew."

Em 18 de agosto de 2010, logo depois de Mason aparecer na capa da *Forbes* como "o próximo fenômeno da internet", Albini lançou um concurso no site do Electrical Audio. As regras eram simples: a primeira pessoa a prever o dia em que o nome de Mason geraria mais acessos ao Google do que o de Albini ganharia um jantar com os dois.

"A vocês que têm o hábito de jantar comigo ou com o Andrew e não estão nem aí para isso, peço que calem a boca e não fiquem aborrecidos com esta ideia divertida que eu tive", acrescentou Albini. Naquele dia, o nome de Albini gerou 218 mil acessos, e o de Mason, meros 160 mil.

Menos de três semanas depois, Mason já atingira 425 mil, enquanto Albini regredira abruptamente para 205 mil. Eles logo estariam concedendo o prêmio do concurso, levando os vencedores, o banqueiro local e blogueiro de música William Ojendyk e sua esposa, ao Alinea — um expoente do movimento da gastronomia molecular e o restaurante mais aclamado de Chicago —, onde o jantar de 24 pratos quase foi para o brejo, já que nem Mason nem Albini cumpriam as exigências do código de vestuário, e precisaram ir para casa mudar de roupa. Mason voltou com um terno escuro, uma camisa branca e uma gravata preta que teriam sido motivo de orgulho para os Blues Brothers. Albini, o protótipo da Geração-X de roqueiros punk peso-galo que usavam óculos, apareceu com um traje Johnny Cash, todo em preto.

Durante a refeição regada a vinho, eles conversaram sobre tudo, desde o cotidiano no Groupon e no Electrical Audio até a participação em torneios de pôquer e as sutilezas da banda Insane Clown Posse. Naquela época, sempre que Albini se encontrava com o diretor-executivo, ele lhe perguntava: "Você já virou Republicano?" Mason não era e não planejava se tornar Republicano, mas estava aprendendo que viver bem era um conceito bipartidário.

Naquele fim de semana do Dia do Trabalho incomumente frio, no qual Mason superou a notoriedade de seu mentor em número de acessos à internet, ainda faltava um mês para ele completar 30 anos. Mason mal suspeitava que, em breve, ao tentar adquirir o Groupon, o Yahoo! e o Google o transformariam em um dos mais famosos empreendedores do planeta. Esqueça Steve Albini: dentro de um ano, os mecanismos de busca registrariam mais acessos ao nome de Mason do que ao do fundador da AOL, Steve Case (embora, provavelmente, ele jamais chegasse a alcançar Steve Jobs).

Mas conseguiria Mason, o mago das empresas nascentes, dominar, então, as complexidades da administração de uma grande empresa multinacional e promover uma bem-sucedida abertura de capital? Seria como transformar uma banda de garagem na atração principal de uma arena, em apenas três anos. Considerando-se que o U2 foi o último grupo a realizar qualquer coisa próxima a esta façanha particular — lá longe, em 1980 —, as probabilidades apontavam, definitivamente, na direção contrária. Portanto, talvez fosse mais indicado vender a empresa, proclamar a vitória e sair de cena...

QUINZE

No canto mais próximo: uma insolente mulher de sessenta e poucos anos que administra um envelhecido gigante da internet como uma intransigente ultrapassada. Do outro lado: o brilhante e obstinado jovem que está por trás de um novo sucesso galopante do comércio eletrônico. Nesta luta da gaiola, entram dois magnatas, mas só um escapa.

Tudo bem, nenhum soco foi desferido quando Andrew Mason se encontrou com a então diretora-executiva do Yahoo!, Carol Bartz, em outubro de 2010. Mas, certamente, saíram faíscas entre os dois quando o Yahoo! fez uma tentativa surpreendentemente séria de adquirir o Groupon, um mês antes de o Google entrar na disputa.

Por que razão Bartz ofereceu uma proposta de compra a Mason e Rob Solomon naquele outono? O Yahoo! precisava desesperadamente de uma tacada de mestre, uma aquisição que o devolvesse ao grupo de elite dos principais agentes do Vale do Silício. Enquanto a AOL, uma empresa de internet 1.0 cujo brilho esmaecera mais ainda do que o do Yahoo!, apostava no conteúdo, comprando o Huffington Post, o Yahoo! começou a explorar o ambiente do comércio eletrônico em busca de oportunidades.

Especialmente com a presença de Solomon, ex-líder do Yahoo! Shopping, no papel de presidente e diretor de operações, o Groupon parecia a opção potencialmente mais indicada — mas Bartz somente o aceitaria sob suas condições um tanto estritas. Por sua vez, o Groupon procurava meios de fixar o seu verdadeiro valor no mercado. Solidificar a oferta do gigante adormecido seria uma medida bastante útil, e quando o número final foi anunciado, a diretoria do Groupon ficou realmente interessada na venda.

Em abril de 2010, Solomon havia dado início a conversas com David Ko, diretor dos canais de mídia do Yahoo! nos Estados Unidos, sobre como o Groupon poderia começar a alimentar a rede de conteúdos do Yahoo! com ofertas diárias. As duas empresas testaram a integração das ofertas do Groupon aos resultados de buscas e às propriedades locais do Yahoo!, mas Solomon também brincara com Ko, dizendo: "Vocês, simplesmente, deviam nos comprar."

Solomon jamais imaginou que o Yahoo! faria uma oferta, mas ele subestimara a determinação de Bartz em apostar todas as fichas em uma aquisição que fosse decisiva. No decorrer de 2010, as vendas do Groupon continuaram em ascensão, e o gerente de fusões e aquisições do Yahoo!, Andrew Siegel, começou a fazer as contas. Ele procurou Solomon durante o outono e disse: "Queremos conhecê-los melhor e analisar se faz sentido adquiri-los." Depois de mais algumas conversas, Siegel enviou para Chicago o cofundador do Yahoo!, Jerry Yang, e alguns dos principais chefes de produtos da empresa, de modo a se reunir com a equipe administrativa do Groupon.

Para enfatizar o quanto esta impetuosa empresa nascente de Chicago estava se tornando, praticamente, um posto avançado do Vale do Silício, a lendária analista da Morgan Stanley, Mary Meeker, que comparecera ao escritório para obter um boletim de Mason e Solomon, passou, por acaso, ao lado da sala em que a reunião estava acontecendo. Yang se levantou e foi até lá abraçá-la. Para os aficionados da internet, aquele foi um momento hollywoodiano (Meeker logo trocaria a Morgan Stanley pela Kleiner Perkins Caufield & Byers, onde ela e John Doerr ajudaram a coordenar a participação das firmas de investimentos de capital de risco do Vale do Silício na infame rodada de investimentos de US$ 950 milhões no Groupon, em 2011. Depois disso, ambos se integraram ao conselho do Groupon, na condição de observadores).

Embora tenham sido reduzidas a uma nota de rodapé pela imprensa de negócios quando comparadas às negociações com o Google, as tratativas entre o Yahoo! e o Groupon foram realmente sérias, e os números logo começaram a se tornar significativos. Siegel convidou, então, Mason e Solomon para visitar a sede do Yahoo!, de modo a conhecer a equipe e cair nas graças de Bartz.

O problema do Yahoo!, sob o ponto de vista de Mason, era que, a não ser por alguns recursos adicionais e seu alcance, em comparação com outras possíveis fusões ele não propiciava vantagens estratégicas que pudessem potencializar o Groupon. O Google, por exemplo, lançara um produto de busca tão dominante que o Yahoo! acabara cedendo o mercado para ele, e, com o seu serviço de PayPal, o eBay poderia oferecer ajuda nas transações. O Yahoo! estava disposto a investir uma grande quantidade de dinheiro, mas Mason não acreditava que o Groupon precisasse disso.

Ainda assim, a questão da avaliação permanecia, e a diretoria se mostrava curiosa. Então, diante da insistência de Lefkofsky, o diretor-executivo viajou até Sunnyvale para uma reunião com Bartz e Mike Gupta, vice-presidente sênior de desenvolvimento corporativo e finanças do Yahoo!, que, desde então, acabou sendo deslocado para os imbatíveis jogos on-line Zynga. Solomon o acompanhou na viagem, a fim de evitar que Mason e Bartz começassem a brigar. Nesta tarefa, ele falhou completamente.

Para assegurar que as negociações não vazariam, Solomon foi instruído a dar um telefonema quando ele e Mason chegassem ao portão principal, de modo que um despachante do Yahoo! pudesse guiar o carro deles até a área de estacionamento executivo. Desta forma, eles não seriam vistos andando pelo campus corporativo.

Depois de adentrarem o santuário, Mason e Solomon, ao lado do vice-presidente de produtos do Groupon, David Jesse, e do diretor de informações, Mark Johnson, se encontraram com Blake Irving, gerente de produtos do Yahoo!, e integrantes de sua equipe. Yang e o outro cofundador do Yahoo!, David Filo, apareceram para cumprimentá-los. Esta era uma grande oportunidade para o Yahoo!, e Irving estava distribuindo boas vibrações.

A equipe do Yahoo! garantiu a Mason que o Groupon permaneceria como uma unidade autônoma depois da venda. E, com o acesso às informações, redes, capacitação em engenharia e 690 milhões de usuários globais do Yahoo!, a empresa poderia crescer com mais rapidez ainda do que crescera como operação independente. Se Mason ainda se mostrava cético, pelo menos os executivos do Yahoo! estavam bastante entusiasmados. A única coisa que faltava era Mason e Solomon se reunirem com Bartz em uma sala de trabalho anexa.

Nestas situações, é usual — e sábio, do ponto de vista tático — que o comprador potencial garanta à equipe administrativa da empresa nascente que ela terá autonomia para gerir o seu negócio no interior da empresa maior, desde que alcance certas metas de desempenho. De modo geral, é uma grande mentira — basta lembrar como Rupert Murdoch subjugou o *Wall Street Journal*, depois de assumir, notoriamente, o compromisso de mantê-lo independente, apenas como um expediente para fechar a venda. Mas Siegel e Irving haviam dado a Mason garantias semelhantes, e ele entrou na reunião com Bartz confiante de que ainda teria liberdade irrestrita, no caso de o Groupon ser efetivamente adquirido pelo Yahoo!.

Para o Yahoo!, os desafios eram gigantescos. A oferta de US$ 3 bilhões representava a maior parte do capital restante da empresa. Mas, simplesmente, não tinha que ser. Depois de algumas amabilidades e afagos iniciais, o orgulhoso e excêntrico empreendedor e a traumatizada diretora pareciam ter desenvolvido uma aversão recíproca, quase visceral. Àquela altura, Bartz, que deveria estar seduzindo o Groupon com todas as suas forças, nem mesmo se importava em dar a Mason falsas garantias de independência. Na verdade, ela contradizia frontalmente o que havia sido dito na reunião anterior.

Mason sublinhou a importância, para ambas as empresas, que o Groupon operasse de forma independente, e sugeriu que seria lógico, dentro de tal configuração, que ele se reportasse diretamente a Bartz. Mas ela lhe informou que o Groupon assumiria o seu lugar no organograma da organização ao lado de todas as outras unidades de negócios, funcionaria com um orçamento determinado pelo Yahoo!, e responderia ao chefe de divisão apropriado. Mason podia esquecer a ideia de administrar o Groupon como se fosse o seu próprio negócio. O Yahoo! lhe diria o que fazer e quando fazer.

A ausência de química pessoal entre os dois executivos foi ficando aparente, e uma tensa discussão se seguiu. Bartz é uma tal força da natureza e Mason é tão seguro de si que Solomon, sentado em uma mesa entre os dois, não tinha muito a fazer, a não ser presenciar a manifestação do conflito de vontades, no intervalo de apenas dez minutos. Em determinado momento, ele e Gupta cruzaram olhares. Ambos tinham expressões de "Que merda!" em seus rostos. Havia bilhões de dólares em jogo, mas tudo o que Solomon e Gupta podiam fazer era observar, enquanto Mason e Bartz fracassavam completamente em estabelecer uma conexão. Quando, por exemplo, ela sugeriu que o Groupon poderia se livrar de toda a sua operação editorial e substituí-la pela operação Associated Content, recentemente adquirida pelo Yahoo!, ficou claro, para Mason, que ela não tinha afinidade alguma com o negócio, e que, provavelmente, se mostraria uma parceira intervencionista.

Esta foi uma das cenas mais engraçadas que Solomon já testemunhara, em uma carreira que incluía uma boa dose da louca cultura da internet. Ainda assim, o deixava em uma situação desconfortável; esperava-se que ele fosse o representante mais maduro do Groupon naquela sala. Mas esqueça as trocas de galanteios — esta negociação estava fadada ao fracasso.

Mesmo com muito mais palavras lisonjeiras, e, talvez, um pouco mais de estímulo financeiro, ainda haveria uma probabilidade de que a negociação fosse mesmo por água abaixo. Antes da assinatura de um acordo, não havia nenhum motivo racional para que Bartz previsse a dura realidade que estaria reservada ao Groupon sob o comando do Yahoo!, mas, ao que parece, ela não conseguia evitar a tentação de colocar o jovem e teimoso diretor-executivo em seu devido lugar.

Talvez as faíscas começassem mesmo a voar, pois Bartz era conhecida como uma pessoa que ia do zero à "bomba F" em questão de segundos, e, Mason, por não conseguir esconder seu desprezo quando achava que estavam tentando fazê-lo de idiota. Mais tarde, soube-se que Solomon disse que nem Jesus Cristo poderia ter tornado possível um encontro cordial entre os dois. Como geralmente acontece em negociações deste tipo, o choque de personalidades era a prova final de que a transação não fazia sentido. Mason e Bartz terminaram a reunião concordando em discordar sobre a questão da autonomia, mas estava claro que o negócio estava por um fio.

No retorno a Chicago, Mason riu do bizarro encontro; para ele, o Yahoo! era assunto encerrado. Mas com a oferta ainda na casa dos US$ 3 bilhões, o que significaria uma das maiores negociações na história da internet, a diretoria acreditava que valia a pena mantê-la em aberto (embora alguém pudesse se perguntar, legitimamente, se Mason permaneceria na empresa caso a venda tivesse sido efetivada).

Lefkofsky e Solomon engoliram seu orgulho e pediram desculpas a Bartz pela maneira com que a reunião implodira. Mas a todo-poderosa do Yahoo! reagiu asperamente, referindo-se a Mason: "Ele vai ter que pegar um avião e vir até aqui me pedir desculpas. Ele precisará me convencer de que realmente quer fazer parte do Yahoo! e de que realmente está interessado em trabalhar para mim."

O Groupon também teria que aceitar a falta de autonomia sob o comando do Yahoo!. Considerando-se que não haveria a menor possibilidade de Mason se submeter a isso, a negociação foi praticamente suspensa assim que o telefonema acabou.

Solomon ainda conseguiu salvaguardar um pacto de distribuição global com o Yahoo!. A partir de 16 de novembro, as ofertas do Groupon seriam apresentadas pelo Local Offers, o novo programa de ofertas locais do Yahoo!, primeiro nacionalmente e, depois, para o mundo todo. "Esta parceria ressalta o sucesso do Groupon em construir uma plataforma robusta e global de ofertas locais, já que atendemos, atualmente, mais de 29 milhões de consumidores cadastrados em 31 países", afirmou Solomon, ao anunciar a cooperação. "Estamos empolgados por levar nossas imbatíveis ofertas locais para novos usuários ao redor do mundo, ao mesmo tempo em que oferecemos aos comerciantes associados ao Groupon esta nova plataforma de visibilidade e desenvolvimento."

Era como se o diretor de operações estivesse demonstrando, *a posteriori*, que vender o Groupon para o seu ex-empregador Yahoo! não teria sido uma ideia tão ruim assim. Alguns membros da diretoria também conversaram com Mason, pedindo-lhe para não ser tão precipitado a ponto de minar a próxima oferta a ser eventualmente recebida. Ele precisava pensar na obrigação da empresa de oferecer uma saída lucrativa aos primeiros investidores, em algum momento do futuro próximo. Mas depois que a proposta do Google caiu por terra quando o fechamento do negócio já era considerado garantido, ficou evidente que promover a abertura de capital do Groupon com a devida celeridade seria a melhor maneira de manter satisfeitos todos os investidores de capital de risco. Não havia nenhuma pressão às vésperas de 2011. Nenhuma pressão mesmo.

No fim de dezembro, o Groupon promoveu uma grande festa de recesso de fim de ano — ou, como foi oficialmente batizada, a Celebração de Inverno Não Confessional e Semiformal/Beba o Quanto Quiser Pós-Expediente para Todos os Funcionários do Groupon — no Museu Field de História Natural, em Chicago, onde Sue, o mais completo fóssil de tiranossauro rex descoberto até hoje, está abrigado (o aspecto "semiformal" era muito importante; a não exigência de um código de vestuário ajudou Mossler a identificar um repórter que entrou como penetra no evento, usando um smoking. Ela o expulsou).

E, por falar em mulheres assustadoras como Sue, momentos antes da festa, o Groupon fez uma reunião geral da equipe que contou com a aparição surpresa de Carol Bartz. Será que, de alguma forma, a negociação com o Yahoo! conseguira se salvar? Mason decidira ser gentil com a diretora-executiva do Sunnyvale? Na verdade, era o contrário: Mason contratara uma sósia de Bartz para aparecer na reunião, mas muitos funcionários, que tinham ouvido rumores sobre uma potencial aquisição, acreditaram que ela era a negociadora em pessoa.

"Olá, seus retardados!", gritou a falsa Bartz, atraindo, imediatamente, a plena atenção de todos, sem mover uma palha para dissipar a ideia de que ela era a própria negociadora sobre a qual todos faziam comentários depreciativos. A pseudoexecutiva começou a dizer, então, que estava comprando o Groupon (pausa grande) para aproveitar a oferta de batatas-fritas do McDonald's! Mas ela só dispunha de três lugares em seu imponente carro, acrescentou, e o atendimento era por ordem de chegada.

Enquanto a falsa diretora-executiva saía do recinto, os atônitos funcionários recebiam bolas azuis infláveis, do tipo utilizado, algumas vezes, como assentos ergonômicos em escritórios moderninhos. O Groupon as havia comprado para distribuir como "bolas do Google", caso a empresa de busca efetivamente o adquirisse, afirmou Mason, porque "nossa percepção do Google é que se trata de um lugar onde todos ficam sentados sobre bolas de Pilates o dia inteiro". Mas, agora, com aquela negociação também fora de cogitação, as bolas ajudariam os funcionários a ter, pelo menos, algum incentivo para entrar em forma.

DEZESSEIS

Dividir a atenção entre dois potenciais pretendentes multibilionários foi uma maneira estressante de terminar o ano, mas, naquele outono, Mason dedicara grande parte de seu tempo ao desenvolvimento do que ele chamava de Groupon 2.0. O empenho em desenvolver a misteriosa iniciativa aconteceu dentro de uma barraquinha fortificada no sexto piso da sede de Chicago. E "barraquinha fortificada" não era uma metáfora aqui: grandes folhas de papel cobriam uma seção de estações de trabalho, da mesma forma que as crianças transformam seus quartos em esconderijos de piratas.

O projeto tinha por objetivo manter sua empresa na dianteira de "todo mundo e da avó de todo mundo", começando pelos sites de desconto concorrentes, disse Mason, conforme levantava uma das folhas e entrava na barraca, uma criança crescida brincando de Willy Wonka.

Se o Groupon era a Amazon emergente dos serviços, fazendo o que o gigante varejista on-line sediado em Seattle havia feito pelos produtos, talvez o foco em mídias sociais desta versão 2.0 também pudesse acabar transformando o Groupon no Facebook das compras. Era uma combinação potencialmente poderosa.

O novo direcionamento do Groupon nasceu de uma pergunta que Mason fizera à sua equipe: se a empresa tivesse conseguido se lançar com as vantagens que tinha agora a seu favor na balança — "uma comunidade de comerciantes, uma infraestrutura operacional e uma base de consumidores vastas — ela construiria a mesma coisa hoje?" A resposta: talvez não.

O Groupon 2.0 planejava alavancar tais forças de uma maneira que "ampliasse o número de comerciantes e estendesse os serviços", destacou Mason, depois de sair de trás das folhas e clicar em uma apresentação do PowerPoint que havia elaborado em uma sala de reuniões adjacente. "Não estamos aumentando de forma drástica o número de ofertas que o consumidor visualiza, mas estamos lhe dando algo mais relevante."

Para as empresas, a versão 2.0 significava o Groupon Stores. Qualquer comerciante que "solicitasse" a sua página no Groupon Stores poderia usá-la para se comunicar diretamente com todos os associados do Groupon que tivessem comprado alguma de suas ofertas anteriores (caso ele já tivesse lançado alguma oferta antes), ou com os associados que escolhessem "segui-lo" por estarem interessados em ofertas. Os comerciantes referendados pelo Groupon também poderiam conceber ofertas por conta própria. Mason tinha esperança de que todas essas mudanças ajudariam os comerciantes a desenvolver uma relação muito mais intensa com os consumidores do Groupon: o que era apenas um marketing bem-sucedido se transformaria em uma conversa duradoura.

"Continuo considerando as ofertas que nunca lançaríamos como um recurso", disse Mason, a respeito da opção das ofertas autônomas, contida na versão beta. Embora valessem a pena, elas eram muito modestas para constituir uma verdadeira Oferta do Dia. Ele citou exemplos, como os descontos para amoladores de faca e lan-houses que cobravam menos pela hora utilizada em jogos de videogame.

Com seu consentimento prévio, os associados do Groupon teriam um "alimentador de ofertas" pessoal, de modo a incluir a oferta especial do dia, selecionada por meio de um algoritmo que usaria a localização, a idade, os hábitos de compra anteriores e outras informações para entender que barganhas teriam mais probabilidades de deixá-los motivados a comprar. Além desta Oferta do Dia, que era o cerne do Groupon 1.0, o alimentador aprimorado incluiria recomendações de ofertas próprias e mensagens dos comerciantes com quem os consumidores já haviam comprado, assim como de outros que haviam escolhido seguir. Os consumidores poderiam, inclusive, avisar seus amigos do Facebook quando comprassem uma oferta, e visualizar outros Groupons comprados por seus colegas. "Ao fazer com que as pessoas recebam ofertas diferentes, elas têm um incentivo a mais para compartilhar", afirmou Mason.

Os comerciantes poderiam enviar qualquer tipo de mensagem que quisessem para a sua lista de consumidores, oferecendo descontos que evitavam, até mesmo, a repartição de receitas com o Groupon. A divisão usual nas ofertas tradicionais era de 50% para cada um, enquanto aquelas implementadas sob planejamento autônomo renderiam ao Groupon de 10% a 30% sobre cada venda.

Mas se Mason estava preocupado com a perda de receitas originada por essas intercomunicações secretas, não era isso o que ele demonstrava. A verdade, dizia ele, é que os comerciantes seriam capazes de reconhecer os satisfatórios benefícios de marketing nas ofertas apresentadas pelo Groupon, até mesmo junto ao público mais segmentado de sua base de usuários, que, naquele momento, já alcançava mais de um milhão de pessoas em Chicago.

E aquelas ofertas oficiais atingiriam muito mais pessoas do que as que já haviam comprado ofertas anteriores de determinada loja, ou que procuravam seguir sua respectiva página, disse Mason, justificando, assim, uma repartição das receitas.

À época, parecia uma boa ideia, mas ela foi recebida como um grande baque. Com as ofertas diárias, "criamos este monstro, esta coisa gigantesca, e ela implodiu", afirmou, posteriormente, o chefe de design Steven Walker. "Então, existe esta ideia de que, não importando o que criemos, isso vai acontecer. Mas aprendemos, rapidamente, que este não é o caso quando se trata de desenvolvimento de produtos."

Se havia um lado positivo, talvez ele estivesse no fato de que o modelo das ofertas autônomas não se tornou popular entre os atarefados proprietários das pequenas empresas — o que sugeria que os concorrentes do Groupon teriam dificuldades para obter sucesso, a não ser que mobilizassem uma grande equipe de vendas. E este não era um bom presságio para o Google, o Facebook, o eBay e o Yelp.

O fracasso realçou uma questão fundamental para a equipe de produtos: o projeto desviaria os desenvolvedores e designers para um determinado caminho, apenas para que Mason aparecesse em uma fase mais adiantada e dissesse: "Não gostei." E, então, a equipe se engajaria em um caminho inteiramente diferente. O Groupon precisava de um chefe da equipe de produtos com uma perspectiva de futuro, e alguém que concordasse com o diretor-executivo.

Até mesmo a excêntrica ideia da barraquinha fortificada de Mason causou controvérsia. Mais de um funcionário do alto escalão afirmou que se tratava de um projeto deplorável, que estabelecia um fosso entre os integrantes da equipe autorizados a entrar e aqueles que eram mantidos do lado de fora. Um deles até reclamou do fato de que se costumava solicitar a entrega de refeições na tal barraquinha, sendo que a última coisa que alguém precisaria em um dia de trabalho de dezesseis horas era um motivo razoável para não abandonar o computador, fazer uma pausa e sair à rua para se alimentar.

E, ainda assim, de alguma forma, tratava-se de um desvio de rota vantajoso para a empresa. "Se alguém realmente acredita em seu produto, é preciso investir nele até determinado ponto", afirmou Walker. Com o projeto do Groupon 2.0, "criamos várias tecnologias que ainda fazem parte do nosso aplicativo". Mas, como sempre afirma fazer, quando a equipe do Groupon percebeu que o projeto fracassara, ela aprendeu tudo o que precisava, explorou ao máximo a tecnologia e, rapidamente, seguiu em frente.

Mesmo assim, houve polêmica entre alguns funcionários mais antigos. "A oferta diária acabou", diziam eles. Os boatos acerca de sua extinção, porém, talvez tenham sido um pouquinho exagerados; as vendas estavam ultrapassando de tal forma as previsões que, em novembro, a empresa deu início a uma onda de contratações de emergência. Aaron With, por exemplo, teve que absorver oitenta novos redatores em um mês, e, para isso, transformou, da noite para o dia, três membros da equipe editorial em agentes de recrutamento. E, apesar disso, com tantos concorrentes aparecendo, já havia passado a hora de encontrar a próxima grande novidade que manteria o Groupon na dianteira.

10 DE DEZEMBRO, 2010

Foi na manhã deste dia que Mason fez sua infame aparição no *The Today Show*. Na noite anterior, ele participara de uma entrevista discreta e minuciosa na rede PBS, no programa de Charlie Rose, do qual era fã de longa data. Qualquer um que considere Mason um idiota insignificante deveria procurá-la no YouTube. Entretanto, a NBC propiciaria ao Groupon sua maior plataforma de mídia de todos os tempos, apresentando-o a milhões de consumidores potenciais, assim que o diretor-executivo fizesse sua primeira aparição no estúdio do programa. Mas se você pensa que Mason usaria a oportunidade de pisar no cenário do *Today*, todo enfeitado com motivos natalinos e com vista para o Rockfeller Plaza, em Manhattan, para conversar com Matt Lauer de maneira tão ponderada quanto o fez no programa de Rose, você, certamente, não prestou atenção em nada.

"E se alguém lhe oferecesse bilhões de dólares por sua empresa recémcriada, você aceitaria?", perguntou Matt Lauer, como forma de apresentar Mason. Depois de descrever o Groupon como o ambiente dos sonhos, e de comentar sobre os usuários do site — jovens instruídos e abastados — "estes são os consumidores que todo mundo quer", o anfitrião continuou:

— Vamos abordar um assunto incômodo. A última notícia das páginas de negócios afirma que o Google lhe ofereceu seis bilhões de dólares por esta empresa, e a mesma matéria afirma que você recusou a oferta. Você tem recusado ofertas deste tipo ultimamente?

— Infelizmente, Matt, eu não posso falar sobre isso — respondeu Mason, rindo ansiosamente. — Mas estamos empolgados com o fato de termos uma empresa excelente, que continua a crescer...

Lauer interrompeu Mason, com a esperança de forçá-lo a responder:

— Você pode, pelo menos, confirmar que esteve... eu não estou pedindo números específicos... você confirma que esteve tratando de alguma oferta com o Google?

— Deixe-me lhe contar uma história para responder esta pergunta, Matt — disse Mason.

— Estou com a impressão de que não vou obter nenhuma resposta — interveio Lauer.

Mas Mason seguiu em frente:

— Meu nome do meio é Divvens, e quando eu estava na quarta série, meu amigo Josh Wilson... eu tinha vergonha deste meu nome do meio... Josh Wilson zombou de mim no meio do campo de baseball, e eu comecei a chorar e a correr atrás dele. E a Sra. Paddock me puxou para um canto e me deu uma bronca. E, então, no dia seguinte, em um passeio até uma piscina, Kristin Flaherty também zombou de mim. Ela me chamou, "Ei, Divvens", e aí eu peguei o protetor solar e tentei esguichar sobre ela...

— É assim que pretende responder a minha pergunta? — quis saber um perplexo Lauer.

— Tenho mais oito histórias como esta. — afirmou Mason. Sempre que você tentar...

— Você vai se esquivar de todas as formas que puder, não é? — concluiu Lauer, armando um sorriso forçado que imitava o sorriso de Mason.

Aparentemente satisfeito por ter conseguido fazer com que Mason praticamente confirmasse os boatos acerca do Google, Lauer recolocou a entrevista nos eixos. Ele e Mason conversaram sobre o modelo de negócios por alguns minutos, e Lauer estava prestes a amarrar toda a entrevista com um lindo laço vermelho, que combinaria com a alegre decoração do cenário.

— Somos fascinados por pessoas como você, como os Mark Zuckerbergs e os Sean Parkers — disse ele. Vocês são os jovens astros, os pioneiros do mundo digital. O que você pretende fazer com a sua influência, Andrew?

— Hmm... — começou Mason. Os espectadores podiam acompanhar a construção de seu raciocínio, conforme ele batia na mesma tecla. — Quero ver se consigo comprar mais prédios para acrescentar a palavra "laser" em seus nomes.

Depois de um breve instante, ele acrescentou:

— Não sei... o que eu pretendo fazer com a minha influência? — ele fez um gesto, apontando para suas calças jeans azuis e sua camiseta de botões curta para fora das calças. — Eu tenho influência?

— Você tem influência, quer você perceba isso ou não — afirmou Lauer. — E você percebe. Você é poderoso. Você vai aproveitar isso ao máximo?

— Poderosos são os sopapos que eu levo na cara — respondeu Mason, fazendo a equipe rolar de rir. — Eu nem posso levar a sério esta pergunta.

— E eu consegui alguma resposta séria hoje? — perguntou Lauer, com uma risadinha. — Não tenho certeza.

Eis aqui o que o público não sabia: os representantes do Groupon informaram aos produtores do *Today* que Mason debocharia do apresentador se ele o pressionasse a falar sobre os boatos da oferta de compra feita pelo Google. De fato, o diretor-executivo havia tuitado naquela manhã: "Pronto para participar do programa TODAY e fazer um beta-teste de uma nova técnica para driblar as perguntas." Mas Lauer acabou levando na esportiva, e ninguém no programa se aborreceu com o modo pelo qual a entrevista terminou. Entretanto, para o espectador comum, o que poderia ter sido uma demonstração inteligível de um novo e emocionante serviço acabou se mostrando um tanto confusa.

Bancar o sedutor diante da imprensa de negócios e em conferências de tecnologia sempre fizera parte do estratagema de Mason. Ele declarou, por exemplo, ao CNNMoney, em 1º de dezembro: "Espero que o McDonald's ou a ExxonMobil tentem nos comprar... Quero fazer parte da GE, ou de alguma coisa do gênero."

Três meses antes, em 29 de setembro, Mason aparecera na conferência TechCrunch Disrupt, em São Francisco, com os cabelos untados para trás, o rosto cheio de bronzeador instantâneo e a camisa desabotoada até o meio do peito para anunciar a iniciativa Grouspawn, que ofereceria, a cada ano, de um a dois fundos fiduciários, no valor de US$ 60 mil, para custeio de despesas universitárias de bebês cujos pais tivessem usado um Groupon no dia de seu primeiro encontro.

E, espantosamente, quando o respeitável *Wall Street Journal* pediu uma foto de Mason que pudesse servir de base para os seus clássicos e emblemáticos retratos desenhados com pontilhados, "ele insistiu que a divertida foto de sua carteira de motorista fosse utilizada como modelo", informou o jornal, na legenda abaixo de um desenho feito à mão com tinta nanquim, da imagem de Mason exibindo um medonho e engraçadíssimo sorriso escancarado.

Tudo isso pode ser muito divertido para pessoas que já conhecem o Groupon e o seu pouco ortodoxo diretor-executivo — como, por exemplo, no dia em que a plateia irrompeu em uma gargalhada durante a conferência D: All Things Digital, no mês de junho seguinte. Na ocasião, a jornalista Kara Swisher comentou ter ouvido dizer que o arquivamento do pedido de registro do IPO era algo iminente, ao que Mason a encarou com o que ela classificou como um "olhar fulminante", quando, na verdade, eles se dão muito bem.

Mas quem iria sabotar a grande aparição de sua empresa em um dos mais bem avaliados programas matutinos das redes de televisão, assistido por pessoas que, provavelmente, pensavam que TechCrunch era uma marca de cereal, se é que já tinham ouvido falar disso? Forçosamente, a aparição no *Today* só pode ser percebida como uma oportunidade desperdiçada.

DEZESSETE

Uma coisa bem menos engraçada também aconteceu com o Groupon em dezembro de 2010: a Amazon colocou US$ 175 milhões no LivingSocial. Será que ele se tornaria a Pepsi para a Coca-Cola/Groupon, isto é, um formidável concorrente, mas que, enfim, poderia ser ultrapassado? Ou, pior do que isso, ele se transformaria no Macintosh/Apple para o PC/Groupon, oferecendo inovações muito superiores às do líder de mercado e arrancando-lhe consumidores jovens e ricos aos borbotões?

Seja como for, a Amazon havia encampado uma empresa que, em certo sentido, criara o modelo para a atabalhoada, perdulária e rápida implementação do Groupon, e o fato é que Jeff Bezos estava interessado, agora, no comércio local. As fichas estavam lançadas.

Por que Bezos entrou nesta briga? Rob Solomon relativizou o seu gesto. "Acho que este é o maior espaço que já tivemos na internet. O comércio eletrônico é um ambiente amplo, mas representa apenas de 4% a 6% do comércio total, e, portanto, ele nem sequer é material no grande esquema das coisas. Estamos tratando, aqui, de comércio local. É um mercado multitrilhardário, totalmente adaptável. Por isso, acredito que nós acabaremos tendo um papel fundamental neste mercado, e a Amazon também se tornará uma grande participante deste jogo. O Facebook e o Google — estamos falando das melhores empresas do mundo — vão atuar neste ambiente, porque ele é grande demais. Portanto, sim, eu penso que o investimento da Amazon na empresa que ocupa a segunda posição em ofertas diárias me sugere que se trata de um ambiente muito amplo e importante."

Jeff Bezos se equipara ao falecido Steve Jobs, da Apple, como um proeminente visionário do comércio eletrônico. Assim, o fato de que o Groupon esteja seguindo um caminho de expansão de mercado e de captação de consumidores semelhante àquele pioneiro, trilhado nos primeiros dias da Amazon — e em nome do qual Bezos levou dezenas de flechadas pelas costas —, não é necessariamente uma coisa ruim a longo prazo, mesmo que venha a expor o Groupon a críticas, até mesmo veementes, de que estaria gastando demais para realizar muito pouco.

Bezos fundou a Amazon em 1994, lançou o site em 1995, promoveu a abertura de capital em 1997, e obteve o primeiro lucro anual da empresa em 2004. Durante esta década que a varejista sediada em Seattle precisou para se tornar próspera, Bezos focou na criação de valor de longo prazo, expandindo-se para novos segmentos de mercado (lembra quando todos conheciam a Amazon simplesmente como uma livraria on-line, em vez da poderosa varejista de hoje em dia que vende de tudo, inclusive a pia da cozinha?), captando novos consumidores o mais rápido possível e, então, satisfazendo tais consumidores com inovações deslumbrantes, como as compras com um clique, o serviço de entregas Amazon Prime, o leitor eletrônico Kindle e a personalização.

E adivinhe? Nenhuma dessas iniciativas foi barata. Os que visitavam a sede da Amazon costumavam ser saudados por um monitor de vídeo que, atrevidamente, reverenciava a emissão de obrigações da empresa, de US$ 1,25 bilhão, como "a maior oferta de dívida conversível da história". Lá atrás, em 1999, quando a AOL ainda estava enviando pelo correio CDs para conexão discada à internet, a Amazon derrotou definitivamente seus concorrentes de varejo eletrônico durante a temporada de festas de fim de ano, com base no quesito entrega. Bezos, que em 1999 foi considerado a personalidade do ano pela revista *Time*, entendeu que, para competir com o shopping center da esquina, a Amazon tinha que se tornar conhecida por seu impecável serviço de entrega, e foi por isso que ela gastou US$ 300 milhões naquele ano, construindo novos centros de distribuição em todo o país.

De fato, em 2000, mesmo faltando ainda um bom tempo para a Amazon atingir a lucratividade anual, a empresa estendeu uma oferta de entrega gratuita durante o período de férias para qualquer pessoa que fizesse um pedido mínimo de US$ 100. O programa Super Saver Shipping [Entrega Supereconômica] se revelou uma ferramenta de captação de consumidores tão poderosa que a empresa o transformou em uma opção ao longo de todo o ano. Em 2002, a Amazon reduziu o limite do pedido mínimo para US$ 25, valor no qual permanece até hoje. Assim, quando você for comprar aquele livro de US$ 23, provavelmente dará uma olhada nos outros produtos, para encontrar mais alguma coisa da qual precise. Afinal de contas, a entrega será gratuita se os seus gastos aumentarem em mais dois dólares, certo?

Agora que a Amazon é este gigante que domina o comércio eletrônico, é até difícil de imaginar, mas antes de os lucros começarem a aparecer, a empresa foi incrivelmente massacrada pela imprensa de negócios, investidores de curto prazo e analistas de investimentos. No fim de 1996, Bezos declarou à CBS News: "Se tivermos lucro em algum momento nos próximos dois anos, eu diria que terá sido, estritamente, um acidente." Em 1997, em sua carta anual aos acionistas, ele afirmou: "Continuaremos a tomar decisões de investimento à luz das considerações pela liderança de mercado a longo prazo, em vez das considerações pela lucratividade a curto prazo ou as reações de Wall Street a curto prazo." Era um refrão que ele repetia a qualquer um que quisesse ouvi-lo.

Porém, conforme o prazo para atingir um equilíbrio ia se estendendo, as críticas se multiplicavam, e, já na virada do milênio, o prejuízo total se aproximava de US$ 1 bilhão no papel (embora o brilhante James Surowiecki, da *New Yorker*, tenha destacado, em meados de 2000, que os prejuízos operacionais da empresa desde o início de suas atividades estavam, na verdade, entre US$ 60 milhões e US$ 130 milhões, um número dificilmente alarmante, considerando-se o tamanho e as perspectivas de crescimento do empreendimento). Em 1999, a *Barron's* lançou uma matéria de capa cuja manchete era "Amazon. bomb" [Amazon.bomba] e alegou "artifícios" nas práticas contábeis da empresa. Alguns outros críticos apelidaram a empresa de "Amazon.con" [Amazon. trapaceira] e, até mesmo, "Amazon.toast" [Amazon.condenada]. "Mas o meu apelido preferido em todos estes anos é Amazon.org, porque, nitidamente, somos uma empresa sem fins lucrativos", brincou Bezos. Estes críticos também insistiam que a Amazon estava prestes a ficar sem liquidez e que precisava controlar suas excessivas despesas. Tornou-se célebre a declaração de um analista da Lehman Brothers (*ahã*), de que, quanto mais a Amazon vendesse, pior ficaria a sua situação financeira.

Enquanto isso, a Amazon continuava lançando "lojas" em novas categorias de produtos, expandindo sua participação de mercado, captando consumidores leais, fazendo aquisições inteligentes (que, ao longo dos anos, variaram desde a Drugstore.com até a loja de calçados on-line Zappos) e aumentando fortemente seu faturamento, que saltou de US$ 500 mil para US$ 3 bilhões ao fim dos primeiros cinco anos da empresa. Caso você esteja acompanhando os resultados, a Amazon teve um lucro líquido de US$ 631 milhões em 2011, em meio a receitas de US$ 48,08 bilhões. Respondendo aos que recriminavam o fluxo de caixa altamente negativo da empresa naqueles primeiros anos, Bezos declarou, em 2000, ao *The Seattle Times*: "Nossa estratégia não mudou nem um pouco, e continua como sempre foi. Este modelo funciona. Esta é uma fase de investimento no modelo, e estamos avançando a todo vapor."

Uma das diferenças mais latentes entre o Groupon e a Amazon é o modo como seus modelos afetam as economias locais. Em Washington, onde fica a sua sede, e nos outros onze estados onde possuía depósitos ou centros de teleatendimento ao consumidor no fim de 2011, a Amazon cria inúmeros empregos e despesas diretas. Mas o Groupon impulsiona as vendas do comércio local em cada uma das cidades onde opera. Como resultado, o impacto econômico local direto fomentado pelo modelo do Groupon ultrapassa em muito aquele criado pela Amazon, que, assim como as grandes cadeias nacionais, remete os lucros de volta à sua base. Enquanto cerca de US$ 68 de cada US$ 100 gastos em uma empresa local ficam naquela comunidade, somente US$ 43 de cada US$ 100 gastos em uma empresa não local permanecem ali para criar mais atividade local e, consequentemente, mais empregos.

Estes dados são de um estudo sobre as empresas de Chicago, conduzido pela firma Civic Economics por encomenda da câmara de comércio de um determinado bairro. Estudos semelhantes, também realizados pela mesma firma em outras comunidades ao longo da última década, comprovaram diferenças ainda mais dramáticas em relação ao quanto daqueles US$ 100 gastos em uma empresa local permanecia em cada cidade, em comparação com uma nota de US$ 100 deixada em uma loja de departamentos. Em Maine, a divisão entre as despesas locais efetuadas em empresas sediadas na comunidade e em redes de lojas correspondia, respectivamente, a US$ 45 *versus* US$ 14; em Austin, no Texas, era de US$ 45 *versus* US$ 13.

Quando o varejista nacional tiver apenas uma presença virtual na comunidade, esta diferença, certamente, será ainda maior. Portanto, para que os comerciantes locais possam se beneficiar do Groupon como uma ferramenta de marketing eficaz, as empresas de ofertas poderiam reforçar verdadeiramente o desenvolvimento econômico de uma determinada cidade, estimulando, simplesmente, o aumento das compras locais. Como Mason afirmou a Charlie

Rose, no fim de 2010: "Do ponto de vista dos consumidores, queremos reverter esta tendência de gastar cada vez mais tempo no computador e ajudar as pessoas a redescobrirem as suas cidades." "E, como resultado, gerar mais empregos locais", ele poderia ter acrescentado.

A Amazon chegou, inclusive, a enfurecer as associações de lojistas no fim de 2011, ao oferecer descontos aos consumidores se eles fossem até uma loja local e fizessem o upload de uma pesquisa de preços de um produto pelo smartphone, apenas para comprar o item on-line. O Groupon, sabiamente, aproveitou a oportunidade para oferecer aos consumidores um desconto Buy Local, por compras realizadas em lojas de sua cidade natal, durante a temporada de férias. "O Buy Local é a prova definitiva de que apoiar o comércio local e obter ótimos preços não é um grande dilema para os consumidores", afirmou Rich Williams, vice-presidente sênior de marketing global do Groupon.

Até mesmo o seu modelo é mais favorável se comparado ao da Amazon, embora isso não signifique que o Groupon não possa falhar. Há muitas coisas a respeito do modelo do Groupon que ainda precisam ser descobertas; algumas delas serão boas, e outras, inevitavelmente, serão ruins. E, talvez, a liderança da empresa não se prove tão visionária quanto a da Amazon demonstrou ser. Como afirmou o próprio Bezos certa vez, quando ainda não se havia chegado a nenhuma conclusão a respeito de sua empresa: "A maioria das empresas nascentes realmente fracassa, mas a maioria fracassa lentamente. De modo geral, leva de seis a sete anos para que elas fracassem."

Portanto, o que poderia derrotar o Groupon? É uma pergunta pertinente. Afinal de contas, a empresa que ocupava o prédio onde fica a sua sede foi pioneira em um novo e revolucionário conceito de vendas, mas acabou provando do próprio veneno. A Montgomery Ward nos apresentou ao comércio varejista de vendas por correspondência em 1872, e liderou o mundo nesta categoria, até que a Sears começasse a enviar catálogos de vendas mais extensos pelo correio, perto da virada do século XX. Sem dúvida, a Ward sobreviveu por mais cem anos, tendo nos brindado, inclusive, em um acesso de excentricidade aos moldes do Groupon, com Rudolph, a Rena do Nariz Vermelho, mas a empresa teve que se adaptar abrindo lojas de departamentos; a Sears, porém, também a ultrapassou neste ramo de atuação.

Se o Groupon algum dia for suplantado, é provável que seja precisamente pelo concorrente sustentado por Bezos, o LivingSocial, que, em 2011, gerou receitas de US$ 245 milhões, além de garantir, em abril daquele ano, outros

US$ 400 milhões de financiamento, rendendo à empresa um valor de mercado de US$ 3 bilhões. Mas a consciência de que um rival emergente poderia ameaçar sua posição como líder em sua categoria de mercado foi exatamente o que levou à agressiva estratégia de expansão da empresa. Isso se deveu, em parte, às recomendações de Lefkofsky e Keywell, assim como as dos principais integrantes da diretoria. "Não tínhamos nenhuma experiência em escalabilidade de organizações de vendas", afirmou o editor-chefe do Groupon, Aaron With. "Se estes caras não tivessem nos obrigado a nos lançar em todas as cidades, sob pena de nos arrependermos pelo resto de nossas vidas", os jovens líderes talvez tivessem hesitado. E isso poderia ter sido inexoravelmente fatal. "Nós inventamos o modelo, mas muitos destes componentes são fáceis de copiar", observou With. "É importante que sejamos os primeiros em cada mercado. Essencialmente, esta é uma corrida do ouro."

Evidentemente, ninguém pode ter certeza de que o Groupon seguirá o caminho da Amazon, a ponto de, a longo prazo, dominar a sua categoria de comércio. Mas o plano estratégico do Groupon — expandir-se para o maior número possível de cidades o mais rápido possível, e construir agressivamente sua participação de mercado e sua base de consumidores, como forma de criar efeitos de rede em um negócio com reduzidos entraves de acesso — certamente conta com um precedente incrivelmente bem-sucedido. E a empresa que mostrou ao Groupon o caminho foi tão severamente atacada após o IPO quanto o Groupon foi massacrado antes da abertura de seu capital — algumas vezes, pelas mesmas pessoas e, quase sempre, usando os mesmos argumentos. Os críticos estavam completamente errados em relação à Amazon. Agora que o estágio de corrida do ouro do Groupon está perto do fim, ao menos no segmento empresarial de ofertas diárias, é tentador conjecturar que os ataques à empresa possam se mostrar tão infundados quanto aqueles dirigidos ao maior varejista on-line do mundo. Mas, então, os varejistas podem se revoltar contra a empresa, os consumidores podem acabar se cansando dela, ou ela pode ser esmagada pela dimensão de seus inéditos gastos de marketing, e, assim, os críticos estariam certos em pelo menos um dos casos destes dois gigantes.

DEZOITO

Mason se tornou conhecido por disparar, de quando em quando, e-mails peculiares aos seus funcionários, mas um deles, em particular, deixaria ele e a sua empresa em maus lençóis com os órgãos reguladores federais. Em 3 de janeiro de 2011, alguns meses antes deste e-mail, ele enviou o seu mais famoso memorando para todos os colaboradores do Groupon. O e-mail comparava a empresa a "Frodo subindo a Montanha da Perdição", mas, para além do imaginário *geek* do *Senhor dos Anéis* (e de uma alfinetada final no Yahoo!), Mason deu à sua tropa uma excelente visão geral do que havia sido o espetacular ano de 2010 para a empresa, e o que ele esperava que os funcionários alcançassem em 2011. Os repórteres clamavam por publicar a mensagem na íntegra, mas somente alguns fragmentos foram divulgados:

De: Andrew Mason
Data: Segunda-feira, 3 de janeiro de 2011, às 16:57
Assunto: 2011
Para: Lista de e-mails internacionais

Olá a todos,
É difícil expressar o que 2010 significou para o Groupon. Talvez alguns dados possam evocar o devido senso de importância:
- De US$ 33 milhões de faturamento, em 2009, para US$ 760 milhões (US$ 475 milhões nos EUA) em 2010
- De 2 milhões de associados, em 2009, para 51 milhões (22,5 milhões nos EUA) em 2010

- De 1 para 35 países
- De 30 para 565 cidades (165 nos EUA)
- De 120 funcionários, em 2009, para 4.150 (1.150 nos EUA)
- De 3.100 ofertas, em 2009, para 36.500 ofertas nos EUA (ainda não temos o número global) em 2010
- Lançamento da personalização
- Lançamento das ofertas autônomas/Groupon 2.0
- Abrimos escritórios em Palo Alto e ao redor do mundo
- Completamos 10 aquisições
- Começamos a lançar ofertas nacionais, responsáveis por 12% das receitas no quarto trimestre
- Crescemos de 0 para 1.345 integrantes na equipe de vendas
- Investimos US$ 215 milhões em captação de consumidores
- Fechamos parcerias com os principais nomes do mercado, incluindo Yahoo, eBay, Twitter, Zynga, Tribune, McClatchy, Citibank, Bravo, Huffington Post, Angie's List, MySpace, Priceline, Fandango, Redbox, ESPN, MSNBC e 7.000 parceiros afiliados
- Conseguimos um número significativo de menções na imprensa, em veículos como *Forbes, Nightline, Charlie Rose, Bloomberg, Today Show, Good Morning America, CBS Sunday Morning, The New York Times, Wall Street Journal* e fomos considerados o Melhor Lugar para Trabalhar pelo *Chicago Tribune*.

A Terra é super velha — milhares de anos, dizem alguns —, e ninguém havia feito algo parecido antes. Todos vocês devem deixar transparecer um irritante e descontrolado sentimento de orgulho daquilo que alcançaram. Vocês deveriam estampar um sorriso enorme e escancarado — do tipo que faz as pessoas ficarem com vontade de socá-los. Ninguém mais merece ser tão feliz quanto vocês estão neste momento.

OK — agora parem de se sentir orgulhosos. Esqueçam tudo o que conquistamos, porque isso não é nada comparado ao que precisamos fazer este ano. Se tornar uma grande empresa não é tão fácil assim (não é possível chegar lá em apenas dois anos!). É por isso que não há muitas destas por aí. Para que possamos ser grandes, precisamos vencer uma das batalhas menos justas da história: precisamos não apenas derrotar os milhares de clones que copiaram a nossa ideia e se lançaram, mais ou menos, na mesma época que nós, como também devemos derrotar as maiores e mais inteligentes empresas de tecnologia do mundo. Elas estão vindo com FORÇA TOTAL.

Se vocês se sentem um pouco como Frodo subindo a Montanha da Perdição, não é culpa sua. Será que não há mais o que fazer? Como poderemos evitar o destino dos queridinhos da internet que vieram antes de nós — Yahoo!, MySpace, Friendster, AOL —, que se espatifaram com a mesma força com que surgiram?

Minha opinião acerca da concorrência mudou ao longo deste último ano — e mais drasticamente no último mês —, e achei que deveria compartilhar algumas observações com vocês.

Antigamente, quando pensava na estratégia de uma empresa, eu levava em conta as ações planejadas para mutilar a concorrência. Os céticos do Groupon diziam: "Onde estão os efeitos de rede? Quais são os entraves de acesso? Como iremos resistir à concorrência?", e eu me empenhei em uma pesquisa deliberada para encontrar ações estratégicas que pudessem responder a tais questões.

Mas aqui estamos nós, com dois anos de vida, a empresa mais copiada da história, com mais de 500 clones, e, no entanto, todos, a não ser um pequeno número de concorrentes, são irrelevantes. Continuamos mais de seis vezes maiores do que o nosso concorrente mais próximo. Então, ou os efeitos de rede e entraves de acesso existem, ou os efeitos de rede e os entraves de acesso simplesmente não importam. E o que realmente importa? Algo que tem estado no nosso cerne desde o começo: propiciar uma experiência inigualável para nossos consumidores e comerciantes.

Uma rápida informação para aqueles que não estão familiarizados: o termo "efeitos de rede" se refere a modelos de negócios nos quais a escalabilidade torna o produto mais útil (e, portanto, mais defensável) diante dos concorrentes. O eBay é o exemplo clássico: os vendedores atraem compradores, que atraem mais vendedores, que atraem mais compradores, e assim por diante — os vendedores não optarão por um serviço concorrente porque o volume de compradores resulta em um preço mais elevado, e os compradores não optarão por um serviço concorrente porque ele não tem vendedores.

De modo geral, os investidores e os especialistas se interessam por negócios que exibem fortes efeitos de rede. Mas, se vocês me perguntarem, os efeitos de rede são secundários — são interessantes de se ter, mas não são fundamentais. Há apenas uma coisa que realmente importa: os consumidores têm que adorar o seu produto. Os serviços de redes sociais têm efeitos de rede poderosos (você quer mesmo refazer o seu gráfico social em outro serviço?), mas eles não ajudaram o Friendster a derrotar o MySpace (que tinha um produto melhor), e não ajudaram o MySpace a derrotar o Facebook (que tinha um produto melhor). As pessoas mudaram para o Google por causa dos efeitos de rede ou porque era um mecanismo de busca melhor? O eBay talvez seja o melhor exemplo — ele confiou demais nos seus efeitos de rede, ignorou a experiência do consumidor (que começou a padecer) e, agora, está perdendo participação de mercado para a Amazon, que continua "obcecada pelo cliente" (para usar a sua expressão).

Portanto, eis a grande verdade que percebi: as empresas não perdem para os seus concorrentes — eles perdem para si mesmas. O MySpace perdeu para si mesmo, não para o Facebook. O MySpace, essencialmente, abriu a guarda para o Facebook, involuindo para um serviço que deixou de ser prazeroso para os seus consumidores. Por alguma razão, ele emperrou. Ele parou de inovar.

Com tudo isso em mente, a receita para o sucesso do Groupon é incrivelmente simples. Eu a resumi em três valores básicos, que todos nós deveríamos colocar em prática todos os dias:

1. Fazer as pessoas felizes.

Linguagem simples para um conceito simples. Devemos superar constantemente as expectativas de nossos consumidores e comerciantes, e fazê-los pensar que o Groupon é mágico.

2. Nunca estar satisfeito.

Independentemente do que estejam fazendo, vocês podem fazer melhor. Não façam como o MySpace. Não piorem as coisas. Continuem inovando. Relativizem os seus conceitos. Quando virem o Groupon na capa da *Forbes*, não encarem como um motivo de comemoração, mas como um lembrete de que os desafios se tornaram ainda maiores. Quanto mais alto subirmos, maior poderá ser a nossa queda. Estamos competindo conosco mesmos — temos que ser melhores hoje do que fomos ontem.

3. Não encher o saco.

Este lema me foi sugerido por um repórter; acho que é isso que faz o Groupon ser o Groupon. Pense nele como um agente modificador que dá sabor a tudo o que fazemos, incluindo os nossos outros valores. Não se contentem apenas em fazer as pessoas felizes — surpreendam-nas com uma gentileza incomum. Grande parte do que fazemos está baseado na surpresa. Surpreendam as pessoas com a oferta diária. Surpreendam as pessoas com o estilo editorial. Surpreendam as pessoas com o nosso marketing, com o nosso atendimento ao consumidor — ofereçam às pessoas algo divertido, para que elas se lembrem de nós. Não encham o saco. A vida é muito curta para fazermos parte de mais uma empresa convencional. A surpresa faz com que as pessoas se deem conta de que estão vivas, de que ainda não viram tudo. Vamos fazer do Groupon o motivo pelo qual as pessoas acordam todos os dias.

Portanto, é isso — se fizermos corretamente essas coisas, seremos uma grande empresa. Se não fizermos, não seremos. Cada um de vocês tem uma responsabilidade em fazer com que isso aconteça. Vendedores: como cada comerciante se sente depois de negociar com vocês? Como se nós fôssemos os arrogantes donos do pedaço, ou como se eles fossem o nosso cliente mais importante? Planejadores de cidades: os consumidores de suas cidades costumam se surpreender pela qualidade das transações oferecidas, ou ficam desapontados e chateados com ofertas medíocres? Atendimento ao consumidor: os consumidores se mostram espantados com a agilidade e a disposição para resolver integralmente os problemas, mais do que qualquer outra empresa que já conheceram, ou vocês despertam neles um sentimento de frustração e impotência? Redatores: os consumidores correm para o computador todas as manhãs para acessar o Groupon porque reconhecem que, mesmo que não gostem da oferta, adoram o seu estilo — ou eles aceitam as ofertas, apesar dos erros gramaticais e da redação absurda? Produto/Engenharia: a experiência do site é divertida e fácil de usar? Vocês têm buscado novas formas de contentar nossos consumidores e comerciantes? Ou o site está começando a se parecer com o do MySpace?

Eu poderia continuar, mas vocês já têm uma ideia... vencer é incrivelmente simples — sempre devemos ter a melhor experiência do consumidor, irrefutavelmente. Sim, devemos estar atentos ao que a concorrência está fazendo — mas apenas para que possamos entender se ela está conseguindo deixar os consumidores satisfeitos tanto quanto nós deixamos. Se vencermos esta batalha, venceremos a guerra.

Vou deixar esta linha de raciocínio com algumas palavras de Jeff Bezos, com as quais me deparei recentemente: "Lembro constantemente aos meus funcionários que, todas as manhãs, eles devem acordar apavorados. Não com os nossos concorrentes, mas com os nossos consumidores."

2011:

Propiciar a melhor experiência do consumidor é fácil de explicar, embora seja difícil de executar. Com isso em mente, eis aqui algumas coisas que pretendemos alcançar em 2011.

Crescimento: 150 milhões de associados até o fim do ano, e bilhões em faturamento.

Satisfação do Consumidor: começaremos a medir a felicidade de nossos consumidores e comerciantes e a nos fixar em padrões globais, com a mesma disciplina que utilizamos para medir o faturamento.

Os Melhores Cérebros: grandes empresas são feitas de grandes pessoas — devemos ser implacáveis, garantindo apenas a presença de cérebros com triplo A no Groupon.

Novos Fluxos de Receita: faturamento de, pelo menos, US$ 1 bilhão em novos produtos a serem lançados em 2011, e não apenas no e-mail diário atual.

Plataforma Global Única: administrar todos os sites internacionais a partir da mesma plataforma de tecnologia, para que possamos alavancar o compartilhamento de nossas inovações.

Virar o Jogo: como fazer com que os consumidores pensem no Groupon todas as vezes que saírem de casa? Como fornecer consumidores sob demanda aos nossos comerciantes, sempre que desejarem? Como fazer com que os consumidores comprem no Groupon não apenas 6, mas 60 vezes ao ano? Vamos batalhar para isso.

Convite à Apresentação de Ideias

Será preciso empenhar todo o nosso esforço coletivo e nossa inteligência para obter sucesso em 2011. Certamente, não detenho todas as respostas — mas, juntos, aposto que teremos. Para vencer, precisamos das ideias de todos — portanto, por favor, enviem suas considerações por e-mail para ideas@groupon.com até o fim desta semana. Organizaremos e leremos as sugestões de todos, e apresentaremos um relatório com a seleção do material.

Neste mesmo período do próximo ano, estaremos a caminho de nos tornar uma das maiores marcas de tecnologia que norteiam a nossa geração, ou, então, ser uma ideia interessante, concebida por pessoas que foram superadas em realização e criatividade por outras pessoas mais inteligentes e mais tenazes. Dito isto, não há outro grupo no qual eu gostaria de estar para participar desta briga — sei que parece clichê, mas é o maior privilégio da minha vida trabalhar com vocês. Não sei onde foi exatamente que acertamos para atrair um grupo tão dedicado, com uma paixão inigualável pela empresa que vem ajudando a construir... mas, quanto a isso, temos muita sorte. E isso corresponde a 100% dos motivos para o progresso considerável que alcançamos até aqui.

Feliz Ano Novo!

Andrew

Nem tudo que estava no memorando se concretizou. A iniciativa de ofertas autônomas, mencionada por Mason, caiu no esquecimento, embora parte da tecnologia que a sustentava tenha sido utilizada em outros produtos mais bem-sucedidos, como o Groupon Now! móvel. Os valores relativos ao faturamento, citados por Mason, foram, no fim das contas, revistos para baixo, e, portanto, é preciso trocar os valores em dólares no item "US$ 33 milhões de faturamento, em 2009, para US$ 760 milhões (US$ 475 milhões nos EUA) em 2010" por US$ 14,5 milhões, US$ 313 milhões e US$ 299 milhões nos EUA, respectivamente. Antes de adotar um novo método contábil em atenção à solicitação da SEC, feita no fim de 2011, o Groupon vinha computando seu faturamento bruto como receita — o que incluía a parcela dos comerciantes, relativa à venda de cada Groupon. Os valores revistos excluem esta parcela, já que o Groupon funcionava, essencialmente, como um intermediário, repassando os valores dos consumidores aos comerciantes.

O apelo de Mason, quase no fim da mensagem, por produtos que levassem os consumidores a comprar sessenta vezes ao ano no Groupon não chegou nem perto de se materializar, mas a maior parte dos outros ambiciosos objetivos por ele estabelecidos foram substancialmente atingidos. De forma geral, tratava-se de um memorando corporativo tão estimulante quanto todos os outros deste tipo — embora, ao longo dos anos, o nível de exigência neste departamento venha se tornando muito modesto. Talvez você já tenha vivenciado exemplos clássicos em seu próprio ambiente de trabalho, como "Furtos dos almoços de funcionários, armazenados na geladeira do escritório, NÃO serão tolerados".

Em suma, este era um momento glorioso para o Groupon. Não duraria tanto assim.

DEZENOVE

As coisas começaram a degringolar, no quesito percepção pública, justamente no Ano Novo, quando o Groupon do Japão ganhou as manchetes nacionais por lançar uma oferta do tradicional banquete *osechi* no dia 1º de janeiro, que o comerciante foi incapaz de cumprir adequadamente, ou, em certos casos, jamais cumpriu.

Era uma triste reprise dos problemas que a operação norte-americana havia enfrentado. Mas, como disse Rob Solomon: "Tivemos ofertas péssimas que deram errado. Mas, hoje em dia, estamos lidando com cerca de trinta mil ofertas por mês. E mesmo que erremos em apenas dez delas — o que seria isso?, talvez 0,01% ou algo assim? —, a blogosfera vai focar inteiramente neste assunto. E isso chegará ao *The Washington Post* ou ao *The Wall Street Journal*."

O Groupon do Japão afirmou que seguiria as orientações da matriz da empresa, no sentido de oferecer treinamento em "gestão de capacidade" aos comerciantes — em outras palavras, recusar-se a vender mais ofertas do que imaginariam poder atender eficazmente. Mason divulgou um vídeo com pedido de desculpas, legendado em japonês, prometendo que desorganizações dessa ordem no atendimento ao consumidor não aconteceriam novamente. Diante do tsunami e do desastre nuclear subsequente que atingiram o Japão dois meses depois, é improvável que algum consumidor lembre que o que estava em comparação era um insignificante fracasso no atendimento ao consumidor, mas a desagradável experiência definiu o tom para o resto do ano.

A imprensa de negócios, farejando sangue, começou a censurar veementemente os casos mais críticos, geralmente auxiliada pelos deslizes dos membros da equipe administrativa do Groupon, que eram tão verdes quanto o logotipo da empresa. Se 2010 foi o momento mágico da empresa, 2011 foi o ano das confusões.

No mês seguinte ao investimento de US$ 175 milhões no mais perigoso rival de ofertas diárias do Groupon, a Amazon ajudou o LivingSocial a causar outro grande impacto, com uma oferta lançada no dia 19 de janeiro, dando aos associados a oportunidade de comprar um vale-presente da Amazon, de US$ 20 por US$ 10. A iniciativa foi a versão comercial on-line da guerra por procuração entre a União Soviética e os Estados Unidos, nos conflitos na Coreia.

O LivingSocial comprou os vale-presentes do varejista sob condições que nunca vieram a público, mas que devem ter sido presumivelmente favoráveis. Abandonar a posição de discreto investidor e assumir a de negociador ativo se revelou uma opção inteligente da Amazon, na medida em que a oferta "única" vendeu mais de 1,3 milhões de vale-presentes e atraiu quase tanta atenção da mídia quanto o interesse do consumidor. "LivingSocial Cria Frenesi", foi como o *Los Angeles Times* caracterizou a oferta. O *The Washington Post* afirmou que ela "remetia ao boom das empresas "ponto.com". Apenas o *The New York Times* se mostrou um pouco mais indiferente, com a manchete "LivingSocial Chama a Atenção para o Desconto da Amazon".

A oferta — que ultrapassou em muito o número de vale-presentes anteriormente oferecidos pelo Groupon, de US$ 50 por US$ 25 em produtos da Gap (foram vendidos 445 mil Groupons da Gap), para não mencionar as receitas — foi lançada apenas nove dias depois de o Groupon ter fechado uma maciça rodada de investimentos, de US$ 946 milhões, com capital proveniente das firmas Andreessen Horowitz, Battery Ventures, Fidelity, Greylock Partners, Kleiner Perkins Caufield & Byers, Mail.ru Group (antiga DigitalSky), Maverick Capital, Silver Lake e Technology Crossover Ventures. Em um triunfal material de imprensa, que, talvez, tenha sido a mais fina expressão de seu senso de humor autoescarnecedor, a empresa de ofertas diárias anunciava: "O Groupon Levanta, Sei Lá, Um Bilhão de Dólares."

O pequeno comunicado de imprensa continuava, em um tom de brincadeira: "No último ano, o Groupon foi apelidado de 'a empresa com o maior ritmo de crescimento de todos os tempos' pela revista *Forbes*, e de 'o melhor site da América', em um dos comerciais de televisão do Groupon". Mas a maior piada estava implícita no subtítulo: "Investimentos dão Continuidade ao Rápido Crescimento da Plataforma Global de Comércio Social".

Na verdade, quase US$ 810 milhões da rodada foram destinados diretamente a pagamentos privilegiados — incluindo vistosos US$ 398 milhões para Lefkofsky e entidades controladas por ele e sua esposa —, com apenas US$ 136,2 milhões retidos para capital de giro e "propósitos corporativos gerais". Os vice-presidentes conheciam e concordaram com os termos da rodada. Mas a inédita dimensão dos pagamentos alimentaria uma enorme reação negativa de analistas e da imprensa de negócios, quando da divulgação dos resultados financeiros do Groupon.

Embora o Groupon tivesse enfrentado uma controvérsia forjada atrás da outra ao longo de 2011, o volume de pagamentos privilegiados desta rodada de investimentos ensejou os mais prolongados protestos contra a empresa, oriundos da imprensa de negócios e da comunidade de investidores. Depois da rodada de um bilhão de dólares, afirmou Solomon, a divulgação, em junho, do montante total dos pagamentos, fez com que a empresa fosse transformada de fenômeno à "mais odiada empresa da história da internet. Para eles, nós éramos os bem-amados, depois passamos a ser os filhos bastardos, e acabamos nos tornando a empresa mais demonizada de todas, em um período de tempo realmente curto. É estupidamente surpreendente como isso aconteceu."

Lefkofsky, de longe o maior beneficiário dos pagamentos, não apresentou nenhum pedido de desculpas. "Quando as pessoas me perguntam: 'O fato de você vender ações significa que não acredita na empresa?', eu respondo que se não acreditássemos na empresa, teríamos vendido a empresa inteira", afirmou, referindo-se às propostas do Yahoo! e do Google. "Tivemos a chance de receber um pagamento integral e nos desfazer de 100% de nossas ações; logo, o fato de termos vendido 15% ou 20% de nossa participação no controle acionário é, em termos relativos, bastante insignificante."

Chefões corporativos como Bill Gates, da Microsoft, e Warren Buffett, da Berkshire Hathaway, são vistos de uma forma romântica, como se mantivessem grandes participações em suas empresas a longo prazo, mas Lefkofsky argumentou que esta abordagem não é, de modo geral, sadia — e não é realista no caso de empreendedores que querem diversificar seus investimentos e dispor de um montante que lhes permita viver confortavelmente. "Sou um forte defensor da venda regular de uma pequena parcela de suas participações acionárias", disse ele. "Talvez a pessoa acabe detendo ações, mesmo depois de a empresa ter aberto o capital há dez ou vinte anos — ainda sou um dos maiores acionistas da InnerWorkings, e a empresa tem dez anos de existência, e sou o maior acionista da Echo, que abriu seu capital quatro anos atrás. Mas quando as pessoas ficam retendo suas ações até o fim, isso me deixa realmente preocupado, porque, em algum momento, elas vão querer vendê-las. E o que acontece, então? Elas promovem uma liquidação de todas as ações e criam um transtorno ainda maior."

O presidente do Groupon concorda com Solomon que os pagamentos suscitaram reações negativas. "As pessoas simplesmente detestam isso", afirmou Lefkofsky. "Elas pensam: 'Ah, o cara arrumou este dinheiro todo, e é um dinheiro fácil.' Ninguém está disposto a dizer: 'Sabe, Mark Zuckerberg, você vale US$ 10 bilhões; isso é incrível, você deve ter trabalhado muito.' As pessoas só querem que sujeitos como ele fracassem. Mas sem os Mark Zuckerbergs da vida, a economia não avança. O que é fantástico na América é que, de tempos em tempos, alguém com 25 anos de idade consegue fazer todo este dinheiro em tão pouco tempo, e mudar o mundo."

Solomon classificou esta reação intransigente de "absurda", acrescentando: "Não há como evitar que isso seja visto, apenas, como um sinal de pura ganância. Acho que é preciso fazer este tipo de coisa de uma maneira menos flagrante do que a nossa." Solomon se alinha à "escola de pensamento segundo a qual os empreendedores não deveriam se preocupar em comprar casas e pagar contas — deixemos que eles retirem o que lhes é devido e, então, se concentrem apenas naquilo em que são bons, que é construir empresas". Mas, para ele, a proporção destes pagamentos foi, simplesmente, grande demais para ser considerada moralmente aceitável.

"Talvez as reações negativas surgissem independentemente disso", afirmou Solomon. "Mas a atitude de Andrew, a irreverência, os pagamentos, tudo isso, de certa forma, conspirou para fazer com que as pessoas nos odiassem."

Mason não menospreza, com a mesma facilidade de Lefkofsky, aqueles que criticaram os pagamentos. E vale a pena destacar que, desta rodada de US$ 950 milhões, o diretor-executivo amealhou um valor comparativamente modesto, de apenas US$ 10 milhões, depois de ter vendido cerca de US$ 18 milhões em ações naquela rodada de investimentos de abril de 2010, que rendera, ao todo, US$ 135 milhões.

"Este é o tipo de crítica que entendo como o oposto de 'o Groupon está ficando sem liquidez'", afirmou Mason. "Acho que a razão para a existência de tais críticas é que o nosso crescimento foi tão rápido que parece até dinheiro de mentira. Se retirarmos um zero de todos os nossos números, então tudo o que estamos fazendo parecerá perfeitamente normal."

Quando se observou que a dimensão destes números — a existência daquele zero extra — foi, justamente, o que despertou as reações negativas, Mason concordou. "Mas, em termos percentuais, o comportamento é bastante típico", disse ele. "E pode-se, plausivelmente, sustentar o argumento de que os pagamentos foram em defesa dos interesses da empresa."

"Agora, é óbvio que Eric e eu não estávamos nos desfazendo de uma parcela de nossa participação acionária por motivos altruístas, mas isso nos permitiu atrair novos acionistas, que agregam muito valor de diferentes maneiras, sem que o valor das ações do restante dos acionistas fosse diluído" pela emissão de novas ações, explicou Mason. Esta rodada, sozinha, permitiu ao Groupon recorrer a consultores de alto nível, como John Doerr, da Kleiner Perkins, Marc Andreessen e Mary Meeker.

"Ela também nos permitiu atrair alguns destes fundos mútuos que participam de IPOs, o que se provará inestimável, pois eles já estão familiarizados com a situação", afirmou Mason. "Se nós não tivéssemos instituições como a T. Rowe Price, a Fidelity, a Capital World e a Capital Global, que já conheciam a história do Groupon, já haviam analisado os números e já eram investidores, então teríamos que trabalhar com muito mais afinco para convencê-los a participar deste IPO."

Além disso, as firmas que investiram quase um bilhão de dólares na rodada final de investimentos pré-IPO sabiam o que estava por vir. "Me diga a quem estávamos enganando", disparou Mason. "Se estivéssemos enganando alguém, estaríamos enganando investidores realmente sofisticados, os mais sofisticados investidores do mundo. Portanto, recebemos pagamentos diante de pessoas que sabiam que estávamos levantando aquele dinheiro para embolsá-lo, e, para elas, isso não era um problema." Na verdade, a rodada apresentou um dramático aumento de demanda, e os acionistas que estavam se desfazendo de suas ações poderiam ter oferecido o dobro do que ofereceram.

Solomon reconheceu que os pagamentos foram "uma decisão muito pragmática. Se você fosse o Eric, poderia pegar centenas de milhões de dólares. Se você fosse o Groupon, conseguiria atrair um elenco estelar de investidores uma das melhores equipes de todos os tempos."

Mas a desproporcionalidade da escala ainda o incomodava. "Teria sido realmente muito fácil retirar trezentos ou quatrocentos daquele montante e gastar quatrocentos, quinhentos ou seiscentos", afirmou Solomon. "Não teria parecido tão ruim."

Esta opinião também era compartilhada por alguns funcionários que estavam mais abaixo na hierarquia corporativa. Mason, pelo menos, lhes deu um desconto. "Somos uma empresa com três anos de existência, e grande parte destas pessoas está aqui há menos de um ano", afirmou. "O tempo delas virá. Se tivessem recebido estas opções de compra, elas também poderiam ter vendido suas participações acionárias naquelas primeiras rodadas. Todos tiveram esta oportunidade."

Se tudo corresse bem para o Groupon nos longos anos à sua frente, seria um caso de "nenhum dano, nenhum problema", no tocante ao dinheiro retirado antecipadamente pelos fundadores. Mas se o Groupon começasse a degringolar depois de passar por uma crise de liquidez, as opções de compra sobre ações pertencentes a inúmeros e leais funcionários poderiam virar pó, e muitos investidores de capital de risco poderiam acabar especulando por que a liderança da empresa teria preferido deixar o Groupon sem nenhuma margem de segurança.

Enquanto isso, a SEC vinha analisando criteriosamente todos os valores investidos, usados para rechear os bolsos dos líderes seniores do Groupon, e questionando tudo aquilo que encontrava.

VINTE

Dois dias depois de a Amazon ter disparado sua poderosa artilharia através do LivingSocial, Mason embarcou em um jato para Munique, na Alemanha, para dar início ao seu giro pela Europa. Ele se hospedou no Bayerischer Hof, onde se encontrou com Marc Samwer, cofundador do CityDeal, para falar de negócios. No elegante hotel de 1841, com seu saguão coberto por uma abóbada de vidro, o usual uniforme ponto.com de Mason, com a camisa desabotoada e para fora das calças casuais, parecia, decididamente, inapropriado.

Mas ele era uma estrela em ascensão, a ser entrevistada publicamente por Kara Swisher, do *Wall Street Journal*, na conferência DLD, que começaria dentro de instantes, em um centro comercial localizado na mesma quadra do hotel. Ele estaria ao lado de personalidades ilustres, como os parceiros da fusão que acabara de rejeitar, Eric Schmidt e Nikesh Arora, do Google; Arthur Sulzberger, do *Times*; Sean Parker, do Napster e a infâmia do Facebook; e o guru da integração salutar entre mente e corpo/futurólogo espiritualista, Deepak Chopra.

A conferência, cujo acrônimo, em inglês, significa "Digital, Vida, Design", é um tipo de conferência de Davos ou de Sun Valley destinada a visionários em tecnologia, e, para Mason, foi um desafio ser mais divertido do que seus colegas. Em determinado momento, era Donovan — sim, o Donovan de "lá embaixo, nas profundezas do oceano" — quem estaria no palco, e, em seguida, seria a vez da atriz e médica alemã Dra. Maria Furtwängler-Burda. Saía-se para pegar um café e, na volta, via-se Chopra fazendo uma incrível apresentação em PowerPoint. A isso se seguiria Parker afirmando que não é, nem de longe, o ser desprezível e superficial que o haviam feito parecer no filme *A Rede*

Social, embora sua empenhada atuação narcisista não o tenha ajudado muito a sustentar tal afirmação. E, ah, sim, por alguma razão, colocaram Parker em dupla com o escritor Paulo Coelho, que, em um excêntrico "papo doido", teve a sagacidade de provocá-lo sobre o modo como ele havia sido descrito no filme.

Passeando pelos corredores, era possível conversar com o agente de Madonna, Guy Oseary, que servia como conselheiro informal do Groupon e dera a Mason o primeiro gostinho do que era viver em Hollywood, e, em seguida, trocar gentilezas com diversos jornalistas que escreviam frequentemente sobre a empresa, incluindo Swisher, a encantadoramente mordaz rainha dos furos jornalísticos acerca do Groupon; Felix Salmon, da Reuters, que logo publicaria uma das poucas e cuidadosas opiniões pós-reações negativas sobre como a "Grouponomia", como ele a apelidou, conseguira ser bem-sucedida; e o loiro e alinhado Henry Blodget, fundador do denuncista on-line *Business Insider*, que parecia jovem demais para ter sido o principal personagem de um dos maiores escândalos da internet 1.0.

O *Caso Blodget* girava em torno de seus serviços prestados para o Merrill Lynch como analista sênior de empresas de internet, entre 1999 e 2001, um pouco antes e logo depois do estouro da bolha on-line. Naquela época, o banqueiro de 30 e poucos anos, cujo nome era decididamente inspirado em Dickens, esteve na mira do Ministério Público de Nova York. Os investigadores descobriram e-mails internos de Blodget denegrindo empresas que ele elogiava publicamente em seus relatórios de pesquisa.

O problema surgiu a partir de um grave conflito de interesses: a unidade de bancos de investimentos do Merrill Lynch queria garantir os negócios praticados por algumas destas empresas, e, assim, os analistas, que, teoricamente, deveriam prestar uma consultoria de investimentos imparcial, estavam sendo pressionados a classificar tais empresas nas posições mais elevadas das tabelas de classificação de risco, independentemente de suas verdadeiras perspectivas. Algumas vezes, antes de divulgá-las, os analistas também compartilhavam suas avaliações com os banqueiros de investimentos do Merrill e com as empresas interessadas, violando as próprias regras do banco, concebidas "para evitar o mau uso de informações sensíveis ao mercado e a aparência de impropriedade".

Em 28 de abril de 2003, a SEC entrou com um processo federal contra Blodget por fraude de valores mobiliários, alegando que ele emitira um diagnóstico favorável a compra fraudulenta para a empresa de anúncios on-line GoTo.com — que opera atualmente como uma divisão do grupo Yahoo!, sob o nome de Search Marketing — ao mesmo tempo em que informava a um investidor institucional que a única coisa interessante a respeito da empresa eram as comissões que ela poderia gerar para a unidade de bancos de investimentos. Somente depois de a GoTo transferir a coordenação de seus negócios para outra unidade é que Blodget se dispôs a rebaixar sua avaliação. A SEC sustentou suas acusações com base em e-mails recém-enviados, espantosos em seu flagrante desrespeito à conduta ética.

Por estes delitos, Blodget pagou US$ 4 milhões em multas e restituição de ganhos ilícitos, além de aceitar seu banimento vitalício do mercado de títulos e valores mobiliários. Ele havia alcançado a fama em 1998, quando projetara, corretamente, que o preço das ações da Amazon logo chegaria a US$ 400. Por volta de 2001, tanto a bolha da internet 1.0 quanto a de Blodget haviam estourado, e o analista revenderia toda a sua participação acionária ao Merrill Lynch antes de enfrentar as acusações da SEC.

Depois de retomar a carreira de jornalista, que abandonara em meados dos anos 1990, Blodget publicou a maior quantidade possível de material sensacionalista sobre o Groupon que chegava às mãos do *Business Insider*. No auge das polêmicas de 2011, o site dava destaque a todo e qualquer pretenso escândalo diário do Groupon. Entretanto, durante a vigência do período de silêncio exigido pela SEC, que teve início em junho, logo depois do arquivamento do pedido de registro do IPO, o Groupon ficou impedido de responder a matérias negativas publicadas no *Business Insider* ou em qualquer outro meio de comunicação. Foi quando Eric Lefkofsky começou a perceber algo que o deixou preocupado, e que estava relacionado às perguntas enviadas pela SEC a cada vez que a agência reanalisava o prospecto.

"É proibido dar declarações à imprensa" durante o período de silêncio, disse ele. "Mas, ao observar os questionamentos da SEC, percebe-se que os reguladores estão lendo tudo o que é publicado e reagindo a tudo o que leem. Portanto, a mídia está controlando pelo menos uma parte do processo. Se a mídia diz que estamos fazendo algo de errado, a SEC começa a fazer perguntas que não havia feito antes, com base naquelas matérias. Você tem vontade de dizer: 'Espera aí. Isso é uma loucura.' Certo? Não se pode falar com a imprensa, mas quando alguém escreve um artigo ruim, somos obrigados a responder um questionário da SEC, porque lá eles leem tudo o que é publicado. A SEC, na verdade, está dando atenção à cobertura da imprensa."

Portanto, na prática, Henry Blodget, que foi banido definitivamente do mercado mobiliário, era parte desta mídia improvisada que ajudou a retardar a abertura de capital do Groupon. "É completamente maluco", afirmou Lefkofsky.

A situação estava insana demais, e deveria servir para que a SEC percebesse que já passou da hora de rever as regras do período de silêncio, pois em plena era do jornalismo de pseudo-opinião on-line, elas se traduzem em dificuldades brutais para empresas que desejam promover a abertura de capital. Para cada Kara Swisher, Felix Salmon e DealBook, do *New York Times*, que fazem reportagens e análises sólidas e originais sobre empresas como o Groupon, há dúzias de sites, se não centenas, que amplificam todos os boatos, transformando-os em uma narrativa tão incrementada que seria até cômica, se o que estivesse em jogo não fosse tão importante.

Embora pouco embasadas, matérias chamativas sobre empresas de sucesso geram audiência. É o lado negro das avaliações dos analistas, que, para atrair os negócios dos bancos de investimentos, foram fraudadas na primeira fase das empresas ponto.com. Em outubro de 2011, por exemplo, uma pesquisa no Google para os termos "Groupon" e "esquema Ponzi" apresentou 980 mil resultados. Em 23 de agosto, Sam Hamadeh, fundador e diretor-executivo da empresa de análise financeira PrivCo, apareceu no *Bloomberg West*, da Bloomberg Television, e também associou o Groupon a um esquema Ponzi. Vivek Wadhwa, diretor de pesquisa da Universidade de Duke, compareceu ao mesmo programa, em 1º de setembro, para solicitar à SEC que retardasse significativamente o IPO do Groupon, como forma de punição para o que ele considerava o comportamento "infantil" de Mason, ao enviar aos funcionários um memorando interno no qual defendia a empresa das acusações lançadas contra ela. Em nenhum dos casos a apresentadora Emily Chang rebateu essas declarações.

Muito embora dar voz a esses críticos seja parte fundamental da missão de prestação de serviço público inerente ao jornalismo, quando a reprodução de ideias é tão disseminada e tão amadora quanto hoje em dia, impedir os executivos de uma empresa de responder publicamente tais declarações incendiárias não parece justo nem para as empresas nascentes que estão sob ataque nem para os investidores potenciais, que, em meio à progressiva escalada de escândalos, procuram descobrir a verdade apenas com um prospecto em mãos. Por mais inteligente e charmoso que Henry Blodget possa parecer, uma regra da

SEC que dá a ele uma influência indireta sobre o processo de aprovação do IPO de uma empresa deveria ser algo que a própria SEC demonstrasse ter urgência em alterar.

A propósito, a biografia oficial de Blodget preparada para a conferência DLD de Munique o identificava como "um dos principais ex-analistas de tecnologia de Wall Street", o que, pensando bem, é tão verdadeiro quanto identificar Mel Gibson como uma aclamada estrela de filmes de ação dos anos 1980. Evidentemente, muitos de nós poderíamos aprimorar nossa imagem pública simplesmente omitindo de nossas biografias alguns de seus anos mais infelizes.

Mason compareceu ao seu grande dia na conferência DLD vestindo uma camisa quadriculada verde, jeans azuis e mocassins pretos. Nos momentos em que não estava palestrando, grande parte de seu tempo foi consumida com entrevistas concedidas a repórteres internacionais. Conforme o dia avançava, mais e mais pessoas apareciam para fazer perguntas ao diretor-executivo, e começou a ficar evidente que esta não era a utilização mais produtiva de seu tempo. Nitidamente, Mason não estava se sentindo à vontade, muito embora tenha conseguido abordar com destreza todos os assuntos.

"Pessoas já traumatizadas pelas bolhas analisaram com atenção o nosso negócio e decidiram investir", disse ele a um repórter. Na área de Chicago, estavam sendo lançadas quase dez ofertas por dia; a empresa operava em quarenta países e quinhentos mercados; continuava estudando "como atender, da melhor forma, a população da China"; e ele ainda adquiria Groupons para uso pessoal — "Trata-se do sabor de uma descoberta, e já que a oferta está disponível, eu também posso comprá-la."

A hora do almoço havia passado, e ele mal conseguira comer uma minissalada. Os repórteres lhe perguntaram em que sentido a riqueza modificara a sua vida. "Eu passei a usar clareador dental em vez de pasta de dentes", brincou. "Fiquei mais afoito na hora de comprar videogames, ainda que não tenha muito tempo para jogar videogames... Passo o tempo todo em meu cubículo de trabalho ou, então, em casa. E, lá, estou quase sempre trabalhando." Adotando esta mesma linha mais ponderada de pensamento, ele acrescentou: "É como se não existissem mais consequências para as suas ações. Você não tem mais que pensar se vai comprar uma xícara de café ou não. Tenho me esforçado conscientemente para permanecer atento a isso."

Por fim, Mason balançou a cabeça e sorriu. "Talvez, se o Groupon continuar indo bem daqui a cinco anos, eu saia para passear com cachorrinhos de estimação e comece a distribuir autógrafos", disse.

Ele fez um comentário a respeito de algo que o falecido Steve Jobs costumava falar bastante na Apple: a interseção entre arte e tecnologia. "Construir sites na internet satisfaz o mesmo impulso criativo que tenho para compor", afirmou Mason. "Tem sido imensamente gratificante para mim. Eu gostaria que mais músicos ou pessoas que estão acostumadas a desenvolver atividades artísticas entrassem neste mercado. Acho que mais pessoas deveriam fazer aquilo que não se espera que elas façam."

Para Mason, a ideia de uma explosão criativa é extremamente sedutora. "A maioria dos grandes empreendedores que conheci e admiro é profundamente criativa", afirmou ele. "Resolver um problema empresarial é, de modo geral, uma tarefa criativa, e excelentes nomes do meio artístico também são capazes de fazer isso."

Na sala anexa, repórteres assistiam a apresentações em monitores de vídeo e preparavam boletins on-line. Vários deles começaram a contornar a parede divisória para absorver todo e qualquer ensinamento que Mason estivesse disposto a oferecer. Sobre o crescimento em termos globais, ele declarou: "Um spa na Turquia é a mesma coisa que um spa em Munique ou em Chicago", mas há diferenças culturais, e parceiros locais podem ajudar o Groupon a entendê-las.

Partindo para outro setor de entrevistas, Mason pegou o elevador para descer um andar, tempo suficiente para que, visivelmente inquieto, ele oferecesse uma ideia escandalosamente divertida, de um serviço de despedida de solteiro, pelo qual cobraria US$ 10 mil. "Acho que eu compraria esta oferta", disse um repórter que estava ao seu lado. Uma abordagem de vendas dentro do elevador, muito bem-sucedida.

Ele foi, então, para o Lufthansa Lounge. "Elas parecem aeromoças", comentou Mason, referindo-se às recepcionistas vestidas com chamativos lenços cor de laranja e elegantes saias e casacos azuis, com o cabelo puxado para trás, firmemente presos em coques sob os casquetes.

O último dos jornalistas alemães perguntou:

— Você já usou o Groupon hoje?

Mason sorriu, acreditando que, talvez, pudesse estar havendo alguma barreira causada pelo idioma.

— Você quer saber se eu já usei literalmente o Groupon hoje?

— Sim — respondeu o repórter.

— Bem, não — respondeu Mason. — Não usei o Groupon hoje. Eu pulei da cama e vim até aqui para conversar com vocês.

No meio de uma frase, Mason percebeu que o haviam empurrado até a sacada interna do prédio, para participar de um programa televisivo de entrevistas. Cuidadosamente, ele colocou seu receptor de microfone no bolso de trás, desembaraçou a fiação sob seus pés, e, ao mesmo tempo em que o barulho das vozes vindas do piso inferior aumentava, passou a enviar algumas mensagens de texto. Quando a iluminação foi acertada, ele permaneceu em pé, as mãos enfiadas nos bolsos das calças, olhando fixamente para as lentes. A maior parte de sua vida pública tem sido vivida sob esta postura autoconfiante. Ele está presente, mas também está desconectado. Com os fones de ouvido posicionados, ele começou a responder as perguntas, gesticulando de uma maneira serenamente entusiasmada.

Foram as mesmas perguntas durante o dia inteiro, e ele as respondeu da mesma maneira, dando aquele sorriso entre semicerrado e escancarado, ouvindo com as mãos dentro dos bolsos, e só as retirando quando recuperava o fôlego ao responder. Ele passava uma impressão de desconcertante segurança. Mas, na verdade, a chateação de ter que responder repetidamente as mesmas questões, enquanto grandes preocupações pesavam sobre ele — enquanto, na verdade, trabalhos importantes o esperavam —, estava começando a se tornar excessiva.

Pouco depois, ele estaria de volta ao Lufthansa Lounge para concluir o assunto com o rapaz do "Você já usou o Groupon hoje?". Eles conversaram sobre a China e a telefonia celular, sobre como 97% dos comerciantes que veiculam ofertas querem figurar novamente no site ("Mas nós damos preferência à variedade"), e, então, a conversa se concentrou na carga de trabalho. "Normalmente, durmo sete horas por noite", disse Mason. "Não consigo trabalhar bem se dormir menos do que isso, mas as outras dezessete horas eu passo trabalhando, ou, então, com a minha noiva. Adoraria levar uma vida em que eu pudesse jogar videogames o tempo todo." Mas, além do Groupon, acrescentou, ele tinha ideias para pelo menos oito sites que gostaria de lançar. Quando se está neste tipo de rotação, como se faz para diminuir o ritmo?

Ele se esquivou das perguntas sobre o Google e jogou para escanteio as menções ao IPO. "Independentemente do que fizermos, pensaremos no que será melhor para a empresa daqui a dez anos", disse ele. Admirado com o quanto o Groupon já havia alcançado até então, ele acrescentou: "Não houve um momento sequer em que disséssemos: 'Quando lançaremos uma empresa emblemática e multibilionária?'"

Em seguida, houve uma sessão pública com Dennis Crowley, o fundador do serviço de geolocalização social Foursquare, por meio do qual o Groupon começara a lançar algumas ofertas locais — embora ainda houvesse algum questionamento sobre qual seria a vantagem, do ponto de vista dos comerciantes, de oferecer barganhas para consumidores que já estavam se encaminhando para aqueles estabelecimentos. Ainda assim, a parceria foi importante, sendo a precursora do produto Groupon Now!, que apresenta ofertas imediatas para os consumidores, principalmente por meio de seus dispositivos móveis.

Marc Samwer deu o pontapé inicial na sessão sobre mercados locais, compartilhando alguns dos arrebatadores números de crescimento do Groupon: 2 milhões de associados em 2009, 51 milhões em 2010; um único país em 2009, 35 países em 2010, e outros cinco desde o início de 2011; trinta cidades em 2009, milhares de cidades ao redor do mundo em 2010; 120 funcionários em 2009, mais de 4 mil no começo de 2011; 3 mil ofertas em 2009, mais de 100 mil até aquele momento; mais de 650 ofertas mundiais por dia; US$ 1,5 bilhões de economia para os consumidores; mais de 32 milhões de Groupons comprados no mundo todo. "E o Groupon é lucrativo", concluiu Samwer, erroneamente, antes de passar a palavra à moderadora Kara Swisher, para quem tanto o Groupon quanto o Foursquare eram novidades significativas, ainda que o Groupon lhe enviasse ofertas de aulas de dança erótica todas as semanas.

Mason descreveu as reuniões gerais da empresa como patologicamente preocupadas com todos os assuntos que pudessem dar errado, contrariamente à visão popular de que, no Groupon, a cultura corporativa era imperturbável. Swisher imaginou a mãe de Mason ligando para o filho logo depois de a empresa declinar da oferta do Google: "Andrew! Onde você estava com a cabeça?", e afirmou, obtendo aplausos, que o silêncio de Mason sobre a rejeitada aquisição lembrava os sons de *rá-rá-rá* que os adultos faziam nos especiais de *Peanuts*, exibidos no canal de desenhos animados.

Quando Mason afirmou que a decisão da abertura de capital foi sedutora para a comunidade empresarial, mas que, na realidade, se tornaria "bastante desinteressante" se comparada à posição na qual a empresa poderia estar dali a cinco ou dez anos, Swisher respondeu: "Apenas para o seu conhecimento, a humanidade se interessa por dinheiro, sexo e poder." Ela, então, contou uma história específica sobre Mark Zuckerberg, do Facebook, que lhe perguntou, certa vez, por que as pessoas se interessavam por uma avaliação de US$ 15 bilhões. "E eu respondi: 'Você é idiota?'", disse Swisher. "É claro que, imediatamente depois, três mulheres gostosíssimas se aproximaram a troco de nada e começaram a prestar atenção nele. E eu: 'É por causa da sua ótima aparência e de sua óbvia demanda bioquímica de oxigênio.'"

E, assim, tudo transcorria de uma maneira aparentemente normal. Em determinado momento, Mason disse: "O que a Amazon foi para os produtos, nós queremos ser para os mercados locais. Queremos ser algo em que as pessoas pensem todas as vezes que saírem de casa para fazer algo em suas cidades... Se formos bem-sucedidos, então tudo o que estamos fazendo hoje será apenas uma pequena parte daquilo em que nos transformaremos. Acho que está aberta a oportunidade para que uma empresa ajude a disseminar transações e negócios que, até agora, permaneceram distantes da internet, e estamos bem posicionados para fazer isso."

Mas, aí, Swisher cometeu o engano de perguntar a Mason o que ele estaria fazendo se o Groupon não existisse. E, em toda a sua glória, ressurgiu o cômico discurso de Mason, feito no elevador: "Organizando uma festa de despedida de solteiro em algum momento nos próximos seis meses, porque vou me casar no fim do ano... e, a certa altura, é preciso encontrar novos desafios, especialmente se a pessoa já obteve muito sucesso." Ele fez uma pausa e, então, acrescentou: "O maior dos desafios é matar, mas não existem muitas oportunidades para fazer isso." Em meio a risos nervosos, Mason revelou o seu plano:

"Imagine que você vai até Las Vegas com mais ou menos quatro amigos. Vocês entram em um cassino e começam a jogar cartas. E, então, alguém em sua mesa começa a suar e a passar mal, e você se pergunta: 'O que há de errado com este cara?' E ele: 'Me desculpem', saindo para ir ao banheiro e retornando, depois de dez minutos, igual a um zumbi. Ele morde uma pessoa e alguém diz: 'Ei, por aqui!' E, aí, você e seus amigos vão até outro salão, onde encontram armas de *paintball*. E você passa as duas próximas horas atirando para poder sair deste cassino, matando todos os zumbis. E o golpe de misericórdia vem no fim, quando você consegue sair... mais ou menos cem zumbis estão bem atrás de você, e, de um helicóptero militar, as pessoas gritam: 'Corram, rapazes, subam!'

Você consegue subir, e quando o helicóptero sai voando, você pega uma metralhadora Gatling de paintball e mata todos os zumbis lá embaixo."

A sessão terminou com vivas e aplausos. Por um minuto, Mason deixara transparecer sua excentricidade, mas a tarde chegava ao fim e já estava escurecendo. Começara a nevar, e havia o risco de que o último voo para Berlim fosse cancelado por causa do mau tempo, sendo que Mason tinha uma visita programada ao antigo escritório do CityDeal, agora sede do Groupon na Europa, para a manhã seguinte naquela cidade. Rapidamente, Samwer usou o seu smartphone para remarcar o bilhete aéreo e retirou Mason dali às pressas, no carro que os aguardava. Julie Mossler os seguiu em um táxi e voou para Londres para organizar o próximo trecho da viagem.

No início da manhã seguinte, dia 25 de janeiro, Mason enviou um e-mail para dizer que estaria no escritório de Berlim no horário combinado. Mas, trinta minutos depois, ele escreveu: "Na verdade, talvez eu não consiga chegar tão cedo assim."

Mason estava hospedado no Radisson Blu, a duas quadras da base do Groupon na Europa, um loft no terceiro andar da rua Rosenstrasse, 17, na ex-Berlim Oriental, e a um passo da famosa torre em formato de cebola com vista para a Alexanderplatz. Para quem passava pela rua, havia apenas um pequeno letreiro próximo à campainha que permitia identificar o local como um escritório do Groupon. Na parede da entrada principal, uma placa ainda trazia o nome do CityDeal.de. Dentro do escritório, o diretor-executivo não estava em parte alguma, mas os visitantes se deparavam com uma folha de papel preta e branca plastificada, presa à porta, que exibia o logotipo do Groupon.

Um rápido passeio pelo ambiente revelava jovens funcionários trabalhando lado a lado em mesas repletas de computadores, prospectando, organizando e executando ofertas para a Alemanha inteira. Os escritórios do departamento financeiro, da TI e de algumas outras funções ficavam no piso inferior. A empresa logo ocuparia mais três andares no modesto prédio, que contava com um pátio de paralelepípedos.

Relógios perfilados em uma das paredes confirmavam que Mason estava atrasado em relação a inúmeros fusos horários. Um dos relógios mostrava a hora de Chicago, enquanto outro mostrava a mesma hora no México. Uma hora mais tarde, tempo suficiente para dar uma volta pela Alexanderplatz e constatar a existência de um teatro, restaurantes, pista de boliche e loja de artigos masculinos anunciando "tamanhos de XX a XXXXXXXL", chegaria a informação de que Mason havia decidido faltar ao compromisso no escritório.

O diretor-executivo voara até Berlim, se hospedara a duas quadras da sede europeia de sua empresa, e, então, desistira de fazer a visita. Era extraordinário, até mesmo para ele.

"Tenho muito o que fazer nos EUA", confirmou Mason, em um comunicado cordial, encaminhado naquele mesmo dia. Enquanto isso, ele enviara um texto não tão cordial para o escritório central, cancelando o restante da viagem. Lamentavelmente, alguns dos funcionários mais recentes perderam a chance de conhecê-lo, mas ele passara o dia ouvindo as mesmas perguntas, repetidas tão exaustivamente pelos repórteres, que seu lado rebelde já havia sido despertado. Ele tinha uma empresa para construir em seu país. Simplesmente, era hora de ir embora.

Infelizmente, Mason estava prestes a trocar essas perturbações por outra exponencialmente maior.

6 FEVEREIRO, 2011

Em 2011, seguro de si depois de um fabuloso ano de 2010, o Groupon decidiu partir para o estágio da rede nacional de televisão, e começou logo por cima, comprando várias inserções no Super Bowl. Era um salto importante, e Andrew Mason acreditava que a destacada agência de publicidade Crispin Porter + Bogusky (CP + B) representaria a melhor oportunidade para divulgar, de forma eficaz, tanto o modelo de negócios do Groupon quanto sua cultura irreverente às multidões fascinadas por futebol americano.

A CP + B vinha apostando na criatividade há anos: estava por trás da contundente campanha antitabaco "Verdade", além de ter produzido bizarros e memoráveis comerciais de televisão para a rede Burger King. Mas os anúncios criados pela agência para a campanha "Virgens do Whopper", que mostrava moradores reais em áreas remotas do mundo experimentando o clássico sanduíche do Burger King pela primeira vez na vida, foram considerados politica mente incorretos pelos críticos.

Infelizmente, o principal comercial que Crispin Porter criou para o Groupon dentro da campanha "Economize Dinheiro", para veiculação no Super Bowl, foi avaliado, por muitas pessoas, como um deboche aos dissidentes perseguidos no Tibet, elevando o medidor de insensibilidade para o grau 11. Fazia todo o sentido, considerando-se que o anúncio foi dirigido pelo fictício Nigel Tufnel, da Spinal Tap, também conhecido como Christopher Guest.

Tudo começou quando os líderes seniores do Groupon persuadiram a diretoria de que a empresa deveria investir em publicidade fora da rede. Eles decidiram estrear no maior palco do mundo, com a mesma urgência que acabaria levando alguns destemidos da internet 1.0, como a Pets.com, à ruína.

O conceito era criar um simulacro de anúncios de utilidade pública, que começariam abordando o desmatamento da floresta tropical, a caça às baleias e a perseguição ao povo tibetano, e tentariam, por fim, convencer as pessoas a economizar dinheiro através do Groupon. Os anúncios também gerariam doações para instituições beneficentes parceiras. Em teoria, isso imunizaria o Groupon contra as acusações de insensibilidade.

Um grupo formado por integrantes das equipes de branding e marketing, incluindo a diretora de relações públicas do Groupon, Julie Mossler, e o editor-chefe, Aaron With, viajou, em janeiro, até Los Angeles, no dia estipulado para que Guest iniciasse a filmagem dos comerciais do Groupon para o Super Bowl, com a participação dos atores Timothy Hutton, Elizabet Hurley e Cuba Gooding Jr., além da cantora e compositora Sheryl Crow.

Supunha-se que Mossler passaria o dia inteiro no estúdio, mas, depois dos primeiros dez minutos, ela se sentiu mal, tendo que ser levada até o pronto-socorro mais próximo, o que a fez perder as filmagens. A ideia era deixá-la o mais relaxada possível, para que pudesse retornar a Chicago no dia seguinte e consultar um médico, pois embora tenha sido liberada algumas horas depois do atendimento, o anestésico ainda lhe provocava enjoos.

Um amigo enviou um carro para buscá-la, e ela saiu para jantar com um casal de outros funcionários do Groupon, que pretendiam celebrar o que haviam considerado uma bem-sucedida filmagem comercial. Os colegas de Mossler não tinham noção de que algumas drogas lhe haviam sido administradas no pronto-socorro — incluindo Percocet e Dilaudid, ou "heroína hospitalar", como geralmente é denominado o poderoso narcótico contra dor. Embora ela parecesse cansada, não perdera a coerência; os analgésicos, no entanto, a deixariam funcionando no piloto automático, o que a fez guardar poucas lembranças daquela noite. Depois do jantar, o grupo se encontrou com Aaron With em um clube noturno, onde as garrafas de bebida nomeadas e exclusivas eram a regra, e um homem que parecia familiar a Mossler atraía todas as atenções para si. Porém, no estado em que se encontrava, Mossler não conseguiu reconhecê-lo.

No dia seguinte, With solucionou o mistério: o homem era Reggie Bush, o corredor do Miami Dolphins. With e um colega seu acabaram terminando a noite em uma festa na casa de Bush em Los Angeles, repleta de modelos maravilhosas. Embora With não tenha tido nenhuma sorte tentando paquerá-las, já meio bêbado, ele comentou com Bush que sentia muito que o Miami tivesse sido eliminado na repescagem. O corredor se mostrou um anfitrião perfeito

Esta era a alta roda de Hollywood e a segunda visita de With ao Groupon ficava cada vez melhor.

Mas, naquela mesma noite, uma história muito mais curiosa do que esta aconteceu com Mossler. Depois de passar algumas horas no clube, tendo aderido, visivelmente, à água como sua bebida preferencial, ela deixou escapar para duas funcionárias que ainda estavam sentadas à mesa: "Vamos fazer minha tatuagem agora mesmo." O pedido soou perfeitamente cabível dentro do contexto da divertida cultura do Groupon, e, assim, as mulheres acompanharam Mossler até um salão de tatuagens, nas redondezas.

Ali, abaixo do pulso direito, foi tatuada, em escrita cursiva, a palavra *briefly* [brevemente]. É o título de uma canção da banda favorita de Mossler, Better Than Ezra, e a palavra "briefly" lhe é cara, pois evoca a mensagem da música, de que a vida é curta, e, portanto, é melhor fazê-la valer a pena. Anos antes, Mossler colocara em sua carteira o modelo da fonte com a qual gostaria que a tatuagem fosse feita, mas, no fim, um estilo diferente de letra acabou sendo usado em seu braço. Ainda assim, é uma tatuagem sutil e elegante, que faz lembrar à dinâmica profissional de 20 e poucos anos de idade a importância de aproveitar o máximo da vida e de se sentir agradecida pelo que conquistou.

Esta atitude ajudou Mossler a lidar com o estressante período de crescimento do Groupon, durante o qual um consultor lhe informou que ela deveria ter uma equipe de catorze pessoas para suportar o trabalho que estava fazendo sozinha. Assim como acontece com a funcionária de número vinte do Google, Marissa Mayer — outra mulher que preparou o próprio terreno para ocupar uma posição de poder no mundo das empresas nascentes de tecnologia, dominado por homens —, os cabelos louros e os brilhantes olhos azuis de Mossler costumam distrair as pessoas com quem ela precisa se relacionar profissionalmente, não as deixando perceber o quanto ela é talentosa e eficiente. Apesar de ser subestimada com bastante frequência, Mossler consegue se mostrar incrivelmente paciente, o que, neste caso, é uma característica fundamental.

De modo geral, sua aventura com a tatuagem teve um resultado satisfatório. A não ser pelo fato de que, no dia seguinte, Mossler tenha sido obrigada a organizar aquela sequência de acontecimentos. Ela não tinha memória alguma de ter se submetido à sessão de tatuagem. "Eu não me dei conta disso até estar a bordo do voo das 8h, quando retirei as ataduras do hospital e percebi que, sob uma delas, havia uma tatuagem", disse ela. Em seguida, veio-lhe uma vaga lembrança de estar sentada em uma cadeira no salão. Seus colegas a ajudaram a preencher o resto das lacunas. Portanto, a surpresa de Mossler pode ter sido, digamos, "breve", mas, pelo menos, ela tem uma história inesquecível para contar, agora que já se lembra de tudo.

Se os anúncios da campanha do Groupon tivessem se concentrado em outras questões, alheias ao assunto dos direitos humanos, a polêmica teria sido mínima. Mas Mason insistiu em veicular o anúncio do Tibet. "Eric achou hilário", disse Solomon. "Andrew achou hilário. Simplesmente veiculamos algo que não deveríamos ter veiculado. Superestimamos a disposição das pessoas para ligar os pontos e perceber que estávamos tirando sarro de nós mesmos. Houve alguns erros de cálculo."

O infame comercial do Groupon, veiculado tarde da noite, no último quarto do jogo, fazia uma paródia ao gênero de comerciais de instituições beneficentes. Ele começava com tomadas do topo de uma montanha coberta de neve, um grande templo, e nativos com roupas coloridas, enquanto se ouvia a narração:

— O montanhoso Tibet, um dos lugares mais lindos do mundo. Este é Timothy Hutton. As pessoas do Tibet estão em apuros; sua própria cultura está ameaçada... Mas eles ainda sabem preparar um incrível peixe ao *curry*! — exclamava Hutton, enquanto o anúncio cortava para um homem tibetano andando na direção da câmera, até revelar que se tratava de um garçom de um restaurante norte-americano.

E só então Hutton mandava o recado:

— E já que duzentas pessoas compraram um Groupon.com, cada um de nós vai pagar apenas US$ 15 por um prato da cozinha tibetana que vale US$ 30, no restaurante Himalayan, em Chicago.

O anúncio terminava mostrando um cartazete simples, onde se lia "Economize dinheiro" em letras pretas, sobre o fundo verde do Groupon. Outro locutor recomendava aos espectadores: "Economize dinheiro. Descubra grandes ofertas em sua cidade... Groupon.com."

Dois outros anúncios da campanha foram veiculados naquela mesma noite: em um deles, Elizabeth Hurley comparava a depilação com o desmatamento no Brasil, e, no outro, o vencedor do Oscar Cuba Gooding Jr., salvava baleias ameaçadas de extinção, para, em seguida, partir em um cruzeiro de observação de baleias, pago com desconto. Todos os três anúncios foram concebidos, em parte, para ajudar a levantar fundos para instituições beneficentes: o The Tibet Fund, o Rainforest Action Network e o Greenpeace, respectivamente.

Infelizmente, Mason decidira que a inclusão de informações sobre as instituições nos anúncios de televisão confundiria a mensagem da marca e reduziria o efeito das frases cômicas. Ele imaginou que um número razoável de pessoas, ao acessar o Groupon.com para conferir a campanha, chegaria à conclusão de que a empresa arrecadaria muitos recursos para as organizações não governamentais, e que, assim, todos sairiam ganhando.

Ao contrário de seus colegas atores, a cantora Sheryl Crow evitou embaraços, pois o anúncio do qual participou, o último da campanha, foi suspenso antes mesmo da veiculação. Ele recebeu uma promoção on-line, com os dizeres "EM BREVE" superpostos a uma captura de tela com a imagem de Crow e uma referência a uma campanha do buildOn para "construir quatro novas escolas em um dos vilarejos mais pobres do mundo". Este anúncio não chegou a ser exibido, nem mesmo on-line.

Por acaso, consegui assistir aos outros três anúncios no site do Groupon, algumas horas antes do jogo. Observando que os comerciais não incluíam as informações sobre as instituições beneficentes, eu comentei com minha esposa: "Este anúncio do Tibet vai lhes causar problemas."

Não tinha ficado claro para ninguém de fora do Groupon que o principal objetivo desta campanha era apresentar uma marca ainda nova para dezenas de milhões de pessoas que nunca tinham ouvido falar dela. Para embarcar de verdade na brincadeira que estava por trás e se sentir à vontade, os espectadores teriam que estar cientes de que o Groupon teve sua origem em um site destinado a promover boas ações coletivas; que injetava em todas as suas ações um humor brincalhão, mas bem intencionado; e que os comerciais tinham o apoio incondicional das instituições beneficentes envolvidas nos temas abordados. Em resumo, era preciso, praticamente, ser funcionário do Groupon para entender o subtexto das piadas.

Ainda que Crispin Porter nunca tenha feito nenhum alerta a respeito destes problemas, alguns funcionários do Groupon que avaliaram os anúncios disseram a Mason que ele estava escolhendo o caminho errado. Solomon enviou um e-mail ao diretor-executivo em que dizia, categoricamente: "Seremos massacrados se veicularmos o Tibet."

"Massacrados" acabou se revelando um eufemismo. Antes mesmo do rosto de Hutton desaparecer na tela, o Twitter explodiu com objeções à suposta insensibilidade do Groupon. A espantosa reação foi semelhante àquela da plateia assistindo a "Primavera para Hitler", em *Os Produtores*. Se alguém estivesse acompanhando o Twitter naquela noite, teria visto os seguintes comentários se sobrepondo através do serviço:

"O próximo comercial do Groupon trará algo sobre varíola, cobertores e um grande desconto para a loja Bad Bath and Beyond"... "As rebeliões no Egito deixaram você triste? Venha para o @groupon, onde oferecemos quartos pela metade do preço no Luxor Las Vegas"... "No escritório do diretor-executivo do Groupon: 'Uma ligação da Dolly-não-sei-das-quantas para você. Ela parece furiosa'"... "Estou tão irritado com o Groupon quanto qualquer um — a Etiópia teria sido MUITO mais engraçada"... "Milhares de judeus morreram em Auschwitz, mas, graças ao Groupon, nosso passeio pelo campo de concentração saiu praticamente de graça!"... E, finalmente: "Várias pessoas morreram no dia 11 de setembro, mas, graças ao @Groupon conseguimos passagens aéreas pela metade do preço".

Em meio à carnificina, o usuário @ischafer tuitou: "Se você acessar o Groupon.com, verá que eles estão levantando fundos para as causas abordadas de forma cômica em seus comerciais." Mas não havia meios de saber disso sem visitar o site, e, àquela altura, o login já estava bloqueado. Depois que a avalanche de comentários negativos passou, o Groupon tuitou: "Apoie a maior instituição beneficente do Tibet aqui: http://savethemoney.groupon.com".

"Se tivéssemos inserido a URL e estimulado as doações nos anúncios, algumas pessoas ainda teriam ficado chateadas", disse Mossler, "mas, provavelmente, teríamos até conseguido mantê-los no ar, porque as pessoas perceberiam que o trabalho beneficente era uma característica desde sempre inerente ao Groupon. Foi uma falha nossa não ter contado a história corretamente, nos certificando de que os espectadores sabiam que estávamos satirizando as campanhas de causas defendidas por celebridades e, ainda, que a beneficência estava em nosso DNA desde o The Point. Mas o que realmente me aborreceu foi que as pessoas pensaram que fizemos isso posteriormente, como se fosse uma ação corretiva de relações públicas".

Naquele momento, tuiteiros de renome já haviam se unido às massas para achincalhar a empresa. A conta do site de notícias Salon.com tuitou:

"O Groupon faz gozação com os apuros dos tibetanos? Por quê?" O humorista Andy Borowitz gracejou: "Imagino que o Groupon resolveu fazer um comercial engraçadinho sobre o Tibet porque sobre Darfur pareceria de mau gosto?" O diretor de comédias de Hollywood, Judd Apatow, também não achou nada divertido: "O melhor comercial é o do Doritos, aquele em que alguém lambe os dedos. O pior é o do Timothy Hutton. Uso bizarro do Tibet. Três milhões desperdiçados." O famoso investidor de capital de risco Guy Kawasaki acrescentou, simplesmente: "Groupon, você é nojento."

Depois da enxurrada de críticas de celebridades, sugestões de outros cenários grotescos e, até mesmo, do próprio restaurante Himalayan despontar da periferia de Chicago para se manifestar no Twitter e no Facebook ("Esperamos que as pessoas não entendam mal aquele comercial! Tomara que saibam que o Groupon apoia o The Tibet Fund... Você pode fazer suas doações aqui!"), os comentaristas do Twitter começaram a avaliar o estrago causado à reputação do Groupon. O destaque vai para esta forma de compreender a questão: "Este comercial do Groupon pode, surpreendentemente, inspirar o Dalai Lama a abdicar de uma vida inteira dedicada à não violência para dar um chute nas partes baixas do diretor-executivo."

Milhares de usuários prometeram abandonar o Groupon, enviando tuítes do tipo: "O login e o registro no Groupon estão desativados neste momento. Esta é a única coisa que impede a mim e à minha esposa de cancelar agora mesmo as nossas contas." Outros comentários notáveis incluíam: "O Groupon parece ter alcançado a proeza única de investir US$ 3 milhões para perder consumidores que costumavam adorá-lo"; "Depois do comercial do Super Bowl, a avaliação do Groupon baixou de US$ 15 bilhões para US$ 15"; "A veiculação do primeiro comercial de uma marca no Super Bowl ajuda a apresentar sua personalidade às massas. O Groupon escolheu ser egoísta, materialista e desprezível"; e, mais profeticamente: "Próximas notícias: o Groupon procura nova agência depois do fiasco do Super Bowl."

De fato, Mason já estava tomando as primeiras medidas para dispensar Crispin Porter naquela noite mesmo. Logo no início do jogo, quando o seu Pittsburgh Steelers começou a perder terreno para o Green Bay Packers, o diretor-executivo se ausentou da festa em homenagem ao Super Bowl, promovida pelo Groupon no clube noturno LaSalle Power Co., em Chicago. Portanto, ele estava em seu computador, em casa, quando o Twitter foi infestado por críticas corrosivas à sua empresa.

Tendo observado a hostilidade crescer até o ponto da excitação nervosa, Mason procurou um contato da agência para perguntar se este tipo de reação era normal. Claro, responderam-lhe, um anúncio como aquele, que desafiava limites, sempre despertaria alguma controvérsia, e ele devia esperar que comentários negativos respondessem por quase 50% das discussões on-line. Mas, neste caso, o percentual de comentários negativos parecia mais perto de 99%, e a pesquisa quantitativa conduzida pelo provedor de análise de mídias sociais MutualMind indicou que aqueles sentimentos expressos no Twitter sobre o anúncio do Tibet alcançavam, pelo menos, 80% de percepção negativa contra o Groupon, transformando o comercial em uma arma afiada e suicida.

Mason não conseguia acreditar que a agência que ele contratara para potencializar a mensagem da empresa ao máximo, havia, ao contrário, empurrado o Groupon para o reino da perniciosa polêmica. Embora o diretor-executivo assumisse a responsabilidade por ignorar as solicitações internas para incluir informações sobre as instituições beneficentes, e sempre sustentasse que cabia a ele avaliar e dar o sinal verde para a campanha, ele afirmava que Crispin Porter se mostrara incapaz de avaliar como os comerciais seriam recebidos.

"Quando procurei Crispin, disse-lhe que a razão pela qual estávamos trabalhando com ele era a de que, teoricamente, seu discernimento nos ajudaria a criar um comercial que seria não apenas simplesmente engraçado e excêntrico, mas que contribuiria para esclarecer a história do Groupon. Primeiramente, como homem de mídia, ele era a pessoa certa para isso", disse Mason. "E, em segundo lugar, com as coisas que já havia feito antes, ele saberia como nos levar até o limite, mas não além deste limite... Eles não nos atenderam bem nesta função. Eles deveriam saber quando algo vai ser universalmente desprezado."

De volta à festa, Mossler observou o queixo dos funcionários cair, não exatamente por causa do comercial em si, mas pela reação provocada por ele. Não serviram Kool-Aid naquela noite, mas, ao que parece, eles já tinham bebido tudo o que podiam.

Imediatamente após a veiculação do anúncio do Tibet nas gigantescas telas, os funcionários ficaram eufóricos, cumprimentaram-se e comemoraram sua estreia na transmissão televisiva de maior audiência do mundo. Mas quando as pessoas começaram a verificar em seus *smartphones* a reação no Twitter, a euforia se transformou em choque: "Por que estão todos contra nós?"

Nos meses seguintes, ficaria dolorosamente claro, até mesmo para os mais entusiasmados funcionários da empresa, que um número cada vez maior de pessoas odiava o Groupon.

Em nome da agência, Crispin Porter teve o mérito de assumir a sua parcela de culpa e retratar-se com Mason, que continuava impressionado com a falta de habilidade da agência para antever a reação do público. Mas Solomon e outros que haviam assistido aos comerciais antes da transmissão não precisavam da opinião de um especialista para saber que seu conteúdo era nefasto.

Este foi um caso em que a inexperiência administrativa de Mason fez com que a responsabilidade recaísse sobre a empresa. "Entendo perfeitamente por que as pessoas ficaram tão aborrecidas", disse ele, com maior distanciamento dos fatos. "Chegamos perto demais do sol com aquela campanha."

E não era apenas com o público que o Groupon precisava se preocupar. O anúncio do Tibet não pareceu apenas se valer das lutas de um povo oprimido como ponto de partida para uma piada barata; ele também despertou a ira do governo chinês, que é hipersensível a qualquer debate acerca de seus registros de direitos humanos. E isso significava um problema potencial para o Groupon, que havia acabado de entrar no mercado chinês. Felizmente para o Groupon, o assunto logo perdeu força, mas Mason e a equipe de relações públicas do Groupon tiveram que trabalhar bastante em solo americano para contornar os danos.

Primeiro, os anúncios foram modificados para incluir as informações sobre as instituições beneficentes; com isso, as campanhas arrecadaram, basicamente, quase meio milhão de dólares. "Nos certificamos de que cada entidade recebesse o valor total que lhes prometemos quando concordaram em participar", afirmou Mossler. Em seguida, Mason emitiu alguns pedidos de desculpas, um deles um tanto hesitante e não muito bem aceito, o que ensejou a preparação de uma versão mais simpática. Por fim, todos os anúncios foram definitivamente retirados do ar, embora os três primeiros ainda estejam disponíveis no YouTube.

Solomon colocou o incidente sob perspectiva, observando que levar um golpe tão duro foi uma espécie de ritual de amadurecimento para o Groupon. "No Vale do Silício, as reações negativas fazem parte do ciclo", afirmou. "Quando se é uma coisa nova e especial, as pessoas o veneram. Mas, então, com o passar do tempo, a intimidade leva ao desprezo. O eBay era a empresa mais especial do mundo até começar a privilegiar os grandes vendedores, e os pequenos logo sentenciaram: 'Dane-se, eBay. Você é a pior coisa do mundo!'"

"O Yahoo! era a melhor empresa do mundo — era tão divertida", continuou Solomon. "Todos falavam isso aos quatro ventos. Mas eles começaram a agir de forma leviana com dissidentes chineses e Jerry Yang acabou sendo chamado para depor no Congresso... E, aí, o Yahoo! foi trucidado. E a Amazon foi duramente criticada por ser um péssimo investimento, a empresa mais imbecil do mundo. O Google — a mesma coisa. O Facebook também teve os seus problemas."

Para Solomon, a lógica era condizente com todos os outros aspectos do Groupon: "Atravessamos nossa fase de namoro muito rapidamente. E, então, passamos para nossa fase de ódio com muita rapidez, porque fizemos besteira", afirmou.

Mas eis aqui a grande surpresa: na semana seguinte ao Super Bowl, depois de todas as manchetes negativas, das repreensivas coberturas dos canais a cabo, das paródias na madrugada, como a de Conan O'Brein, que mostrou o Groupon usando a Trilha das Lágrimas para vender uma oferta de Trilha de Cervejas no T.G.I. Friday's, e da tempestuosa indignação descarregada nas mídias sociais, o Groupon, na verdade, viu aumentar o seu número de associados. A maioria dos queixosos nunca havia sido consumidora assídua, e quase todos os que já eram consumidores preferiram continuar economizando dinheiro a cancelar suas contas.

Resultado final: o site de ofertas desfrutou de sua melhor semana de vendas de todos os tempos. Bem, talvez "desfrutou" não seja a palavra certa. "Nunca promovemos isso, porque não queremos que as pessoas pensem que esta foi a motivação para o anúncio", afirmou Julie Mossler. "Não foi." Mas, algumas vezes, a lei das consequências indesejadas é, simplesmente, revertida a nosso favor.

Além disso, afirmou Solomon, "o Tibet ficou razoavelmente satisfeito [com a polêmica], porque isso elevou o diálogo. Fazia muito tempo que ninguém falava nada sobre o Tibet — portanto, as instituições beneficentes ficaram bastante empolgadas. E nós apoiamos essas instituições feito loucos. Se tivéssemos feito uma campanha mais inócua no Super Bowl, não creio que tivéssemos tido uma ascensão real".

Dono da palavra final na malfadada campanha, Mason declarou: "Ao mesmo tempo em que não faria isso novamente, parte de mim sempre ficará orgulhosa de termos tomado a decisão de veicular aqueles comerciais. Não há outra forma de avançar a não ser levando umas bofetadas de tempos em tempos."

Então, afinal de contas, "desfrutou" talvez seja a palavra certa...

VINTE E UM

O desejo de Mason de redobrar sua concentração em um momento de fundamental importância para o desenvolvimento do Groupon fez com que ele faltasse a uma palestra agendada para o dia 13 de março, no South by Southwest Interactive Festival (SXSW) 2011, em Austin, Texas, sobre o tema "Negócio bizarro: criatividade corporativa que não aborrece", deixando ao editor Aaron With a tarefa de representá-lo. Escapar deste painel acabou sendo uma ótima ideia, já que o debate pós-apresentação caracterizou-se como um massacre público por parte de um cliente descontente.

Travis Kalanick é um renomado empreendedor do Vale do Silício que presta consultoria a fundadores de empresas nascentes em sua própria casa, apelidada de Jam Pad, e que gosta de contar a história de como foi cortado da versão cinematográfica de *A Rede Social*. Embora Kalanick estivesse naquele jantar na cidade de Nova York, no qual Sean Parker, da Napster, encontrou e assediou pela primeira vez Mark Zuckerberg e Eduardo Saverini, do Facebook (talvez você se lembre do episódio como a cena do *appletini*), ele não conseguiu ser transformado em personagem. "Fui substituído por uma linda moça asiática", disse ele, no SXSW. Em todo o caso, no início de sua apresentação, Kalanick foi bastante elogioso quanto às qualidades inovadoras do Groupon e sua rápida escalada, mas a maior parte de sua fala foi dominada por sua experiência negativa ao tentar oferecer seu serviço de transportes privativos Uber através da empresa de Mason.

"A grande questão do Groupon não está relacionada ao marketing — nesta área, eles estão se saindo muito bem", disse Kalanick. "Acho que o maior problema é que a experiência concreta de usar o Groupon não está sendo conectada àquela marca, àquela promessa e àquela mensagem de marketing... Qualquer um que já tenha vendido seus produtos por meio do Groupon sabe que esta é, provavelmente, uma das piores experiências pelas quais se pode passar ao se trabalhar com uma empresa que agrega consumidores. Todas aquelas maravilhas que são vistas nos textos e no marketing estão completamente desconectadas da área operacional."

Depois de observar que sua conturbada experiência como comerciante talvez tenha sido provocada pelos crescentes tormentos do Groupon, Kalanick destacou que as funções de marketing e de redação de textos haviam progredido razoavelmente, desafiando o compromisso da empresa com as experiências do comerciante e do consumidor. "Quando o marketing se encontra desconectado das operações, fazem-se muitas promessas que não conseguirão ser cumpridas", disse ele. "Desde o momento em que um representante de vendas entra em contato telefônico com você e diz 'feche conosco, feche conosco, feche conosco', até o momento em que estes Groupons são resgatados, toda esta experiência tem muitos pontos falhos, e eles precisam trabalhar isto sob o aspecto operacional."

Neste ponto, Kalanick foi objetado por Darren Schwartz, diretor de vendas do Groupon, que, da plateia, afirmou que não era justo generalizar. O magnata da Uber, então, foi bastante específico:

— Tudo começou com um vendedor nos ligando para dizer: "Uber, nós realmente queremos fazer algo com vocês, adoramos vocês e queremos associar a nossa marca à sua."

Nós dissemos:

— Veja, este é um passo um tanto grande para a nossa marca. Precisamos assegurar uma posição de destaque.

E ele disse:

— Podemos garantir que vocês terão uma posição de destaque. Garantimos que faremos isso na data combinada.

Foram quase cinco promessas diferentes, e nenhuma delas foi cumprida. Não tivemos uma posição de destaque e nossa oferta não foi veiculada na data combinada. Eles sumiram por duas semanas, e, depois, nos procuraram implorando para que fizéssemos uma nova negociação.

A partir daí, acrescentou Kalanik, o plano de marketing e a versão final vieram cheios de erros, os códigos dos cupons foram divulgados antes do devido tempo e as informações sobre os consumidores foram enviadas ao Uber em um pesado formulário que revelava os nomes dos consumidores, embora isso não devesse acontecer. Por fim, as projeções de vendas do Groupon estavam absurdamente imprecisas, e o Uber vendeu apenas 10% das ofertas que havia imaginado vender.

Schwartz pegou um microfone e pediu desculpas pelos problemas com a negociação com o Uber. "Não se trata de uma experiência única, porém", rebateu Kalanik. Deslocando-se calmamente para a frente, Schwartz prometeu analisar as questões específicas de vendas e explicou, então, que o Groupon havia criado, recentemente, cargos de gerência comercial, projetados para absorver certas incumbências da área de vendas e aprimorar a experiência. Mais uma vez, Kalanik não se mostrou impressionado. "Esta absorção de incumbências já existia quando vocês negociaram com o Uber", disse ele. "Mas a gerente comercial que nos foi designada não compreendia o processo que estava gerenciando. Nem um pouco."

"É possível, porque acabamos de implementar este programa", respondeu Schwartz. "Trinta dias atrás, não tínhamos nenhum gerente comercial, e, agora, temos sessenta."

Finalmente, Kalanik começou a ceder. "Eu entendo", disse ele. "Há muitas características excelentes no Groupon. O que estou dizendo é que, para mim, não se trata de uma coisa de um representante de vendas específico ou de um gerente comercial específico. Acho que existe uma desconexão entre uma máquina de marketing poderosa e eficaz e um ambiente operacional que não chega nem aos pés do nível de apuro daquela máquina de marketing. E se este ambiente operacional conseguir se modernizar e se mostrar comparável àquela máquina de marketing, o Groupon se tornará imbatível."

Ele acrescentou, então, que o Uber estaria disposto a fazer outra negociação com o Groupon, caso os seus departamentos de serviços comerciais pudessem atuar em conjunto. E, de fato, o Uber usou o Groupon posteriormente para promover seus serviços em novos mercados, inclusive no de Chicago.

No saldo do dia, um cliente de alta relevância, respeitado no Vale do Silício, e não um micro Café familiar e inapto, havia interpelado o Groupon por prestar muito pouca atenção à experiência do comerciante, durante uma transmissão on-line em tempo real de uma importante conferência digital, em uma sessão que teve como moderador um jornalista do *Fast Company* e repleta de outros repórteres.

O estrago estava feito.

14 MARÇO, 2011

Depois da bomba lançada pelo Uber, Mason finalmente apareceu no SXSW no dia seguinte — para o festival de música —, como uma gentileza feita a Harry Weller, um dos primeiros e mais importantes avalistas do Groupon junto à investidora New Enterprise Associates. "Dando uma volta em Austin, sozinho no SXSW, carregando um caderno de cifras para teclado das canções de Billy Joel — ninguém me convidou para fazer parte de sua banda... ainda", tuitou ele, naquela noite. O songbook era uma herança de um tributo a Billy Joel, do qual ele participara tempos atrás. Vestido com camiseta e jeans pretos, Mason logo estaria atrás de um teclado, em um clube no centro da cidade que oferecia ao público bastões fluorescentes e folhetos com as letras, a melhor forma de acompanhar a paródia da música "Honestly", de Joel, que Weller havia transformado em uma canção do Groupon, e que provocou espasmos em Mason ao ouvi-la pela primeira vez, naquela mesma noite:

> "Honestidade" é uma palavra tão solitária.
> Todos são tão falsos.
> Quase nunca se dá valor à originalidade.
> Plagiários, eu vou aniquilar vocês.
> Honestamente, o Groupon é só um modismo.
> Devo dizer-lhes que esta é a pura verdade,
> Minhas desculpas por aquele anúncio idiota no Super Bowl.
> Admito que já deveria ter feito isso há muito tempo.
> "Honestidade" é uma palavra tão solitária.
> Todos são tão falsos.

Lefkofsky, por que querem ouvi-lo?
A ideia foi minha, cara, não sua.

Acompanhado por um baterista e um guitarrista, Mason estava conseguindo tocar dignamente, mesmo tentando decifrar a partitura, em meio à escuridão reinante. Enquanto isso, o quarentão Weller, que havia deixado a diretoria do Groupon naquele mês de fevereiro para abrir caminho ao fundador da Starbucks, Howard Schultz, cantava a música diante de uma casa lotada, depois de afirmar em alto e bom som: "Este é o resultado de uma péssima aposta que deu errado."

Ao anunciar a saída de Weller da diretoria, um mês antes, Mason havia dito: "Sem o apoio de Harry Weller junto à NEA, talvez nunca tivéssemos conseguido receber o financiamento que usamos para conceber e aprimorar o Groupon — ele também foi o nosso consultor mais profético, prevendo tendências como a clonagem em massa do Groupon, antes de qualquer um de nós." Além disso, em parte graças a Weller, a NEA manifestou interesse nos lucros astronômicos provenientes do IPO.

Em outubro de 2005, muito antes de Mason conhecer Weller, a NEA havia entrado na órbita de Lefkofsky, quando ele e Peter Barris, colega de Harry Weller, se conheceram depois de uma típica goleada do time de futebol americano da Universidade de Michigan sobre o time da Universidade de Northwestern, no estádio desta última, na periferia de Chicago. Barris tinha sido aluno da Northwestern; Lefkofsky frequentara a Michigan; um amigo de Barris os apresentou. A NEA decidiu investir nas empresas recém-criadas de Lefkofsky e Keywell, e, mais tarde, também investiu no Groupon. O inusitado encontro varonil foi assim descrito pela Bloomberg: "Barris, da NEA, transforma derrota no futebol em um ganho 150 vezes maior com o Groupon."

Mas, naquela noite, Weller e Mason eram, simplesmente, dois caras em um bar, entrando em catarse com músicas cafonas. Vamos dizer que se tratava de uma terapia do karaokê.

VINTE E DOIS

O Groupon foi se tornando cada vez mais popular, e isso fez com que ele começasse a atrair visitantes igualmente célebres. Talvez o mais proeminente deles tenha sido o prefeito da cidade de Nova York, Michael Bloomberg. Ele chegou à Cidade dos Ventos no dia 15 de abril, para se juntar a cerca de mil integrantes da alta e influente sociedade de Chicago, na cerimônia de despedida do prefeito Richard M. Daley, que concluía sua passagem recorde de 22 anos no comando da prefeitura local. Tirada naquela noite, no terraço da novíssima Ala Moderna do Instituto de Arte de Chicago (orçada em US$ 300 milhões), uma foto mostra um jovial Bloomberg, provavelmente prendendo uma risada, acompanhado pelo risinho discreto de Daley e pelo sorriso dissimulado do prefeito eleito de Chicago, Rahm Emanuel, tendo, como pano de fundo, um dos grandes feitos de Daley, o Millennium Park. O que havia de tão engraçado? O motivo se perdeu no tempo. Mas o clima do encontro poderia ter sido outro, caso a visita do prefeito Bloomberg, feita naquele dia à sede do Groupon, tivesse ocorrido da maneira originalmente planejada por Andrew Mason.

Para Bloomberg, a visita relâmpago ao Groupon era uma forma de reforçar seu compromisso em alimentar a próxima leva de firmas de alta tecnologia que surgiam em sua cidade. Efetivamente, no início daquela semana, o prefeito havia visitado as instalações do Foursquare, sediado na cidade de Nova York, e instituído o dia 16 de abril como o Dia do Foursquare, a fim de promover o serviço de geolocalização social on-line. A conta oficial no Twitter, @NYCMayorsOffice, compartilhou, até mesmo, uma foto de Bloomberg conversando com Mason e Eric Lefkofsky no saguão de recepção do Groupon, com a seguinte legenda: "Exatamente o tipo de empresa de tecnologia que estamos tentando reproduzir em NY." A grande diferença entre Mason e Lefkofsky, naquele dia, era a de que o presidente se preocupara em colocar sua blusa para dentro das calças jeans, enquanto o diretor-executivo, com a barba por fazer e eternamente desgrenhado, estava com a camisa amassada e para fora das calças.

A *Vanity Fair* eternizou esta visita, destacando-a como a foto principal de um grande perfil do Groupon publicado na edição de agosto, mas a revista só ficou sabendo de metade da história. Um plano de presentear Bloomberg com um pônei foi abortado no último minuto, conforme informou a matéria — mas a história do pônei, na verdade, era o Plano B, muito mais brando do que teria sido o Plano A. Porém, antes de chegarmos a esta parte, vale a pena conferir rapidamente a história do pônei.

Mason sempre foi partidário de se oferecer "presentes inconvenientes", na definição do funcionário-fundador Joe Harrow. Nos primórdios do Groupon, "Andrew costumava comprar perus para todos nós no Dia de Ação de Graças", lembra Harrow. "Mas quando ele nos dava perus no Dia de Ação de Graças, não era um presente tão bom assim. Acho que metade das pessoas neste escritório é vegetariana, e metade de nós também vem de bicicleta para o trabalho. E ele comprava perus congelados da marca Butterballs, a mais barata possível, que eram entregues congelados na quarta-feira à tarde", ou seja, tarde demais para serem descongelados a tempo para a grande refeição, até mesmo para os que conseguissem carregá-los para casa equilibrando-se no guidão.

A brincadeira do pônei tinha um conceito semelhante, exceto pelo fato de que o alvo era muito mais importante, e o animal, neste caso, era alugado — um adereço cenográfico de US$ 300. A excentricidade começou a entrar em operação às 7h, quando a diretora de relações públicas do Groupon, Julie Mossler, foi despertada por uma mensagem de texto enviada pelo assistente de Mason: "Para seu conhecimento, pônei no escritório hoje." Mas Mossler só conseguiu entender o significado da misteriosa mensagem depois de chegar ao trabalho.

Quase no mesmo instante em que Bloomberg estava entrando no edifício, Mossler colocou os termos "Bloomberg e cavalo" no Google e descobriu que a filha do prefeito, Georgina, excelente praticante de equitação de salto, havia sofrido uma concussão e uma fratura na coluna no mês de novembro anterior, após cair do cavalo. Sua sela se afrouxara durante uma apresentação em um evento de equitação de salto, ao qual comparecera fantasiada de bruxa, em uma deturpação que pareceria típica do Groupon. Naquele evento em particular, cada um dos montadores usava um figurino diferente. Chocada com a história, a profissional de relações públicas alcançou Mason quando ele se encaminhava para o saguão do prédio e disse: "Andrew, você não pode fazer isso, esta coisa com o cavalo; simplesmente, não pode." Ela lhe explicou o problema, e o diretor-executivo concordou que seria melhor esconder o pônei.

Mossler enviou um e-mail para todas as pessoas da empresa que pudessem travar contato com Bloomberg: "Não digam a ninguém que temos um cavalo aqui." O assistente de Mason levou o pônei para um elevador de carga e o manteve lá até Bloomberg ir embora. Tudo o que restou da missão abortada foi uma foto que Mossler enviou pelo Twitter de si mesma, na sala de repouso, ao lado do animal de cor malhada, com uma fita verde em torno do pescoço. "Apresentando, o Groupônei", escreveu ela. A foto foi tirada alguns segundos antes de Bloomberg entrar, mas na hora em que ele chegou, a área já estava vazia.

Se a exibição do pônei poderia ter causado algum constrangimento, a outra operação que esteve na iminência de ser colocada em prática pelo Groupon durante a visita de Bloomberg teria gerado comentários negativos em todo o país. Por incrível que pareça, Mason acreditou que seria uma ótima ideia recepcionar a equipe de segurança do prefeito da cidade de Nova York com um funcionário que empunharia armas falsas, mas extremamente realistas. A brincadeira enfatizava a ideia de que este era apenas um dia normal de trabalho, enquanto algo obviamente absurdo estava acontecendo, sem que ninguém notasse.

A gestação da ideia ilustra a necessidade intrínseca de Mason em subverter as convenções e desdenhar da autoridade, uma característica que geralmente, mas nem sempre, lhe vem a calhar. Antes da grande visita, o Groupon foi informado de que o aparato de segurança de Bloomberg faria uma inspeção nas instalações e se certificaria de que tudo estava seguro. Este comunicado foi o que, na verdade, despertou o plano maluco do Groupon: durante a pré-visita para a varredura de segurança, alguém da equipe de atendimento ao consumidor estaria sentado à mesa, usando um uniforme militar e limpando um rifle. O bode expiatório em questão, um humorista chamado Andrew Smreker, vestia um conjunto totalmente camuflado e uma máscara de esqui preta. Ele portava uma espingarda de plástico e, sobre a mesa, também havia vários pentes de munições falsas e caixas de madeira, cujos lados continham inscrições em tinta branca, imitando a estética militar

"Ele estava todo paramentado e pronto para entrar em cena", disse Mossler, "mas percebemos que, embora achássemos engraçado e Bloomberg, provavelmente, também tivesse um ótimo senso de humor, se a foto fosse vista em um contexto errado, o consumidor comum não conseguiria entender a piada".

Isto sem mencionar que o pobre rapaz de uniforme militar seria submetido a uma demonstração em tempo real do plano de neutralização de ameaças, desenvolvido para o prefeito de uma cidade que sofreu o pior ataque terrorista da história dos Estados Unidos. Os funcionários do Groupon, acostumados aos bizarros acontecimentos do escritório, mal perceberam as ações do suposto atirador. Sean Smyth, vice-presidente de desenvolvimento de negócios do Groupon, estava, inclusive, entrevistando uma mulher para um cargo sênior na empresa quando Smreker chegou para fazer uma simulação.

Ao ver um homem passando através das paredes de vidro da sala de reuniões, vestido com um uniforme militar e empunhando uma arma, a primeira reação de Smyth foi: "Quem é que está aprontando isso?" A candidata ao emprego simplesmente deu prosseguimento à entrevista, até que Smyth lhe disse: "Você não pode ignorar isso. Não pode."

Mas os funcionários do Groupon estavam tão imersos na cultura da gaiatice que, talvez, nem acreditassem se alguém, literalmente, enlouquecesse no escritório e passasse a atirar nas pessoas. Se corpos começassem a cair, Smyth especulava o que os colegas diriam: "Você não está morto de verdade. Quem é que está nos sacaneando hoje?"

Depois de descobrir o que Smreker estava prestes a fazer, Smyth saiu da sala de reuniões e deteve Rob Solomon no momento em que ele passava.

"Rob, isso é uma irresponsabilidade", disse Smyth. "Este cara vai ser morto." Acreditando ter salvado Smreker de um fim trágico, Smyth deu por concluída a entrevista. Mas quando saiu novamente da sala de reuniões, lá estava o funcionário, sentado à sua mesa, brincando com um enorme lançador de granadas camuflado. E ele continuava usando a máscara.

Felizmente para todos os envolvidos, a lucidez, enfim, prevaleceu, e a operação foi abortada. Mas se algum dia Bloomberg retornar ao escritório do Groupon e se deparar com o que parece ser um terrorista trotando em um pônei da raça Shetland, talvez ele deva avisar aos seus seguranças para manter as armas no coldre. Afinal de contas, o famoso ditado nos faz lembrar: "Morrer é fácil. Difícil é fazer comédia."

VINTE E TRÊS

O ambiente das ofertas diárias também começou a ficar mais competitivo, com o lançamento do Facebook Deals, em 26 de abril, em São Francisco, seguido por Atlanta, Austin, Dallas e San Diego. Primeiro o LivingSocial, depois o Yelp e, agora, o gigante das redes sociais, de Mark Zuckerberg, estavam querendo se beneficiar do almoço do Groupon pela metade do preço.

No fim do verão, porém, a ameaça seria afastada. O Facebook retirou o Deals do ar em 26 de agosto, e o Yelp dispensou metade de sua equipe três dias depois, o que, na prática, significava admitir a derrota. Ainda restavam muitos concorrentes — incluindo a Amazon, que implementou um serviço de ofertas alimentado basicamente pelo LivingSocial, sob o nome de Amazon Local, em Boise, no estado de Idaho, em 2 de junho; e o eBay, que aderiu ao mercado de ofertas no fim de dezembro. Mas o Groupon e o LivingSocial ainda controlavam 80% do setor nos Estados Unidos, e eis que os intrusos não conseguiram dominar o jogo com tanta facilidade, ao contrário do que muitos analistas haviam previsto.

Exceto pelo LivingSocial, todos os outros concorrentes enfrentavam muitas dificuldades para fazer algum progresso, e o Groupon ia conseguindo manter as suas margens de lucro em torno de 40%. Os críticos haviam previsto que o padrão de corte para cada oferta do Groupon se provaria insustentavelmente alto, mas, até este momento, ele vinha se mostrando razoavelmente flexível. É bem provável que parte disso tivesse a ver com o fato de que os comerciantes não precisavam oferecer nenhum valor como adiantamento, de modo que, para eles, compartilhar uma parte considerável das receitas da transação não seria assim tão psicologicamente complicado.

Mas havia alguma coisa a mais aqui, algo vagamente reconhecível por qualquer dono de negócios que já houvesse investido em custosas campanhas de mala direta com resultados apenas desastrosos: oferecer um limite mínimo e garantido de consumidores através de um novo e robusto canal de marketing valeria ouro, caso as empresas conseguissem convertê-los em consumidores a longo prazo. Como afirmou Sramana Mitra, empreendedora do Vale do Silício, em uma postagem no seu blog, em junho de 2011: "Seja lá o que acontecer com o Groupon no mercado de IPO, ele já nos mostrou algo importante: os comerciantes estão dispostos a pagar altas gratificações aos intermediários que os façam captar consumidores."

É por isso que "sempre que se diz que apareceu um algoz para o Groupon, eu penso: 'Eles não sabem contra o que estão lutando'", afirmou o designer Steven Walker. "É muita irresponsabilidade afirmar isso. Simplesmente, não engulo esta história de que alguém vai nos derrotar."

Durante uma reunião empresarial particularmente movimentada, Mason fizera uma referência aos clones, diante de seus funcionários: "Vamos ter um trabalho cada vez maior com os concorrentes, e teremos que subjugá-los." Walker levou a recomendação a sério. "Continuo repetindo isso", disse ele. "Sempre que estas pessoas tentarem competir conosco, vou, simplesmente, seguir em frente."

Portanto, naquele momento, os maiores problemas do Groupon pareciam ser os internos, e eles eram mesmo substanciais. No primeiro trimestre de 2011, a empresa chafurdava diante da estagnação do crescimento das vendas nos Estados Unidos, ao mesmo tempo em que continuava a se esforçar para ampliar eficazmente suas operações. Solomon sabia o que estava por acontecer: "Meu pior dia, e, talvez, meu melhor dia, foi quando Andrew e eu conversamos sobre o fato de que precisávamos de um tipo diferente de operador, e que já era hora de eu me afastar."

Para Solomon, não seria fácil desistir tão cedo da empreitada. Ele imaginava que ainda ficaria outro ano no cargo, mas, no Groupon, todas as coisas sempre aconteciam com mais rapidez do que se acreditava que fossem acontecer. No fim das contas, sua esposa estava certa em não querer alugar a casa da Califórnia por mais de um ano.

"Me sinto como o Brett Favre", disse ele. "Estou no centro das atenções. Esta é a empresa mais atraente da internet. Bem, não se trata do Facebook — talvez eles sejam um pouco mais atraentes, mas não muito. E eu estou indo embora. O que é que se faz depois disso? Não sei o que fazer agora. Por isso, este dia é meio triste."

Mas a perspectiva de deixar o Groupon para trás também tinha algo de libertador. Solomon era um pensador estratégico de visão global dos negócios. O cargo de diretor de operações, voltado para processos, não estava em seu DNA. E coordenar um histórico crescimento corporativo não era uma coisa fácil para um homem de quarenta e poucos anos, casado e com filhos pequenos. Ele até poderia ir para casa jantar, mas logo estaria de volta aos e-mails para fechar uma negociação. Ele vinha trabalhando ou pensando no Groupon o dia todo, todos os dias. Era extenuante. Por este motivo, o dia em que ele conversou com Mason sobre sua saída foi o pior e o melhor que já tivera na empresa.

"É a coisa mais estressante do mundo ser obrigado a fazer esta coisa funcionar", afirmou Solomon. "Ter tempo para regressar à minha vida na Califórnia com meus filhos e minha esposa — esta é uma boa coisa."

Se, em 2008, alguém tivesse lhe falado que o Groupon seria a segunda empresa da história a atingir mais rapidamente a avaliação de um bilhão de dólares; que ela levaria apenas três anos para entrar em mercados que representavam 90% do PIB mundial; que, durante os 14 meses de sua gestão, o número de funcionários aumentaria de duzentos para nove mil, "eu teria dito que seria impossível", admitiu Solomon.

"Se, quando fui entrevistado por Eric, Andrew tivesse me dito: 'Junte-se a nós e chegaremos a 46 países. Vamos contratar algumas centenas de pessoas por mês. Começaremos com US$ 10 milhões por mês de receita bruta de vendas e acabaremos com mais de US$ 300 milhões', eu diria: 'Ah, não, eu não vou conseguir. Você vai precisar encontrar algum outro trouxa'. Eu estaria mentindo se tivesse lhe afirmado que conseguiríamos chegar lá. Mas, no fim, acabamos condicionando o nosso cérebro e o nosso corpo a ter uma perspectiva muito mais ampla do que jamais consideramos ser possível. E, então, simplesmente conseguimos."

Quando, em sua primeira reunião com a equipe, Solomon estabeleceu a meta de aumentar a base de associados do Groupon de 3 milhões para 25 milhões, as pessoas balançaram a cabeça, sinalizando descrença. Ainda assim, a empresa atingiu tal meta dentro de nove meses. Em 2011, o número de associados em todo o mundo estava se aproximando de 125 milhões de pessoas.

"Quando analisamos estas empresas recém-criadas, o que se observa é que, de modo geral, são necessários alguns anos para fazê-las crescer até o ponto em que estejam preparadas para a abertura de capital", disse ele. "Fizemos em um ano o que, geralmente, exige de três a cinco anos, ou, ainda, até sete anos para ser alcançado nas melhores empresas mundiais de internet, como o Google, o Yahoo!, o eBay ou a Amazon."

Depois de um ano de hipercrescimento, porém, tornou-se imperioso um maior aperfeiçoamento, e Solomon não era a pessoa indicada para implementar um sistema que ele descreveu como "rígido, rigoroso, voltado para processos e para medições. Ocupando a posição de número um, sou um pouco mais ágil, intuitivo e motivador", disse ele. Solomon ficaria por perto até meados do ano, com o intuito de treinar o novo diretor de operações, e sempre estaria disponível para prestar consultoria a Mason conforme fosse necessário, mas já era hora de se retirar.

Solomon havia sido uma das primeiras pessoas de fora do Groupon a ser contratada em função de sua experiência. Mas, naquele momento, um veterano da Amazon, Jeff Holden, estava cuidando do setor de produtos da empresa. Outra contratação da Amazon, Jason Child, assumira o cargo de diretor financeiro. Brian Totty, que construiu a plataforma de busca da Inktomi, estava gerenciando a equipe de tecnologia, como vice-presidente sênior de engenharia. Solomon havia ajudado a pavimentar o caminho para esta equipe de profissionais, mas o trabalho estava ficando cada vez menos divertido.

"É um trabalho árduo", disse Solomon. "O que fizemos foi muito difícil. Mas quando penso sobre os próximos anos, acho que será mais difícil ainda."

Ele estava indo embora com mais de quatro milhões de participações nas ações do Groupon. As memórias, no entanto, não tinham preço. Solomon se recordava, em particular, de uma reunião da diretoria da qual havia participado em fevereiro, logo após o Groupon recusar a oferta do Google e garantir a sua rodada de investimentos de US$ 1 bilhão de dólares. Olhando em torno da mesa e constatando a qualidade dos diretores reunidos, ele saboreou aquele momento:

"Eric é um autêntico desbravador", disse Solomon a respeito de Lefkofsky. "E ele será uma das nossas maiores estrelas a longo prazo. E Ted Leonsis também estava lá. Ele é uma espécie de magnata médio (é o dono do Washington Capitals e do Wizards), mas é um magnata. E havia Marc Andreessen, o rei dos nerds, sentado em uma das extremidades da mesa. Marc inventou o browser, e, provavelmente, se tornará o mais famoso investidor de capital de risco de todos os tempos — ou um deles.

"Do outro lado da mesa estavam John Doerr e Mary Meeker. Doerr é o cara do Google, o cara da Amazon e o patrono de todos os investimentos de capital de risco. E Meeker é a analista que se embrenhou em toda esta história maluca da internet. Eles são observadores do conselho. E, ainda, Howard Schultz, o mais novo membro da diretoria, o sujeito que, em grande estilo, trouxe o café latte para a América.

"Eu sou este garoto que conseguiu seu primeiro emprego na área de tecnologia testando videógames e atendendo ligações na Electronic Arts. Eu ganhava 24 mil dólares por ano. Não sou um tecnólogo — sou um afortunado. Alcancei algum sucesso, mas o atribuo muito mais à sorte do que ao talento. Para mim, estar reunido naquela sala com aquela equipe era surreal".

Outro notável investidor, Reid Hoffman, cofundador do LinkedIn, não havia comparecido naquele dia, mas o diretor Kevin Efrusy estava lá, e Solomon tinha uma história para contar a seu respeito. "Foi ele quem prospectou o Facebook para a Accel", afirmou. "Ele vai acabar se tornando muito conhecido por ter descoberto o Facebook e investido no Groupon."

Sim, tratava-se de uma seleção impressionante, mas, em algumas ocasiões, Lefkofsky se mostrava reticente com a equipe do Vale do Silício. Quando Meeker estava se associando à Kleiner Perkins, ela ligou para o Groupon e disse: "Quero entrar neste negócio; será que o John Doerr pode conversar com o Andrew e o Eric?"

A reação inicial de Lefkofsky foi recusar a oferta. Sua resposta foi praticamente a mesma quando Hoffman procurou colocar a empresa em contato com a firma de investimentos de capital de risco Greylock Partners. Em situações como estas, Lefkofsky diria: "Já temos gente demais no sindicato."

Solomon não conseguia acreditar que uma empresa nascente de tecnologia preferisse se isentar do investimento e da consultoria de Doerr, Meeker e Hoffman. "Mas, depois, Eric parou para refletir e chegou à conclusão de que queria aqueles caras", afirmou Solomon. "Pelo fato de Eric gostar de controlar o processo, sua reação automática é desconfiar do Vale do Silício e fazer as coisas à sua própria maneira." Porém, Lefkofsky rapidamente se rendeu à ideia de montar um time de investimentos estelar, e Solomon ficou satisfeito por poder lhe apresentar alguns nomes.

VINTE E QUATRO

Se o Google ficou aborrecido com o Groupon porque ele recusou a oferta de compra de US$ 5,75 bilhões feita em dezembro de 2010, o gigante de tecnologia deve ter considerado o cúmulo quando, em 21 de abril de 2011, o Groupon anunciou a contratação de Margo Georgiadis como sua nova diretora de operações.

No mesmo dia em que o Groupon foi até o escritório do gigante de buscas Google em Chicago e arrancou sua vice-presidente de operações de vendas globais, o Google Offers, anunciado desde 21 de janeiro, foi finalmente lançado na cidade de Nova York, na área da baía de São Francisco e em Portland, Oregon, para competir com o Groupon. Mas o Google logo se vingaria por ter sido ofuscado.

Quando Andrew Mason começou a procurar o substituto de Rob Solomon, ele sabia que precisava encontrar alguém que conseguisse impor um controle mais rigoroso sobre as operações do Groupon, levando-se em conta que elas haviam crescido desenfreadamente sob a supervisão de Solomon. Se Solomon era um diretor-executivo nato — excelente no desenvolvimento de estratégias, no estabelecimento de metas ambiciosas, na motivação da equipe e no acionamento de sua forte rede de contatos de diretores, parceiros e consultores do Vale do Silício —, a empresa precisava, naquele instante, de um diretor de operações voltado para detalhes, que conseguisse renovar profundamente o processo de vendas, reduzir as enormes despesas de marketing do Groupon e ajudar a colocar a empresa na direção da lucratividade, a tempo de obter um espetacular desempenho no IPO.

Mason acreditou ter encontrado em Georgiadis a pessoa da qual necessitava. Aos 47 anos e dona de um MBA em Harvard, Margo acumulava uma vasta experiência na firma de consultoria de alta gestão McKinsey & Company, uma máquina de reduzir despesas e enxugar processos. Mas Georgiadis também administrara o amplo setor de publicidade do Google, assim como as suas operações comerciais e locais. E, embora o Google fosse a própria definição de uma empresa madura de internet, Mason tinha esperança de que a cultura focada na inovação e com condições mais favoráveis aos funcionários tivesse contagiado Georgiadis. Além disso, ela havia ajudado a defender a oferta de compra do Google recebida pelo Groupon no ano anterior. Parecia uma combinação perfeita.

Natural de Kenilworth, em Illinois, uma comunidade exclusiva localizada em North Shore, na periferia de Chicago (classificada pela *Forbes*, em 2011, como o segundo bairro mais rico dos Estados Unidos), e graduada na vizinha New Trier High School (a superpotência acadêmica que aparece em vários filmes de John Hughes), Georgiadis impressionou Mason por seu brilhante intelecto e sua incrível serenidade. Quando ela foi contratada, porém, uma piada no mais puro espírito do Groupon circulou pelo escritório, perguntando por que a empresa havia contratado um Rob Solomon de saias. De fato, o penteado de Georgiadis era bem parecido com a cabeleira castanha de Solomon, que chegava quase à altura de seus ombros.

No entanto, esta era a única coisa que os dois diretores de operações tinham em comum. Para Solomon, era um erro contratar alguém com tão pouca experiência em empresas nascentes, e ele temia que Georgiadis fizesse mudanças radicais a toque de caixa, colocando em risco, eventualmente, a cultura independente que ajudara o Groupon a se tornar um sucesso da noite para o dia.

No dia 22 de março, Solomon bateu o ponto pela última vez como presidente e diretor de operações, embora tenha permanecido próximo até a metade do verão, a fim de ajudar na transição. Em maio, Mason convocou uma reunião geral em uma igreja, situada na mesma rua da sede do Groupon. Ali, Georgiadis foi apresentada aos funcionários, e a eles se dirigiu brevemente.

Não houve brindes com tequila desta vez, mas enquanto Mason fazia os últimos elogios a Solomon — "Esta é a última reunião geral da qual Rob participa; queremos agradecê-lo" —, a menina dos olhos do polo aquático de Berkeley pulou no palco, abraçou o diretor-executivo e tomou seu microfone.

Solomon, então, compartilhou sua última lição de sabedoria com a equipe: "Não coloquem tudo a perder."

6 DE MAIO, 2011

Em meio à última reviravolta, o Groupon recebeu a visita de Neil Young. Enquanto Mason e o músico trocavam algumas ideias sobre negócios em uma das envidraçadas salas de reuniões, todos encontraram uma desculpa para cumprimentar seus colegas nas mesas vizinhas. Young foi levado até lá por um dos vendedores do Groupon, que também era seu amigo.

Naquela época, pairava um boato de que o mascote do Groupon, um emblemático gato, seria retirado do site. Mas, graças a Young, o robusto felino de pelo castanho, exibindo uma grossa corrente de ouro, conseguiu o que parece ser uma prorrogação definitiva. O redator Daniel Kibblesmith, que desfrutava de alguma celebridade desde que Mossler o escalara para participar de um episódio do *Millionaire Matchmaker* tuitou, à época: "Neil Young em pessoa deu um pulo aqui para nos contar que era fã do gato do Groupon."

No mês seguinte, o gato, agora firmemente entronizado na empresa como "a voz oficial da razão, apaziguador das controvérsias morais e diretor de recursos humanos", postou "O Guia do Groupon para o 'Período de Silêncio'" no blog da empresa. "O 'período de silêncio' é o período imediatamente anterior à 'abertura de capital' de uma empresa, durante o qual ela está legalmente proibida de fazer qualquer pronunciamento à imprensa que possa sugerir que o empreendimento é 'bom', 'bem-sucedido' ou que 'ainda não está com tudo'", escreveu o "mansíssimo" felino. "Durante este período sensível, é dever dos meios de comunicação obrigar a imatura empresa a passar por uma série de cruéis rituais de iniciação, destinados a dessensibilizá-la em face à opinião pública. Este conturbado caso de amor contribui para que a empresa, ainda ingenuamente otimista, desenvolva sua couraça, comprometa sua alma e evolua, enfim, para uma verdadeira corporação."

A SEC achou melhor não convocar o gato do Groupon para um interrogatório.

VINTE E CINCO

Com as vendas de ofertas diárias — chamadas, internamente, de ofertas G1 — estagnadas no início daquele ano nos Estados Unidos, Andrew Mason começou a investir pesado na próxima grande novidade da empresa, o Groupon Now!. Seria a tentativa de lançar um Groupon móvel, dando aos consumidores um aplicativo através do qual pudessem encontrar, de forma instantânea, ofertas de restaurantes e de entretenimento nas proximidades, sempre que estivessem em trânsito pela cidade. Assim como o site original do Groupon havia obtido sucesso a partir das falhas do código criado para reiniciar o The Point, o Now! foi construído, em parte, sobre a plataforma abandonada do Groupon 2.0.

A mudança de estratégia foi recebida como uma surpresa desagradável por Darren Schwartz. No dia 4 de abril, o diretor de vendas do Groupon nos Estados Unidos estava em São Francisco, em uma reunião com um comerciante insatisfeito, quando Mason lhe ligou para dizer que a diretoria havia concordado em acelerar a implementação do Groupon Now!, e que, a partir daquele momento, a equipe de vendas passaria a vender, além das operações diárias G1, as novas ofertas instantâneas. Ao retornar a Chicago, Schwartz se reuniu com Georgiadis, que acabara de assumir seu posto. Ele lhe disse que estava angustiado com a mudança em questão, pois ainda havia metas muito altas de vendas a atingir no plano das ofertas diárias. Mas o curso da ação já estava traçado. Não apenas uma parte da atual força de vendas seria inteiramente transferida para a comercialização de ofertas do Now!, como também os representantes remanescentes de G1 teriam que, paralelamente, vender ofertas instantâneas.

Mason e Schwartz convocaram uma reunião com a equipe de vendas. "Parecíamos o Mussolini na sacada", recorda-se Schwartz.

"É nisso que vamos investir agora", informaram eles aos representantes. "Mãos à obra. É sério."

Como resultado parcial da força-tarefa montada para o lançamento do Groupon Now!, previsto para 20 de maio, as vendas G1 continuaram a decrescer. Schwartz gostaria de ter contado com um maior investimento de marketing, de modo a fazer com que os consumidores desenvolvessem o hábito de verificar as ofertas instantâneas do Now! sempre que estivessem se deslocando de um lugar para outro. "É o desempenho abaixo do esperado *versus* esta grande ideia que Andrew e Eric tiveram na primavera", disse ele, alguns meses mais tarde. "Não se trata do mesmo tipo de implementação usada no G1." Ainda assim, ele acreditava que o conceito poderia se provar bastante potente, assim que os consumidores o absorvessem como parte de sua rotina.

"Uma parte de mim também acha que o Groupon talvez estivesse buscando o impossível, e que a atividade principal sempre será a atividade principal", disse Schwartz. "Só temos que ajustar o G1 e torná-lo ainda mais especial. Na primeira versão, visualizava-se uma oferta e, depois, uma oferta paralela, e, agora, seja lá qual for a versão disponível, temos alguns tipos de ofertas segmentadas. Mas talvez isso se torne realmente atraente quando eu receber um e-mail e ele for direto ao ponto — quando me oferecerem o tipo de coisa que sabem que eu quero, quando eu estiver sendo informado que meus amigos estão comprando outras coisas e que se trata de um hábito social. Talvez o Now! confira um valor adicional e colabore em outros aspectos, mas as ofertas diárias sempre serão a atividade principal."

Além do entrave às vendas do G1 criado pela força-tarefa do Groupon Now!, Schwartz atribuía os números ruins de junho e julho a uma típica crise sazonal. O LivingSocial havia sofrido um golpe ainda maior, e, na verdade, como resultado, o Groupon conseguira até mesmo aumentar sua participação de mercado durante a desaceleração da economia. Sejam quais forem os fatores externos que possam ter contribuído para as quedas nas vendas G1, Georgiadis não estava gostando do que via, e Schwartz percebeu que fora transformado em alvo.

Enquanto isso, a diversificação de produtos continuava a ser a ordem do dia. Em 9 de maio, em parceria com a Live Nation Entertainment, lançou-se o Groupon Live, vendendo ingressos com descontos para concertos e outros eventos. O Groupon Getaways, propondo ofertas de viagens em associação com a Expedia e seus 135 mil parceiros mundiais de hotelaria, estreou em 12 de julho, contabilizando 15 mil ofertas vendidas em seus três primeiros dias. Esperava-se que o IPO acontecesse em breve, e era preciso empenhar todos os esforços para implementar, com o máximo de sucesso, a nova vertical de vendas, conforme indicava o e-mail enviado por Aaron Cooper, vice-presidente sênior de marketing, para a equipe norte-americana do Groupon, no dia do lançamento:

> Os gigantescos esforços dos departamentos de vendas, planejamento, produto, desenvolvimento, marketing, editorial, (...) incluindo fins de semana, dias e noites inteiros trancados em uma sala de operações de guerra, (...) tudo isso rendeu frutos esta manhã, com o lançamento público do Groupon Getaways, em parceria com a Expedia.
>
> Da nossa parte, os prazos estavam se esgotando, mas em torno das 4h, Suneel [Gupta, primeiro vice-presidente de produtos do Groupon] colocou o Thompson Twins no último volume ("Hold me Now"), resgatou o álbum Mojo, ficou de prontidão e deu por terminado o trabalho.
>
> Para os amantes de viagens: o Groupon Getaways propicia experiências *premium* de viagens, escolhidas a dedo — e, a partir de hoje, estarão no ar ofertas verdadeiramente incríveis para grandes destinos e experiências.
>
> Para os amantes de receita: rapidamente, o Getaways estará pronto para se tornar nossa "divisão" de maior crescimento.

Em suas três primeiras semanas, o Getaways gerou cerca de US$ 9 milhões em receita, e Lefkofsky chegou à conclusão de que este poderia ser um negócio de um bilhão de dólares por ano para o Groupon. Bendita receita!

Brad Keywell e Sean Smyth haviam ajudado a selar as bases das parcerias do Groupon com a Expedia e do Live com a Ticketmaster Live Nation em uma viagem a Manhattan, no início do ano, quando se reuniram com Barry Diller, presidente da Expedia e da Ticketmaster.

A dupla acabou passando cerca de uma hora com o magnata. Smyth considerou Diller agradavelmente excêntrico. "Na sala de reuniões, há vários lápis sobre sua mesa, lápis enormes muito bem apontados. Imagino que se não estiverem apontados, ou se estiverem quebrados, ele grita com as pessoas", disse Smyth.

Segundo o relato de Smyth, Diller lhes disse: "Escutem. Não vou competir com vocês; vocês já ganharam."

Em média, metade dos ingressos para concertos ficava encalhada, e ele achou que o Groupon poderia ajudar a Live Nation a gerenciar o seu estoque, ocupando assentos com descontos de última hora, conforme fosse necessário. Depois de vinte minutos sobre este tópico, a conversa fluiu para a formação de uma parceria de viagens com a Expedia.

"Foi aí que eu entendi, de verdade, que começar simplesmente do topo é muito mais rápido do que tentar ir de baixo para cima", disse Smyth. Neste caso, isto era triplamente verdadeiro, pois Guy Oseary havia apresentado a empresa à Live Nation, enquanto Solomon conhecia a equipe da Expedia desde a época em que trabalhara na Kayak.

Logo depois do lançamento do Getaways, mais um novo nicho de ofertas estava destinado a ser importado do Groupon do Reino Unido. Em 21 de setembro, o Groupon enviou um e-mail de teste para três milhões de associados nos Estados Unidos, ou cerca de 20% da base de associados, com o assunto "Grandes Ofertas em Óculos de Sol Ray-Ban, Sistema Arcade Golden Tee e muito mais".

O furtivo lançamento nacional do Groupon Goods, divisão da empresa responsável por vendas diretas de produtos, foi espetacular. As ofertas incluíam óculos de sol Ray-Ban Aviator por US$ 77; um jogo de talheres de vinte peças; uma edição para usuários domésticos do videogame *Golden Tee*; relógios da moda e colchões de viscoelástico por US$ 499. Os produtos se esgotaram em menos de seis horas, alcançando um faturamento bruto de US$ 1 milhão, sugerindo que o Groupon Goods poderia gerar US$ 20 milhões por dia em movimentação financeira no mercado norte-americano. Lidar diretamente com os revendedores significava reduzir as margens de lucro, mas, em larga escala, o volume de negócios pareceria substancial.

"Vai ser um estouro", profetizou Chris Muhr, administrador do Groupon no Reino Unido, em visita recente a Chicago.

Em seguida, em 27 de outubro, a empresa fez um lançamento de teste do Groupon Reserve na cidade de Nova York, através do reserve.groupon.com. Os consumidores precisavam receber um e-mail convidando-os a se associar ao novo "serviço diferenciado premium", que traria ofertas customizadas para restaurantes de alta categoria e afins. Já não era mais o Groupon de cor verde; estas ofertas seriam apresentadas em páginas de moldura preta, com fontes sofisticadas e textos que fugiam ao humor absurdo do Groupon.

"Como associado do Reserve, você receberá, de tempos em tempos, ofertas exclusivas para experiências *premium*", dizia o comentário inicial de Mason. A primeira oferta do Reserve foi uma refeição completa para duas pessoas, incluindo três pratos distintos, por um preço fixo de US$ 70, na filial de Manhattan do sofisticado restaurante italiano da rede Bice. Assim como em muitas iniciativas da empresa, o Reserve também teve como precursor o bem-humorado Groupöupon, uma brincadeira lançada no dia da mentira de 2010, considerado "um mercado premium, exclusivo e somente para convidados, destinado a aumentar o seu status" e propor ofertas como uma obra de recorte e colagem por US$ 250 mil, "feita com autênticas notas de dólar norte-americano" (no início de 2012, o Reserve se transformou no Groupon VIP, que, ao custo de US$ 30 anuais, confere aos assinantes acesso preferencial a ofertas e outras regalias).

Talvez inspirado no exemplo da Montgomery Ward, que criou a mitológica Rudolph, a Rena do Nariz Vermelho, como uma ferramenta de vendas para o Natal, o Groupon também deu início às suas festas de fim de ano apostando em tradições ingênuas e em um bichinho como mascote. O Grouponicus, como era conhecido o "ancestral recesso de inverno do Groupon", costumava ter início logo depois do Dia de Ação de Graças, quando as pessoas que compravam apenas nesta época do ano corriam para a internet. O Grupo The Bargain Bird, uma criatura azul felpuda, com braços, pernas e uma serpente verde fazendo as vezes de cauda, começou a promover o Grouponicus em 22 de novembro de 2010, mas a oficialização e a subsequente loja virtual só passariam a existir, com força total, no fim de 2011. Ao reunir no mesmo local ofertas especiais de seus novos canais estratégicos — o Groupon Goods e o Groupon Getaways — e presentes G1 superiores à média, a empresa gerou uma receita de mais de meio bilhão de dólares no quarto trimestre. Se o Groupon conseguisse se transformar no melhor destino de compras on-line durante a importantíssima temporada de férias, as recompensas seriam fenomenais. Lembremos que a Amazon só começou a decolar quando passou a oferecer entregas gratuitas durante este período. Talvez o Grouponicus tenha sido, até o momento, a mais ingênua das iniciativas do Groupon, mas ele foi de extrema importância no que se refere aos resultados finais.

Considerando-se este ritmo, não teria sido um choque se 2011 tivesse terminado com o Groupon implementando uma rede nacional de lojas de US$ 0,99. Mas esta abordagem multifocal não poderia prejudicar as ofertas diárias, a principal atividade da empresa?

2 DE JUNHO, 2011

Ao mesmo tempo em que lançava uma profusão de novos canais de vendas — outro caso de espelhamento na estratégia de expansão da Amazon de dominar todo o terreno —, o Groupon decidiu que estava pronto para a abertura de capital. Andrew Mason estava na cidade de Nova York no grande dia, mas Rob Solomon ainda se encontrava em Chicago, pois faltavam alguns dias para o fim de seu período de transição.

Ele estava terminando o seu prato de lulas no terraço de um café fustigado pelo vento, a algumas quadras da sede do Groupon, no exato momento em que o arquivamento do pedido de registro do IPO foi anunciado. Ele aproveitou a oportunidade para fazer uma clara advertência a respeito de sua sucessora na diretoria de operações.

Georgiadis, que havia trabalhado como diretora de marketing na antiquíssima Discover Card antes de se mudar para o Google, e posteriormente para o Groupon, era "uma profissional de megaempresas, não de empresas nascentes", disse Solomon. "Será interessante observar as mudanças no ambiente de trabalho."

Ao que parece, ele não acreditava que o Groupon estivesse mudando para melhor. No tocante à reestruturação da função de vendas e de outras operações centrais, "o grande ponto de interrogação é saber se isso será feito de forma gradual ou de uma só vez", disse ele, espremendo um pouco de limão sobre os anéis fritos. "Em um empreendimento desta natureza, é preciso ser cauteloso, pois a forma como as coisas funcionam é um pouco mágica. Há a questão da cultura. Eles precisam encontrar a solução correta. Eu não sou a pessoa certa para montar esta estrutura. Mas, provavelmente, Margo será a pessoa certa daqui a dois anos. Ela terá que executar esta reestruturação não do modo como foi treinada a fazer, mas de forma mais gradual, que seja compatível com o Groupon. Andrew a forçará a fazer assim. E Eric zelará por isso. Ele controla tudo o que acontece e o que não acontece. E, se ela falhar, não ficará muito tempo por aqui."

Solomon mergulhou um monte de tentáculos crocantes em um pratinho com molho picante, jogou a lula na boca e sorriu. O Groupon, agora, não era mais um problema seu. Mas ele gostaria de acompanhar os resultados. Esperaria pacientemente.

Enquanto isso, no momento em que o formulário S-1 da empresa era submetido à SEC, Andrew Mason entregava uma carta descontraída e pouco ortodoxa aos investidores potenciais:

> No momento em que esta mensagem é escrita, os mais de 7 mil funcionários do Groupon já enviaram mais de mil ofertas diárias para 83 milhões de associados em 43 países, e já venderam, até esta data, mais de 70 milhões de Groupons. Chegar a esta escala em aproximadamente 30 meses exigiu uma grande dose de flexibilidade operacional, implementada desde a época da fundação do Groupon.
>
> Antes do Groupon, existiu o The Point — um site de internet lançado em novembro de 2007, quando meu antigo empregador e um dos cofundadores do Groupon, Eric Lefkofsky, me pediu que abandonasse o curso superior para que pudéssemos criar um negócio juntos. O The Point é uma plataforma de ação social que permite a qualquer um organizar uma campanha, solicitando contribuições em dinheiro ou em ações coletivas, mas apenas depois que um "patamar mínimo" de pessoas concorde em participar.
>
> Eu lancei o The Point para outorgar poderes aos mais fracos e resolver todos os problemas sem solução do mundo. Um ano depois, criei o Groupon para que Eric parasse de me incomodar, exigindo que eu encontrasse um modelo de negócios. O Groupon, que começou como um projeto paralelo em novembro de 2008, aplicou a tecnologia do The Point às compras coletivas. Em janeiro de 2009, sua popularidade disparava, e nossa atenção já havia sido completamente desviada para o Groupon

Estou escrevendo esta carta para fornecer algumas informações básicas sobre como administramos o Groupon. Ao mesmo tempo em que desejamos nos tornar uma empresa de capital aberto, pretendemos continuar operando segundo os princípios da perspectiva de longo alcance, que nos fizeram chegar até aqui. Isso inclui:

Investimos agressivamente em crescimento. Gastamos muito dinheiro na captação de novos associados porque conseguimos medir o retorno e acreditamos no valor a longo prazo do mercado que estamos criando. No passado, fizemos investimentos em crescimento que transformaram a previsão de um sólido lucro trimestral em um prejuízo considerável. Quando divisamos oportunidades de investir no crescimento a longo prazo, podem estar certos de que vamos buscá-las, independentemente de certas consequências a curto prazo.

Sempre estamos nos reinventando. No início, em cada mercado em que atuava, o Groupon apresentava apenas uma oferta por dia. O modelo foi construído em torno de nossas limitações: possuíamos uma minúscula comunidade de consumidores e comerciantes. Conforme fomos crescendo, passamos a enfrentar o problema oposto. A avassaladora demanda de comerciantes, com listas de espera de até nove meses em alguns mercados, frustrava as transações comerciais e contribuía para o aparecimento de centenas de clones do Groupon ao redor do mundo. E nossa base de consumidores cresceu tanto que muitos de nossos comerciantes passaram a ter um problema inteiramente novo: lidar com o excesso de consumidores, e não com a falta deles.

Para nos adaptar, aumentamos nosso investimento em tecnologia e lançamos a segmentação de ofertas, o que nos possibilitou apresentar diferentes ofertas para diferentes associados no mesmo mercado, com base em suas preferências pessoais. Além de fornecer uma experiência do consumidor mais relevante, isso ajudou a administrar o fluxo de consumidores e abriu o mercado do Groupon para mais comerciantes, o que, por sua vez, ajudava a combater uma das razões para a existência de clones.

Hoje, estamos buscando modelos de reinvenção que não seriam possíveis sem o volume de consumidores e comerciantes que alcançamos. O Groupon Now!, por exemplo, permite aos consumidores selecionar ofertas sob demanda para resgate imediato, e ajuda a movimentar o comércio o dia inteiro.

Estejam certos de que faremos apostas ambiciosas em nosso próprio futuro, apostas que poderão nos desviar um pouco de nosso negócio atual.

Algumas se provarão corretas e outras não, mas acreditamos que esta é a única maneira de construir, continuamente, produtos inovadores.

Não somos usuais, e gostamos de ser assim. Desejamos que as pessoas considerem memorável o tempo despendido com o Groupon. A vida é curta demais para que sejamos uma empresa chata. Seja em uma oferta para algo incomum, como aulas de dança pirotécnica, ou em uma campanha de marketing, como a Grouspawn, pretendemos criar experiências que façam com que hoje seja bem diferente de ontem, dando aos nossos consumidores um motivo para sair da cama. Embora concentrado no que é mensurável, nosso processo de tomada de decisão também leva em conta a intuição, quando ela nos diz que algo agradará nossos consumidores e comerciantes, mesmo que isso não possa ser quantificado em um curto horizonte de tempo.

Nossos consumidores e comerciantes são tudo com o que nos importamos. Quando abandonamos nossa missão original de salvar o mundo e passamos a vender cupons, prometemos transformar o Groupon em um serviço que as pessoas adorariam usar, simplesmente para que pudéssemos conviver bem conosco mesmos. Determinamos-nos a derrubar os estigmas criados pelos serviços tradicionais de oferecimento de descontos, acreditando que nada seria tão crucial para o nosso sucesso a longo prazo do que a satisfação de consumidores e comerciantes. Colocamos nosso número de telefone impresso nos Groupons e montamos uma imensa operação de atendimento ao consumidor, parcialmente provida com membros da improvisada comunidade de Chicago. Desenvolvemos um processo sofisticado e multietapas para selecionar ofertas dos mais gabaritados comerciantes, com conteúdo editorial rigorosamente verificado. Construímos uma dedicada equipe de serviços comerciais, que trabalha em sintonia com nossos parceiros comerciantes, de modo a garantir a satisfação. E temos uma política de troca e devolução completamente generosa, que oferece restituição aos consumidores, caso algum dia eles se sintam decepcionados com o Groupon. Fazemos isso para agradar nossos consumidores e comerciantes, entendendo que o sucesso de mercado seria um efeito colateral.

Acreditamos que quando empresas outrora pujantes entram em declínio, elas não perdem para seus concorrentes, elas perdem para si mesmas — e isso acontece quando param de focar na felicidade das pessoas. Assim sendo, não pretendemos ser reativos em relação aos concorrentes. Acompanharemos seus movimentos, mas não vamos nos distrair com decisões que não tenham sido planejadas, primariamente, para satisfazer nossos consumidores e comerciantes.

Não fazemos nossas medições da maneira convencional. Há três métricas financeiras principais que monitoramos atentamente. Em primeiro lugar, monitoramos o lucro bruto, que acreditamos ser o melhor indicador do valor que estamos criando. Segundo, medimos o fluxo de caixa livre — não há métrica melhor para a estabilidade financeira a longo prazo. Finalmente, usamos uma terceira métrica para medir nosso desempenho financeiro — o Lucro Operacional de Segmento Consolidado Ajustado, ou CSOI Ajustado. Esta métrica é o nosso lucro operacional de segmento consolidado antes dos custos de captação de novos associados e de certas despesas não-monetárias; pensamos nele como nossa lucratividade operacional antes das despesas de marketing incorridas para o crescimento a longo prazo.

Se estiverem considerando a possibilidade de investir, espero que seja porque, assim como eu, vocês acreditam que o Groupon está mais bem preparado para remodelar o comércio local do que qualquer outra empresa da história. A velocidade de nosso crescimento reflete a enorme oportunidade que temos à nossa frente para construir um mercado local mais eficiente. Assim como aconteceria com todas as empresas em um ramo de negócios que tem apenas 30 meses de existência, a trajetória para o sucesso terá idas e vindas, momentos de brilhantismo e outros momentos de pura estupidez. Sabendo que, por vezes, este será um percurso acidentado, agradecemos por considerarem se associar a nós.

Andrew Mason

VINTE E SEIS

À medida que analistas e jornalistas se aprofundavam no exame da carta de Mason e do restante do prospecto do Groupon, eles iam levantando mais bandeiras vermelhas do que uma celebração soviética do Dia Internacional do Trabalho. A título de exemplo, o formulário do arquivamento revelava, pela primeira vez, que a empresa comprometera 86% de suas duas últimas rodadas de investimentos com pagamentos destinados a Eric Lefkofsky, Brad Keywell, Andrew Mason e a outros detentores de informações privilegiadas, em valores que alcançavam a ordem de, digamos, um bilhão de dólares.

Muitos comentaristas compartilharam da opinião de Rob Solomon, de que o montante dos pagamentos privilegiados era inapropriado para uma empresa com um modelo de negócios ainda não comprovado. E, ao separar apenas US$ 151 milhões para aquisições, capital de giro e despesas gerais, o Groupon se colocava vulnerável a uma crise de liquidez, caso os concorrentes com maior aporte financeiro reduzissem rapidamente as margens de lucro relativas às suas ofertas, ou outros obstáculos operacionais aparecessem.

E, além de tudo, havia o fato de o Groupon nunca ter apresentado lucratividade anual, apesar de afirmações prévias em contrário, feitas publicamente por Mason, Marc Samwer e outros executivos. De acordo com a empresa, o Groupon havia gerado lucro em alguns trimestres de 2009 e 2010, o que fazia com que tais declarações estivessem tecnicamente corretas quando foram feitas. Mas havia um outro motivo pelo qual a liderança chegara a indicadores contábeis demasiado satisfatórios: o Groupon estava utilizando uma métrica financeira não padronizada, chamada "lucro operacional de segmento consolidado ajustado", que fazia com que seus resultados finais parecessem muito mais sólidos do que seriam se tivessem sido aplicadas as métricas padronizadas.

O ACSOI — pronunciado, na sigla em inglês, como se alguém estivesse rejeitando uma comida chinesa extremamente salgada ("Ack, soy!", ou "Argh, soja!") — excluía as despesas de marketing do Groupon referentes à captação de associados, sob a teoria de que, assim que começasse a operar em larga escala, a empresa conseguiria reduzir drasticamente tais despesas. Mas os críticos duvidavam que os custos de captação de novos consumidores seriam, algum dia, considerados insignificantes, e viam com suspeição a criação de uma métrica como esta, que fugia aos princípios contábeis geralmente aceitos, conhecidos, na sigla em inglês, como GAAP. Ainda que as despesas totais do ACSOI estivessem claramente visíveis no formulário S-1 da SEC, removê-las da equação inicial significava, para alguns analistas, que a empresa estava tentando ludibriar investidores pouco astuciosos, que talvez não conseguissem ver além daqueles valores enganosamente otimistas.

Por falar nele, o S-1 apresentava a receita total do Groupon de outra forma pouco convencional, utilizando valores da receita bruta de vendas que incluíam o dinheiro que simplesmente passava pelas mãos da empresa antes de ser encaminhado aos seus clientes comerciantes. Em outras palavras, se o Groupon dividia metade da renda de uma oferta de dez dólares com um comerciante, ainda assim, ele tinha por hábito computar todos os dez dólares como receita total, mesmo que cinco dólares tivessem que ser repassados diretamente ao cliente. Mais uma vez, os valores líquidos também haviam sido incluídos no formulário do Groupon, mas os boletins de notícias sugeriam que os valores de receita total da empresa eram bons demais para ser verdade.

Se a questão da receita bruta de vendas parece confusa, pense em um exemplo da infância: quando o seu tio favorito lhe dava duas notas de cinco dólares e lhe dizia para entregar uma das notas à sua irmã, qual seria o tamanho do seu problema se você dissesse aos seus pais que tinha recebido apenas uma nota de dez? Mesmo que você estivesse planejando entregar à sua irmã a outra nota de cinco dólares depois do jantar, ficaria parecendo que você estava tentando levar vantagem, não é?

No fim, tais aspectos do formulário S-1 do Groupon também não agradaram a SEC, e os reguladores prometeram deixar em suspenso o IPO do Groupon, até que a empresa se posicionasse sobre todas essas preocupações regulatórias.

"Observamos que vocês adotam uma medida financeira não GAAP, o Lucro Operacional de Segmento Consolidado Ajustado, que exclui, entre outros itens, as despesas de marketing on-line", disse a SEC ao Groupon, em sua resposta ao formulário S-1, datada de 29 de junho. "Parece que tais despesas de marketing on-line são despesas operacionais normais e recorrentes da empresa. Remover este item de seus resultados operacionais cria uma medida não GAAP, que é potencialmente enganosa para os leitores. Por favor, procedam à revisão de suas medidas não GAAP em conformidade com tais princípios."

Os reguladores perguntaram, então, por que o Groupon registrava sua receita bruta de vendas como receita total, uma vez que "o Groupon é um meio de o consumidor comprar, a preços reduzidos, um produto ou serviço oferecido por um comerciante", e, portanto, nem todos os dólares arrecadados ficavam com o Groupon.

A SEC também apontou a mira para os pagamentos privilegiados, e escreveu: "Vocês revelam (...) terem obtido recursos líquidos de US$ 1,1 bilhão, por meio da venda de ações ordinárias e preferenciais, e que usaram US$ 941,7 milhões destes recursos para recomprar participações de suas ações ordinárias e preferenciais, usando o resto para financiamento de aquisições, capital de giro e propósitos corporativos gerais. Por favor, expliquem por que usaram a maior parte dos recursos desta venda de participações acionárias para a recompra de ações, em vez de investir em sua agressiva estratégia de crescimento."

Em linguagem igualmente irônica, a SEC acrescentou: "Por favor, contrabalancem o debate em torno da crença do Sr. Mason, de que 'o Groupon está mais bem preparado para remodelar o comércio local do que qualquer outra empresa da história', levando-se em consideração o prejuízo líquido e o panorama competitivo da empresa. Forneçam argumentos para sustentar a crença do Sr. Mason. Revelem, também, em que medida a crença do Sr. Mason poderá não se traduzir em retorno sobre o investimento para compradores potenciais na oferta de ações."

Tradução: vocês devem estar brincando.

Como se os advogados do Groupon já não tivessem problemas de sobra ao atravessar este campo minado para obter a aprovação do IPO, Lefkofsky e Mason deram declarações tão imponderadas durante o período de silêncio exigido pela SEC que a empresa foi obrigada a retificar seu formulário S-1 uma segunda vez, de modo a reverter a situação.

Lefkofsky deu o pontapé inicial com Cory Johnson, um enérgico repórter da agência de notícias Bloomberg News. Johnson ligou para o celular de Lefkofsky enquanto ele dirigia pela Kennedy Expressway em direção à sua casa, na periferia norte de Chicago, no dia seguinte ao arquivamento do pedido de registro do IPO, quando o relógio do período de silêncio, concebido para permitir que apenas o prospecto da empresa se encarregasse de persuadir os investidores, já havia começado a funcionar.

O jornalista — que, momentos depois, deixaria clara a sua opinião sobre a empresa, tuitando: "A massagem feita pelo Groupon nos números deixa qualquer bife de Kobe duro." — disse a Lefkofsky que a Bloomberg pretendia publicar, em breve, uma matéria sobre o início de suas supostamente controversas atividades comerciais, envolvendo as empresas Starbelly.com, Echo Global Logistics e InnerWorkings. Lefkofsky, que costuma ser irascível até no melhor dos seus dias, ficou furioso.

"Eles estavam querendo publicar um artigo", disse ele. "O repórter falaria sobre as ações judiciais nas quais eu estive envolvido dez anos atrás. Portanto, minha atitude foi: 'Para começo de conversa, o que você está pretendendo ao desencavar histórias tão antigas e coisas que estão totalmente desconectadas do Groupon?' Mas, àquela altura, eu já havia concedido várias entrevistas à Bloomberg, e, então, por alguma razão, me senti compelido a conversar com ele."

As ações judiciais em questão estavam relacionadas a uma firma administrada por Lefkofsky e Keywell, que foi à falência com o colapso das ponto.com, mas somente depois de eles terem vendido a empresa. Esta sequência de acontecimentos deu ensejo a algumas das mais duras críticas ao gigantesco pagamento feito a Lefkofsky, realizado no período pré-IPO do Groupon. Fizeram-lhe tantas perguntas sobre este assunto que ele resolveu abordá-lo em seu blog pessoal, Lefkofsky.com, em uma postagem intitulada "Primeiros Anos". O texto começa com um relato sobre uma empresa de carpetes que Lefkofsky fundou durante seu primeiro ano na Universidade de Michigan. Logo depois ele escreve:

> Meu segundo empreendimento foi a Mascot Sportswear, uma empresa que fazia camisetas com logotipos de universidades. Focávamos em mascotes

institucionais, e desenvolvemos um programa de camisetas com estampas circulares, ao custo de US$ 4.00, para as lojas JC Penney do meio-oeste. A empresa cresceu, e eu a vendi logo depois que entrei para o curso de Direito da Universidade de Michigan. Depois de formado, me associei ao meu amigo Brad Keywell e comprei uma empresa sediada em Wisconsin, chamada Brandon Apparel Group, que fabricava roupas infantis licenciadas. Compramos a empresa quando ela estava alcançando cerca de US$ 2 milhões em vendas anuais e aumentamos este valor para, aproximadamente, US$ 20 milhões. Junto com o crescimento de nossas vendas, vieram várias dívidas, que, no fim, acabariam soterrando a empresa, vítima das mudanças de tendências na moda, no fim dos anos 1990.

Em meio à luta para tentar salvar uma empresa moribunda, Brad e eu decidimos mudar inteiramente de ramo de negócios, e pegamos carona na onda da internet, que estava se alastrando naquela época. Em março de 1999, fundamos uma empresa chamada Starbelly.com, que usava a internet como ferramenta para eliminar os intermediários do mercado de produtos promocionais. Em maio de 1999, levantamos US$ 1,5 milhões; em julho conseguimos outros US$ 8 milhões; e, em dezembro daquele ano, vendemos a empresa por US$ 240 milhões em ações, imediatamente antes do estouro da bolha da internet. Infelizmente, a empresa que adquiriu a Starbelly, a HALO, era, em si mesma, uma iniciativa fracassada, e as ações que eles nos ofereceram passaram a valer cada vez menos. Depois de um ano como diretor de operações da HALO, eu me afastei, e, alguns meses depois, criei a minha segunda empresa de tecnologia, a InnerWorkings, que procurava tornar a indústria de impressão mais eficiente, por meio da identificação de capacidade ociosa. Ao contrário da Starbelly, a InnerWorkings era uma empresa com receitas e lucros consideráveis, e, por fim, ela promoveu a abertura de capital, em 2006 Mais ou menos na mesma época, Brad, que vinha trabalhando para Sam Zell se associou a mim para fundar uma empresa chamada Echo, que utilizava a tecnologia para introduzir inovações na área de transportes, encontrando o caminhão certo, indo na direção certa, na hora certa. A Echo cresceu em um ritmo ainda mais acentuado do que a InnerWorkings, e também abriu seu capital alguns anos depois. Em junho de 2006, Brad e eu criamos a MediaBank, um negócio de Software Como Serviço [SAAS, na sigla em inglês], usando a tecnologia para fornecer conteúdo de mídia em tempo real. A MediaBank também cresceu rapidamente e, hoje, aproximadamente US$ 50 bilhões em publicidade são transmitidos através de seus sistemas.

É um relato isento de remorsos, de alguém que não se sente responsável pelo colapso das empresas ponto.com, e que não vai perder uma noite de sono sequer pelo fato de ele e Keywell terem demonstrado um perfeito senso de oportunidade ao vender a Starbelly por uma vultosa quantia, imediatamente antes de os piores operadores abandonarem o mercado de tecnologia. Mais tarde, no entanto, um acionista da HALO os processou, em uma ação encerrada em 2004, que reproduzia um e-mail enviado por Lefkofsky, no qual ele fazia referências à empresa: "(...) Vamos começar a nos divertir, (...) vamos começar a vibrar, (...) vamos anunciar tudo o que pudermos, (...) vamos ser LOUCAMENTE positivos em nossas projeções, (...) vamos levar esta coisa ao seu limite máximo, (...) se formos derrubados no meio do caminho — quem se importa? (...) A HORA DE SER RADICAL É AGORA. (...) NÃO TEMOS NADA A PERDER (...)".

O e-mail, contendo uma alta dose de animação, dotava de sutilezas os incrédulos perfis publicados a respeito de Lefkofsky, incluindo um que aparecera na *Fortune*, em junho de 2011, sob a manchete "O Instável Passado do Presidente do Groupon".

Lefkofsky sabia que a matéria da Bloomberg estava se enveredando pelo mesmo caminho, mas, pelo que entendera, a conversa de cinco minutos com Johnson transcorrera em caráter confidencial: "O jornalista me disse: 'Gostaria de fazer uma entrevista com você'. E eu respondi: 'Só quero ser entrevistado depois de ler o artigo'. Achei que tinha ficado claro para ele que a conversa era extraoficial, e ele, aparentemente, decidiu que não seria bem assim."

Embora o Groupon tenha solicitado o cancelamento da matéria, ela acabou sendo publicada em 6 de junho, com a seguinte citação atribuída a Lefkofsky: "Vou permanecer no ramo da tecnologia por um longo tempo. Vou criar uma série de empresas. Não são empresas-fantasma. São grandes negócios. A InnerWorkings é lucrativa. A Echo é lucrativa. O Groupon será incrivelmente lucrativo."

Além de considerar que o jornalista falhou por não ter guardado o caráter de extraoficialidade da conversa, Lefkofsky acredita que suas afirmações foram deturpadas. "O comentário que creio ter feito foi: 'Que empresa abriria o seu capital se não acreditasse que iria se tornar incrivelmente lucrativa?'", disse ele. Depois de uma pausa, acrescentou: "Acho que foi isso o que eu disse. Quer dizer, é difícil de lembrar, porque eu estava dirigindo, mas não me lembro de ter dito que 'o Groupon será incrivelmente lucrativo.'"

A entrevista não foi gravada, de modo que é impossível saber exatamente o que foi dito, mas a Bloomberg e o repórter sustentaram a história. Independentemente de qual tenha sido a formulação exata da declaração de Lefkofsky, ou se a conversa foi confidencial, posteriormente ele considerou esta troca de informações "um grande erro da minha parte, até mesmo por ter aceitado conversar com ele, em primeiro lugar". A reportagem ajudou a alimentar um nefasto período de publicidade negativa, que duraria até o outono.

Mason estava no exterior quando a matéria veio à tona. "Não me lembro de ter sido tão significativa assim", disse ele. "Houve muita repercussão em torno do assunto, mas, internamente, acho que foram dias normais, do tipo: 'Que saco, não deveríamos ter dito isso.'" Portanto, se uma lição dolorosa foi aprendida pelo Groupon em 2011, ela se resumia em relativizar os comentários desfavoráveis da imprensa e persistir, já que o negócio continuava a se expandir.

"Naquele momento, foi apenas uma coisa a mais no circo do IPO", afirmou Mason.

Com a mesma rapidez com que foi esquecida dentro do Groupon, a declaração de Lefkofsky certamente chamou a atenção da SEC. Na carta de 29 de junho enviada pela agência ao Groupon, os reguladores citaram a matéria da Bloomberg e disseram: "Por favor, forneçam sua análise de como esta declaração é compatível com as informações prestadas em seu prospecto sobre as condições financeiras da empresa e suas perspectivas."

Em 14 de julho, o Groupon reapresentou o seu prospecto à SEC, abordando a infame citação: "A mencionada declaração não reflete exata ou integralmente as opiniões do Sr. Lefkofsky e não deve ser considerada por investidores potenciais, seja isoladamente ou no contexto geral." Em uma carta enviada naquele mesmo dia à agência, os advogados do Groupon acrescentaram: "O Sr. Lefkofsky repudia a mencionada declaração como sendo a expressão exata e integral de suas opiniões, e sua boa-fé no sentido de evitar qualquer publicidade relacionada à empresa está evidenciada pela solicitação da empresa para que a Bloomberg não publicasse a referida declaração."

O Groupon, no entanto, propôs apenas um recuo parcial na questão do ACSOI, comunicando à SEC que a empresa o considerava uma importante ferramenta interna de monitoramento. A empresa sugeriu que a métrica fosse mantida no formulário S-1, dispondo-se, porém, a modificar o prospecto, para "alertar os investidores sobre o fato de que o CSOI Ajustado é uma medida interna de desempenho, e que não deve ser considerada como uma métrica de avaliação".

Basicamente, a resposta dos reguladores para esta proposta foi: por que vocês, simplesmente, não retiram por completo o ACSOI do informe de rendimentos? Assumindo a derrota, os advogados do Groupon sabiamente consentiram.

Da mesma forma, a empresa também rebateu a questão do faturamento bruto, argumentando que, uma vez que o Compromisso do Groupon a obrigava a restituir aos consumidores insatisfeitos o preço integral de compra de cada oferta, inclusive quando os comerciantes já haviam recebido a sua parte, o montante total deveria ser classificado como receita. A empresa havia recebido de sua firma de contabilidade, a Ernst & Young, uma orientação neste sentido. Os advogados do Groupon também sinalizaram que a menção ao "lucro bruto", mais abaixo no prospecto, "reflete o faturamento bruto menos o custo dos cupons (isto é, os pagamentos aos comerciantes), e que, portanto, era, essencialmente, a mesma coisa que um valor de receita 'líquida'".

Quando os impassíveis reguladores aconselharam que o Groupon simplesmente parasse de classificar os pagamentos aos comerciantes como receita, a empresa consentiu novamente. Esta, porém, foi uma mudança particularmente dolorosa. Em uma carta enviada à SEC em 16 de setembro, os advogados da empresa reconheceram que a mudança deveria vir sob a forma de um novo informe de rendimentos. Como resultado, as receitas do Groupon no ano de 2010 caíram, oficialmente, mais do que a metade, passando de US$ 745,3 milhões para US$ 312,9 milhões. E o pior: os números relativos aos primeiros nove meses de 2011 caíram de US$ 2,8 bilhões para US$ 1,1 bilhão. Evidentemente, o faturamento bruto continuou plenamente disponível no formulário S-1 do Groupon, mas esta mudança decisiva logo na primeira linha — que, segundo Mason, corrigia um erro "equivalente a colocar o garfo no lado errado do prato" — gerou uma nova rodada de manchetes apavorantes e uma enorme dor de cabeça para uma equipe de liderança ávida por realizar o IPO.

Finalmente, o Groupon abordou a cruciante questão dos pagamentos privilegiados, informando à SEC que "a decisão de usar tais recursos líquidos para recomprar ações foi tomada pela gerência e pela diretoria, com base na avaliação de que o fluxo de caixa projetado pela empresa para as operações futuras seria suficiente para sustentar a estratégia de crescimento da empresa".

Tradução: quem precisa de um fundo para dias chuvosos quando não há nada além de um céu de brigadeiro à sua frente?

"Este massacre nos surpreendeu", afirmou Mason, depois de o Groupon ter feito todas as alterações no formulário S-1, incluindo a republicação da receita. "Ninguém previu que o ACSOI seria um problema. Observando o caso agora, posso entender perfeitamente por que as pessoas ficariam desconfiadas.

"O público alimenta uma saudável suspeita quanto a empresas que forjam métricas, simplesmente porque existe uma história de correlação entre forjar métricas e empresas escusas", continuou ele. "Portanto, analisando tudo isso, é como se eu dissesse: 'Certo, eu entendo.' Foi apenas a minha ingenuidade. Fico surpreso que outras pessoas, como nossos banqueiros de investimentos, não tenham dito: 'Ei, de modo geral, forjar métricas não dá muito certo.'"

Mason era um homem de princípios. Ele sempre assumia a responsabilidade pelos passos em falso do Groupon. Contudo, quando se tratava de tropeços que provocavam fortes reações negativas, ele parecia sugerir que havia sido vítima de má orientação. A agência de publicidade deveria ter impedido aquela campanha do Super Bowl. Aqueles banqueiros deveriam ter avisado o Groupon a não inserir uma métrica forjada no prospecto do IPO. Foram os contadores que aconselharam a classificar os repasses aos comerciantes como receita total.

Tudo isso era verdade, até onde fosse possível. O problema é que não era muito possível. Em cada um destes casos, um líder experiente teria questionado vigorosamente os conselhos que Mason aceitava com tanta prontidão, inclusive nas vezes em que os executivos seniores o exortavam a rejeitá-los. Diretores-executivos calejados sabem que é sempre o seu pescoço — e a reputação de suas empresas — que está em jogo. Depois de algumas vezes sendo enganados por consultores inaptos, seus detectores de bobagens se aprimoram. Somente porque Mason não previu nenhum destes acontecimentos, não significa, absolutamente, que eles não fossem previsíveis. Um dos macetes para desfrutar de um longo mandato como diretor-executivo é separar os bons conselhos dos maus, e Mason ainda não dominava isso.

VINTE E SETE

Menos de seis semanas depois de Lefkofsky ter sido repreendido pela SEC, Mason atraiu para si e para o Groupon uma série de problemas quando, em 25 de agosto, enviou um extenso e-mail para toda a equipe, refutando as críticas negativas que vinham recaindo sobre a empresa. O memorando vazou imediatamente para Kara Swisher, do *Wall Street Journal*, que conseguia dar muito mais furos jornalísticos do que seus colegas quando se tratava do Groupon. Henry Blodget, do *Business Insider*, expressou com precisão o que muitos profissionais da imprensa estavam pensando: "Groupon testa uma maneira nova e dissimulada de burlar as regras do 'período de silêncio' da SEC — Será que a SEC vai perceber?"

Curiosamente, a matéria que Mason citava no início de sua correspondência não fora assinada por nenhum dos suspeitos de costume da imprensa de tecnologia; ela havia sido escrita por Nicholas Jackson, editor-associado do *The Atlantic*:

Querido Groupon,
Neste fim de semana, fiz uma pesquisa no Google News sobre a nossa empresa — a primeira que faço depois de algum tempo. A primeira matéria que apareceu se chamava "O Colapso do Groupon: o Site de Ofertas Diárias está Perdendo Liquidez?". Eu ri quando li esta manchete (loucamente, no carro, sozinho). Em primeiro lugar — com este artigo, o grau com que nos achincalham na imprensa passou, finalmente, do limite do "irritante" para o "hilário". Segundo, eu fiquei paralisado com a ironia — na última quarta-feira, saí de

uma reunião de diretoria dizendo isto para mim mesmo: que nunca estive tão confiante e empolgado quanto ao futuro da nossa empresa.

Tenho consciência de que este parece o tipo de coisa que diretores-executivos dizem quando estão tentando estimular as pessoas. Antes de mais nada — jamais me preocupei em estimular as pessoas. Se vocês não acreditam em mim, perguntem à minha noiva, Jenny "por que você nunca fala alguma coisa legal a meu respeito" Gillespie. Querem outro exemplo? Olhem para as capas de revista no nosso saguão, que estão ali para que vocês possam lamentar quando se recordarem da efemeridade do sucesso.

Vou passar o resto deste e-mail explicando por que estou tão empolgado. É preciso certa munição para contra-argumentar com os "amigos" que ficam lendo blogs (argumentem silenciosamente em suas mentes, isto é — por enquanto, vocês não estão autorizados a se pronunciar sobre isso), e recebi informações de que contestar com "o que você já fez na sua vida de tão interessante quanto isso?" não está funcionando tão bem para vocês quanto tem funcionado para mim.

Mesmo tendo nos mantido calados e permitido que acusações insanas (como as do artigo acima) ficassem publicamente sem resposta, é importante, para mim, que vocês percebam o contexto necessário para poderem ignorar este tipo de coisa.

Vou resumir os motivos de minha empolgação em quatro pontos: 1) O sólido crescimento de nossa atividade principal; 2) Nossos investimentos no futuro — negócios como o Getaways e o Now! — demonstram ter ótimas perspectivas; 3) Estamos nos distanciando dos concorrentes; e 4) Conseguimos montar uma grande equipe, que eu colocaria para enfrentar qualquer outra. Ou seja, não é tudo que alguém gostaria de ter para causar uma boa impressão? E é uma boa impressão.

Muitas das incógnitas a longo prazo inerentes ao nosso negócio estão sendo decifradas, e nós apreciamos as respostas que estamos tendo. Agora, descerei a um nível de detalhamento financeiro que provocará uma úlcera estomacal no [diretor financeiro] Jason Child.

1. CRESCIMENTO DA ATIVIDADE PRINCIPAL

Graças a um esforço hercúleo de nossa equipe de vendas, o mês de agosto nos Estados Unidos está tendendo a ser decisivo. Parece que as receitas registrarão um aumento de 12% em relação ao mês anterior (o que é muito), ao mesmo tempo em que conseguimos reduzir nossas despesas de marketing em 20%, no mesmo período.

Para além da óbvia boa notícia, esses números são importantes porque respondem uma das principais críticas negativas que nos tem sido feita nos últimos meses, relacionada a uma métrica que incluímos no formulário S-1, chamada ACSOI (lucro operacional de segmento consolidado ajustado), para ajudar as pessoas a entender como concebemos a questão das despesas de marketing. A razão pela qual todos parecem detestar o ACSOI é que ele nos faz parecer magicamente lucrativos, ao subtrair de nossas despesas totais uma parte dos custos de marketing relativos à captação de consumidores. A razão pela qual não percebemos que todos iriam detestar o ACSOI (não, não é a mesma razão pela qual não percebemos que todos iriam detestar nosso anúncio no Super Bowl) é acreditarmos que, de fato, ele cumpre muito bem a sua função de retratar as nossas despesas de marketing em um estado estacionário — o que simplesmente não percebemos é que haveria tantos céticos por aí. Penso que vale a pena reforçar isso mais uma vez — preparem-se.

Nossas projeções internas evidenciam dois tipos diferentes de marketing: o que chamarei de "marketing normal" — que NÃO está excluído do ACSOI — e o "marketing para captação de consumidores", que está excluído. A forma como o Groupon investe em marketing é única, por três razões:

1   Atualmente, estamos gastando mais do que qualquer outra empresa jamais gastou em marketing — no segundo trimestre, gastamos quase 20% de nossa receita líquida em marketing, enquanto uma empresa típica gasta menos de 5%. Por que gastamos tanto? A resposta simples é "porque funciona". Mas esta é apenas uma parte daquilo que torna a nossa situação especial.

2. Nosso marketing — pelo menos o marketing relativo à captação de consumidores, que removemos do ACSOI — está concebido para adicionar pessoas ao nosso exclusivo canal de marketing de longo prazo — a nossa lista de e-mails diários. Uma vez conseguindo o e-mail de um consumidor, podemos comercializar diretamente com ele, sem nenhum custo adicional. Compare-se isso com a Johnson & Johnson, o McDonald's, ou com a maioria das outras empresas. Se eu for a Johnson e estiver tentando lhes vender uma caixa de bandeides, terei que continuar gastando dinheiro em comerciais, anúncios em revistas e coisas deste tipo para lembrá-los o quanto é agradável

usar bandeide, mesmo depois de vocês terem comprado a primeira caixa. No Groupon, só gastamos dinheiro uma única vez para que o consumidor se integre à nossa lista de e-mails, e, a partir daí, dia após dia, lhe enviamos um lembrete do quanto o nosso bandeide metafórico é agradável. Não há nenhum custo de recaptação — isso é algo incomum (e nós criamos o ACSOI para ressaltar este aspecto). Se a Johnson quisesse seguir a estratégia do Groupon, ela teria que lançar um jornal diário gratuito sobre curativos e, então, publicar anúncios de bandeide nele, todos os dias.

3. Por fim, reduziremos o marketing com a mesma rapidez com que o fizemos crescer, abatendo a parcela relativa à captação de consumidores de nossas despesas de marketing (a parcela que removemos do ACSOI), até chegar a níveis nominais. Estamos gastando muito agora porque estamos captando o maior número possível de associados, o mais rápido possível. Não estamos prestando atenção ao orçamento de marketing (apenas ao retorno sobre o investimento em marketing) da maneira que uma empresa normal faria, porque sabemos que, mesmo que quiséssemos continuar gastando nestes níveis, no fim, não haveria novos consumidores para captar. Portanto, nosso custo de captação de consumidores vem caindo vertiginosamente, refletindo o fato de que, em última instância, não sobrará nenhuma pessoa que possa ser adicionada à nossa lista de e-mails. Internamente, consideramos isso como uma despesa pontual bastante elevada, e, assim, nosso trabalho, daqui em diante, será converter continuamente estes associados em consumidores, e nos certificar de que nossos clientes estão comprando conosco. Indo além, os dólares em marketing normal que gastamos não são algo que removeríamos de nosso cálculo interno do ACSOI.

Fiz tudo o que pude para explicar isso em termos simples, mas tenho plena consciência de que, se vocês de fato entenderam isso, provavelmente tiveram que ler três vezes. Não é uma coisa fácil. É muito mais cômodo assumir que somos impostores. Portanto, as pessoas devem ser perdoadas por sua desconfiança. Aliás, eu me sinto um pouco mal em pensar o quanto os críticos vão ficar desalentados quando perceberem que, no fim das contas, não somos um esquema Ponzi — são ímpetos saudáveis, que os jornalistas devem ter, mas espero que a nossa retidão não afete os seus espíritos.

De qualquer forma, há uma razão pela qual eu resolvi insistir no ACSOI. Uma das perguntas que os incrédulos fazem é: "Quando vocês reduzirem as despesas de marketing, as receitas também não vão parar de crescer? Vocês não estão, simplesmente, simulando o crescimento?" Faz muitos meses que estamos reduzindo consistentemente nossas despesas de marketing e, mesmo assim, as receitas continuam crescendo em um ritmo significativo. No primeiro trimestre deste ano, o marketing respondeu por 32,3% de nossas receitas líquidas. No fim do segundo trimestre, ele havia caído para 19,4%. E continuou a cair nos últimos meses, porque temos investido em nosso exclusivo canal de marketing a longo prazo — a nossa lista de e-mails.

Em nível internacional, percebemos as mesmas tendências — o marketing está caindo, mas as receitas estão aumentando. Todos os países estão perdendo menos ou arrecadando mais. Mesmo em mercados mais jovens, como o da Coreia, onde ainda estamos fazendo investimentos maciços, temos observado um crescimento sem precedentes. Começamos a montar nossa equipe coreana no último mês de janeiro, apesar da presença de dois concorrentes diante dos quais estávamos em desvantagem, e que eram mais poderosos do que qualquer outro que já havíamos conseguido derrotar anteriormente. Graças ao brilhante desempenho da equipe coreana, estamos preparados para nos tornar os líderes de mercado dentro de alguns meses. Nunca crescemos de forma tão rápida em um país quanto crescemos na Coreia!

E quanto ao nosso consórcio com o Tencent, na China? Vocês leram o artigo que dizia que o diretor-executivo do Gaopeng sequestrou os filhos mais velhos de todos os nossos funcionários e os está obrigando a trabalhar na construção de um raio laser que será usado para dividir a lua em duas partes? Parece que isso também não é verdade. A China é, definitivamente, um mercado diferente, mas, a cada mês, nós nos aproximamos mais da lucratividade. Da mesma forma que nossa estratégia de lançamento em outros países — incluindo a Alemanha, a França e o Reino Unido —, nossa estratégia de crescimento na China também foi contratar funcionários a toque de caixa e afastar os competidores menos capacitados. Até o momento, esta estratégia tem melhorado a nossa posição competitiva na China; já passamos do número 3.000 para o número 8. Será que algum dia conseguiremos atingir o status dominante do qual desfrutamos na maioria dos outros países? (Vamos lá, Suíça!). É muito cedo para dizer, mas não tenho dúvida de que estamos construindo um negócio que continuará atuando no mercado a longo prazo.

2. NOVAS LINHAS DE NEGÓCIOS ESTÃO FLORESCENDO

Viagens e produtos são gigantescas oportunidades. Depois de apenas alguns meses, eles já constituem 20% da receita em alguns países. Vendemos o equivalente a US$ 2 milhões de colchões no Reino Unido — em um dia! O Groupon Getaways arrecadará US$ 10 milhões em seu primeiro mês civil — talvez vocês considerem isso inacreditável, mas, na verdade, estamos um tanto desapontados com estes resultados, porque sabemos que, em pouco tempo, alcançaremos um desempenho muito melhor do que este.

Mesmo restando um enorme trabalho à sua frente, o Groupon Now! continua a apresentar, semanalmente, um crescimento de dois dígitos. O modelo funciona, e eu acredito que ele terá um papel importante no futuro de nossos negócios globais, à medida que mais comerciantes e mais consumidores entrarem no mercado.

3. ESTAMOS NOS DISTANCIANDO DA CONCORRÊNCIA

Se existe uma pergunta que me tem sido feita por aqueles que desacreditam do Groupon, mais do que qualquer outra, é esta: "Como você pretende se esquivar da concorrência — especialmente das grandes empresas, como o Google e o Facebook?" Eu poderia dar uma dúzia de razões para apostar no Groupon, mas é impossível prever o futuro ou antecipar as ações dos outros. Bem, agora os gigantes adormecidos já acordaram — e os números estão mostrando que aquilo que se provou verdadeiro para, literalmente, milhares de outros concorrentes é igualmente verdadeiro para os mandatários da internet: é meio difícil construir um Groupon. E, já que qualquer pessoa com conexão à internet é capaz de acompanhar o desempenho de nossos concorrentes, posso ser mais específico:

O Google Offers é pequeno e não está crescendo. Nos três mercados nos quais competimos, somos 450% maiores do que ele.

O Yelp é pequeno e não está crescendo. Nos 15 mercados nos quais competimos, nossas ofertas diárias são 500% maiores do que as dele.

Os negócios locais do LivingSocial nos Estados Unidos correspondem a cerca de 1/3 do nosso tamanho em termos de receita (são menores ainda em termos de lucro bruto), e, em comparação conosco, encolheram nos últimos meses. Isso, em parte, parece que os tem conduzindo a táticas míopes para simular receita, como adquirir certificados de presentes de varejistas nacionais a preço real, e, então, pagar do próprio bolso para dar a aparência de uma oferta com 50% de desconto. Nossa equipe de marketing testou esta tática o suficiente para saber que, de modo geral, trata-se de uma má ideia, além de ser um método de captação de consumidores pouco lucrativo.

As vendas do Facebook são mais difíceis de acompanhar, mas, no momento, conseguem ser ainda mais insignificantes.

O que pretendo dizer não é que nossos concorrentes vão fracassar — alguns poderão, de fato, desenvolver negócios sustentáveis, ou, até mesmo, crescer —, pois, afinal de contas, o comércio local é um mercado enorme. A verdadeira questão é que o nosso tipo de negócio é muito mais difícil de construir do que as pessoas imaginam, e a nossa escala cria vantagens competitivas que têm causado problemas para que novos concorrentes consigam penetrar o mercado, ainda que eles sejam as maiores empresas de tecnologia existentes. E, com o lançamento do Now!, suspeito que nossos concorrentes passarão por momentos ainda mais difíceis, dada a existência de barreiras naturais inerentes à construção de um mercado de ofertas locais em tempo real.

4. NOSSA EQUIPE

Este é o mais tranquilo dos quatro pontos, mas, provavelmente, o mais importante — construímos uma equipe global de ambiciosos operadores com espírito empreendedor e experientes executivos, capaz de rivalizar com qualquer outra equipe que eu conheço. Quase todos os dias, me surpreendo, pensando silenciosamente: "Não acredito que esta pessoa vai trabalhar para mim — este erro de juízo talvez seja a sua única falha."

Dou destaque à equipe, porque se o negócio hoje está fortalecido e se, ao que parece, ainda experimentaremos o sucesso por mais algum tempo (a despeito de sua impermanência), seremos, inevitavelmente, desafiados por problemas não previstos — e, quando isso acontecer, a qualidade de nossa equipe será um fator decisivo para o nosso êxito final a longo prazo.

5. CONSIDERAÇÕES FINAIS

Escrevi este e-mail porque, ao ler algumas das matérias publicadas neste fim de semana, percebi que qualquer pessoa razoável que lesse estas coisas poderia concluir, erroneamente, que estamos passando por problemas. Espero que a ironia tenha ficado clara: nunca estivemos mais fortes do que agora.

E, ao mesmo tempo em que nos abstivemos de nos defender publicamente, vocês continuaram a constituir a nossa melhor defesa, com cada departamento lançando práticas inovadoras que têm contribuído para que a nossa empresa avance até um novo patamar. Obrigado por terem se mantido firmes, determinados e ágeis ao longo deste processo. Por ora, teremos que enfrentar paciente e silenciosamente um pouco mais de críticas públicas, já que nos preparamos para dar à luz este "bebê IPO" — um tipo de parto para o qual não existe nenhuma anestesia. Se há algo de bom nisso, é que estamos quase lá, e esta onda de negatividade nos coloca em uma posição privilegiada para que nosso "bebê IPO" exceda as expectativas. Aliás, nós já analisamos a ultrassonografia, e posso lhes jurar que o bebê não é nem um pouco feioso.

Fui o mais franco possível — espero que isso ajude a esclarecer um pouco as coisas. Me respondam com suas perguntas, caso alguma coisa ainda permaneça obscura. Em meio a tudo isso, espero que vocês se lembrem de qual é o nosso papel aqui — estamos fazendo história juntos. Imagino que não se possa começar a construir algo que se dispõe a reformular o ecossistema do comércio local e sair totalmente ileso. Estou muito orgulhoso do trabalho que estamos fazendo, e me sinto extraordinariamente afortunado por trabalhar com aquilo que acredito ser a melhor coisa que já aconteceu às pequenas empresas desde o aparecimento do telefone. Nós inventamos algo que está sendo um catalisador de milhões de dólares no comércio local, a cada dia, em 45 países, e que preenche as vidas de milhões de consumidores com experiências inesquecíveis — é uma coisa bastante impressionante.

Espero que consigamos superar tudo isso!

Andrew

P.S.: Quase me esqueci de abordar o absurdo mencionado no artigo acima, de que estamos perdendo liquidez. Se nós aplicarmos a mesma lógica utilizada no artigo, teríamos que ter concluído, há muito tempo, que empresas como a Amazon e a Wal-Mart também estavam perdendo liquidez. Em várias ocasiões, as contas a pagar de ambas já foram bem maiores do que sua liquidez. Os gênios das finanças chamam isso de déficit de capital de giro. É normal, administrável e muitos acreditam, inclusive, que se trata de uma coisa boa, mas eles fariam o impossível para receber de seus consumidores muito antes de serem obrigados a pagar aos seus fornecedores. Estamos gerando liquidez, e não perdendo — geramos US$ 25 milhões de caixa apenas no último trimestre, somados aos US$ 200 milhões que já havíamos gerado antes. Em outras palavras, estamos fazendo justamente o contrário de perder liquidez.

Mason rascunhou o memorando logo depois de esbarrar com uma funcionária em um bar local. Ela queria saber o que estava acontecendo com as finanças da empresa, porque seus pais haviam demonstrado preocupação. Ela se mostrou angustiada com sua estabilidade no emprego.

"E eu pensei: 'Caramba!'", disse o diretor-executivo. "Isso, simplesmente, estava afetando absurdamente o nosso pessoal, de uma forma que não era justa. Preciso ter a capacidade de me comunicar com os meus funcionários. O preço a ser pago por não me comunicar com eles será bem maior do que os riscos envolvidos na comunicação."

Ressaltando que seus e-mails gerais não são incomuns, Mason insistiu que nunca imaginou que o memorando fosse vazar. "Provavelmente, eu deveria ter considerado a possibilidade de ele chegar às mãos do público, mais do que considerei", disse ele. "Mas se eu quisesse que ele chegasse ao público, não o teria escrito daquela forma. Ele é meio estranho e maluco, em vários sentidos."

A SEC, certamente, não morreu de amores pelo e-mail. No fim de dezembro, quando os questionamentos da agência acerca do formulário S-1 do Groupon foram divulgados, ficou claro o quanto os reguladores haviam considerado grave o vazamento do memorando.

Em ligações para os consultores externos do Groupon, em 31 de agosto e em 6 de setembro, os membros da SEC expressaram seu descontentamento. "Forneçam uma análise de como o e-mail do Sr. Mason pode se constituir em uma violação do Código de Valores Mobiliários, de 1933", pediram os reguladores.

"A disseminação pública do e-mail do Sr. Mason foi um incidente isolado, alheio ao controle da empresa, e não pretendeu fugir às normas da Seção 5 do Código de Valores Mobiliários", responderam, parcialmente, os consultores do Groupon, dois dias depois. "A empresa acredita que o e-mail do Sr. Mason procurou contrabalançar, com a devida adequação, a necessidade de a empresa fornecer informações aos funcionários com as restrições de seu período de silêncio."

Isso não era suficiente, informou a SEC em sua ligação seguinte. Instados a fornecer uma análise mais aprofundada de por que Mason não havia infringido a lei de segurança nacional, os advogados do Groupon se mobilizaram o mais rápido que puderam. "O e-mail do Sr. Mason não constituiu uma publicação e tampouco um esforço publicitário", escreveram eles. "Tratava-se de uma comunicação confidencial que não estava destinada à divulgação pública, e que continha recomendações para evitar que se continuasse a discutir quaisquer aspectos relativos aos negócios da empresa. Além disso, o e-mail não fazia parte de nenhum 'esforço de vendas', (...) nenhuma parte da oferta pública de ações será direcionada aos funcionários, e o e-mail não discutia os termos da oferta em proposição."

O Groupon concordou em inserir informações adicionais no prospecto, a fim de alertar os potenciais investidores a não se basearem no e-mail do diretor-executivo quando fossem tomar sua decisão. As quase onze páginas de análise preparadas pelos advogados também argumentavam que não houve violação alguma, pois "o e-mail do Sr. Mason limitava-se a informações pontuais sobre os negócios (...) e não continha projeções ou outras informações sobre as perspectivas futuras da empresa".

Os consultores do Groupon evitaram fazer menção ao trecho no qual Mason afirmava que o IPO estava "em uma posição privilegiada para (...) exceder as expectativas". Certamente, todas as afirmações "nossos investimentos no futuro — negócios como o Getaways e o Now! — demonstram ter ótimas perspectivas"; "acredito que [o Groupon Now!] terá um papel importante no futuro de nossos negócios globais"; e "por fim, reduziremos o marketing com a mesma rapidez com que o fizemos crescer" tinham um quê de adivinhação. No entanto, já havendo externado com severidade o seu ponto de vista, a SEC resolveu deixar o assunto de lado.

Se os regulares realmente quisessem acossar Mason, eles, provavelmente, teriam entrevistado Swisher, a jornalista que obteve o memorando e o postou em seu site de notícias, o All Things D, pertencente ao *Wall Street Journal*. Mas, em 28 de dezembro, quando a correspondência pré-IPO entre a SEC e o Groupon foi divulgada, Swisher percebeu a polêmica que sua matéria havia causado e tuitou: "Uau! Estou participando de um congresso dos advogados da SEC e nem sequer sabia!".

Swisher me confirmou que não foi abordada pelos regulares sobre a questão do vazamento. "Nunca", disse ela. "Por outro lado, porém, nunca retorno as mensagens no meu telefone." Posteriormente, a jornalista acrescentou: "A questão deles era o Groupon, e não o meu talento para ter acesso a memorandos internos."

Embora o e-mail de Mason tenha exigido mais uma correção no prospecto do Groupon e gerado uma rodada adicional de agressivas manchetes, Lefkofsky insistiu que o diretor-executivo precisava tê-lo escrito, a fim de fortalecer o moral dos funcionários. Até mesmo a nova diretora operacional, Georgiadis, apoiou o seu gesto.

E seria engano pensar que Mason redigira a carta às pressas, no verso de um guardanapo de bar. Ele a elaborou ao longo de um dia inteiro, tendo recebido contribuições de Lefkofsky e do diretor financeiro Jason Child, assim como de sua equipe de relações públicas. Apesar da brincadeira sobre a úlcera que seria provocada em Child, o diretor financeiro aprovara as minúcias financeiras incluídas no memorando.

No fim das contas, Mason não se arrependeu de ter enviado o comunicado. "Precisamos preservar a nossa integridade em meio a tudo isso", afirmou ele. "Estaremos expostos a um certo grau de críticas neste momento, mas nossos negócios são suficientemente sólidos, e, quando conseguirmos superar tudo isso, ficaremos felizes por termos resistido a tais críticas."

Os advogados do Groupon se mostraram um pouco menos otimistas quanto à situação. "Diante de um extraordinário nível de especulação desestabilizadora e de comentários negativos nos meios de comunicação, incluindo reportagens que colocavam em dúvida a probidade da gestão e a habilidade da empresa para garantir a continuidade de suas operações, a empresa agiu de uma maneira que acreditou ser responsiva às necessidades de seus funcionários e condizente com as leis de segurança aplicáveis", disseram eles à SEC. Dito de outro modo, em face aos crescentes massacres da mídia, o Groupon estava finalmente começando a sucumbir, e era chegada a hora de revidar.

Outro acontecimento inesperado também sobreveio mais ou menos na mesma época: em 22 de agosto, Bradford Williams, vice-presidente de comunicações globais, que havia sido contratado da VeriSign, deixou o Groupon, apenas dois meses depois de ter sido admitido. Publicamente, Williams e o Groupon afirmaram que se tratara de uma decisão de comum acordo. "Decidimos mutuamente que a parceria não funcionou", declarou Williams.

Porém, misteriosamente, uma fonte, identificada apenas como "próxima, com determinado ponto de vista sobre a situação", informou ao *Business Insider* que Williams havia sido dispensado porque fizera objeções à estratégia de comunicação de Mason durante o período de silêncio.

"Andrew e (...) [Williams] não concordavam em muitos pontos — [eles tinham] opiniões diferentes sobre uma série de coisas", disse a misteriosa fonte. "Faça as contas, (...) [Williams] saiu da empresa na última quarta-feira. A primeira coisa (...) que [Mason] fez foi enviar aquele memorando, (...) que (...) [Williams] o havia aconselhado enfaticamente a não enviar."

Qualquer um que, de fato, fizesse as contas teria encontrado problemas na equação. Uma fonte próxima, com um ponto de vista diferente sobre a situação, informara anteriormente, ainda durante o exercício de Williams no cargo, que o profissional de relações públicas estava preocupado com o fato de Mason não gostar dele, e que ele continuava se esforçando para se adaptar. Além disso, sempre que se lê que "uma pessoa próxima à situação" fez comentários a respeito de um afastamento em um cargo de nível intermediário, grandes são as probabilidades de que a fonte anônima seja, na verdade, a "pessoa que foi colocada na rua". Neste caso, é improvável que alguém de dentro da empresa saísse em defesa de Williams dois meses depois. Simplesmente, não faz sentido.

Ao ser perguntando sobre o que aconteceu, Williams respondeu, por e-mail: "Só gostaria de comentar algo se eu fizesse parte desta história, mas, considerando-se que estive lá por cerca de 8 semanas, duvido desta possibilidade." Ele se recusou a fazer quaisquer outros comentários. Williams foi apenas um pequeno revés para o Groupon, mas as matérias que criticavam a empresa naquele outono consideraram o seu afastamento, invariavelmente, como uma evidência de um ambiente de trabalho conturbado, quando, provavelmente, ele resultara tão somente de uma rotineira inadaptação cultural.

Parecia haver muitas coisas deste tipo acontecendo no Groupon.

VINTE E OITO

"Gosto de fazer as coisas acontecerem", declarou Margo Georgiadis, em uma notinha no estilo "preste atenção nelas", do *Crain's Chicago Business*, que anunciava a sua nomeação, realizada em maio. Infelizmente, apesar de suas notáveis credenciais, ela logo se tornaria conhecida, dentro do Groupon, como um entrave ao processo.

Mas Georgiadis participou ativamente da rápida e abrangente reestruturação das operações do Groupon nos Estados Unidos. À medida que ela ia descrevendo as etapas adotadas pela empresa, ficava fácil perceber por que Mason se deixara impressionar na ocasião em que se conheceram.

Para ela, seu dever era preservar a essência do DNA do Groupon, mesmo durante a ampliação da estrutura que o sustentava. E, de fato, várias pessoas que interagiram regularmente com Georgiadis naquela primavera e naquele verão a consideraram uma presença madura e mais do que necessária. Em seu entender, a necessidade do Groupon de enxugar seus processos era algo típico de uma empresa que passara por um crescimento explosivo. Embora o Groupon estivesse esbanjando vitalidade quando ela chegou, era bastante comum que ele jogasse os problemas no colo dos colaboradores, em vez de se deter temporariamente na criação de operações escalonáveis que pudessem ajudar a empresa, em primeiro lugar, a promover a abertura de capital e, então, apresentar um consistente aumento de lucros.

Evidentemente, ainda se tratava do Groupon, e, portanto, a remodelação foi implementada com alguns ajustes. Quando chegou o momento, por exemplo, de se contratar um vice-presidente sênior de operações a quem a equipe de atendimento ao consumidor, de Joe Harrow, e o time editorial, de Aaron With, se reportariam, a empresa contratou Ho Young Pak, cujo currículo incluía a atuação como dublê de Donatello no filme *Tartarugas Ninja Mutantes Adolescentes 2: O Segredo do Ooze*.

Assim que Georgiadis chegou, ela começou a se inteirar de um sistema que, naquele momento, estava vendendo ofertas distribuídas em 580 categorias e subcategorias. "Havia muito o que aprender sobre as melhores negociações que poderiam ser fechadas em cada uma daquelas áreas", disse ela. "Os preços-base corretos, as estruturas corretas, como apresentá-los — e ser capaz de sistematizar tudo isso, para que pudéssemos repetir este padrão indefinidamente."

Valendo-se de informações provenientes do histórico de vendas, o Groupon começou a elaborar planos promocionais para maximizar a lucratividade das ofertas diárias. "É preciso ser claro: 'Neste mercado, às segundas-feiras, lançaremos uma oferta de saúde e beleza; às terças, de uma atividade; e, às quartas, apresentaremos a oferta de um restaurante'. Não basta, simplesmente, dizer: 'Fechem todas as negociações que tiverem vontade, e, depois, vamos entender como é que fica'", afirmou Georgiadis.

Em cada linha de produto, o Groupon pretendia focar mais no caráter de curadoria dos seus negócios — fazer com que as pessoas ficassem atentas a experiências interessantes e únicas, em vez de enfatizar apenas o aspecto do desconto. Isso poderia significar trabalhar com um restaurante de alta categoria, pedindo que ele criasse um menu a preço fixo, tal qual a experiência do Groupon com o Reserve. "Queremos fugir deste conceito de que se trata de um desconto, e focar de verdade nesta ideia da experiência que estamos proporcionando, e em como conjugamos isso", disse a diretora de operações. A abordagem poderia funcionar tão bem nas unidades de viagens e de venda de ingressos quanto na atividade principal do Groupon, de ofertas diárias.

No entanto, muitas pessoas da equipe de vendas se exasperaram com esta abordagem mais científica. De acordo com Georgiadis, tratava-se de uma reação compreensível, ainda que frustrante. "Pensando em nosso primeiro ano, contávamos com vendedores excelentes, jovens e entusiasmados, que foram, basicamente, os pioneiros em cada cidade. Bastava fechar uma série de ótimas ofertas e lançá-las. Cada uma das ofertas era nova e diferente; ninguém mais as oferecia. Portanto, eles se sentiam empreendedores independentes: 'eu construí meu próprio portfólio de negócios, eu desbravei esta cidade e eu lancei a empresa'. Eles faziam isso com muita frequência, repetidamente, em inúmeras cidades. A questão é que, tendo alcançado um patamar diferente em nossa evolução, não precisamos apenas de empreendedores independentes; o que existe, concretamente, é um consumidor com expectativas, e nós precisamos satisfazê-las."

Depois de comunicar à equipe de vendas quando e quais ofertas vender, o Groupon se esforçou para que o foco da equipe de produtos se ajustasse às necessidades operacionais da empresa. No fim de 2010, durante a fase negra do Groupon Stores, "a equipe de produtos começou a trabalhar, praticamente, em sua própria caserna", disse Georgiadis. "As pessoas pensavam: 'Bem, se eu propuser este novo produto para o Now!, ou se eu participar do Smart Deals ou de todas estas inovações, isso nos impulsionará até o próximo estágio'. Mas perdeu-se um pouco a noção de que somos tão vocacionados para as vendas quanto para a tecnologia. É preciso encontrar um equilíbrio, uma integração entre estas duas coisas." Trazer o veterano da Amazon, Jeff Holden, para gerenciar a equipe de desenvolvimento de produtos foi fundamental para este esforço, assim como contratar Rich Williams, também da Amazon, para comandar o marketing global. "Todos nós transitávamos em universos onde era possível obter o melhor resultado da união entre a tecnologia e os negócios", afirmou Georgiadis.

Este foi um momento de rearrumações quase constantes, conforme a empresa se empenhava em escalonar os seus processos. "Quando se cresce nesta velocidade, chega-se à conclusão de que o que funcionava dois meses atrás hoje já não funciona mais", declarou Steven Walker, chefe de design. "Isso acontece continuamente. Um dos aspectos mais importantes é, simplesmente, reconhecer quando uma coisa funciona e quando uma coisa não funciona, e não esperar muito para descartá-la."

Em meados de setembro, o Groupon já havia passado por uma reestruturação de tal ordem que cerca de 170 colaboradores do Groupon nos Estados Unidos, de um total de dois mil, já estavam "fazendo algo diferente do que faziam cinco meses atrás, de forma substancial", disse a diretora de operações, apelidando a transferência de recursos de áreas estagnadas para iniciativas cruciais de "a recomposição da organização em si mesma".

Com os novos papéis, apareceram novas estruturas hierárquicas, concebidas para dar fim ao impasse causado pela obrigação, que recaía sobre Mason, de supervisionar diretamente inúmeros gerentes. Elas serviriam, ainda, para diminuir as querelas interdepartamentais. "Quando cheguei aqui, os vendedores estavam brigando com os redatores, os redatores estavam brigando com o atendimento ao consumidor e os planejadores de cidades estavam brigando com todos eles", lembra-se Georgiadis. "Passava metade dos meus dias servindo de árbitra. E eu disse a mim mesma: 'Isto não tem nada a ver com a função de uma operadora. Sou apenas um ser humano. Todos nós precisamos jogar no mesmo time, sob as mesmas regras'. É muito mais divertido ganhar quando é o time que ganha, mas era difícil alimentar esta sensação de ganhar como um time, pois ninguém estava realmente focado nisso. O inimigo está do lado de fora, não dentro do prédio."

A qualidade da mão de obra também era um problema: alguns dos primeiros funcionários contratados já não se adequavam mais às suas funções, e, aos novatos, geralmente faltava o espírito empreendedor da equipe nuclear. Em uma noite naquele verão, Walker se encontrou com Mason. Agora que estava gerenciando uma equipe numerosa, Walker perguntou: "Como faço para que as pessoas se sintam como eu me sinto?" Quando o designer ainda trabalhava como funcionário temporário, ele costumava cumprir suas quarenta horas semanais, mas sob o juramento de nunca ir embora para casa antes de Mason.

"Como se faz para que as pessoas entrem aqui e sintam aquele tipo de propriedade, aquele mesmo sentimento que eu tenho por esta empresa, depois de estar aqui desde sempre e vê-la crescer do nada?", divagava Walker. Tratava-se de uma das perguntas mais difíceis para qualquer organização que tivesse acabado de entrar na adolescência. Encontrar a resposta certa seria essencial caso o Groupon estivesse destinado ao sucesso a longo prazo.

Racionalizar o quadro de colaboradores também era fundamental dentro do plano de reestruturação do Groupon. Em outubro, enquanto promovia encontros com investidores e analistas para explicar a sua estratégia durante o IPO, Andrew Mason figurou insistentemente nas manchetes dos meios de comunicação, que afirmavam que ele estava prestes a demitir cerca de 10% da força de vendas do Groupon. A verdade é que todas as mudanças nos processos haviam, enfim, preparado o Groupon para a possibilidade de demissão dos vendedores de baixo desempenho em uma base regular e irrestrita, e o diretor-executivo havia apenas estimado que a rotatividade anual poderia girar em torno de 10%. Em meados de setembro, quando perguntei a Georgiadis quantos integrantes da equipe de vendas não estariam aptos a fazer a transição, ela afirmou que ainda era muito cedo para dizer — ponto para uma experiente colaboradora corporativa.

Ela diria, porém, que "nos primeiros dois anos, nossa rotatividade alcançou cerca de 8%. Em um típico ambiente de teleatendimento, a rotatividade é superior a 50% entre os operadores que realizam ligações. Portanto, nem todos ficarão aqui para sempre, nem todos ganharão um gazilhão de dólares e nem todos serão pioneiros. E isso é duro"

Em seguida, a diretora de operações lançou sua primeira ressalva sobre o ambiente empresarial do Groupon: "Esta é a desvantagem de se ter uma cultura um pouco independente demais. A divisão internacional sempre foi bastante disciplinada em suas operações. Aqui, era 'faça o que quiser, faça o seu horário'. Não havia muitas avaliações de desempenho nem muitas métricas."

A reformulação da operação de vendas nos Estados Unidos foi, no mínimo, radical, se "comparada com a situação em que todos bebiam cerveja todas as noites e chegavam a hora que queriam no dia seguinte, sem nenhuma noção do que significa um padrão mínimo de cooperação — os excessos eram desta ordem", lamentou Georgiadis. Outros membros da equipe de liderança do Groupon discordavam veementemente desta forma de descrever a cultura do ambiente de trabalho.

"Para muitas destas pessoas, este é o seu primeiro emprego, e, portanto, elas não têm nenhum referencial", continuou a diretora de operações. "As pessoas de alto desempenho continuam apresentando alto desempenho. Elas estão se saindo melhor do que nunca, porque se sentem fortalecidas. 'Fui informado de que esta é a oferta a ser trabalhada, e a oportunidade é agora; eu posso fazer igual ou até melhor do que fiz anteriormente.'"

Funcionários que se queixavam da nova ordem de coisas estavam com Georgiadis atravessada na garganta. Do alto de suas experiências na McKinsey, no Discover Financial Services e no Google, ela declarou: "Tive o privilégio de sempre ter trabalhado para empresas de desempenho excepcionalmente elevado, que gerenciam bem os seus colaboradores. Portanto, eu realmente me importo com isso em nível pessoal. Mas estamos lidando com uma enorme mudança cultural de expectativas. Em algumas ocasiões, é preciso trabalhar até tarde; em outras, é preciso seguir orientações; e, em outras, ainda, não se pode, simplesmente, fazer aquilo que se tem vontade de fazer."

Georgiadis para a equipe do Groupon: aja como adulta. Mas não tanto.

"Devemos estimular as pessoas, explicando que este é o motivo pelo qual estamos fazendo isso, e é preciso ser bastante franco e transparente", disse ela.

"Mas, em uma empresa com a nossa escala, e com o nível de maturidade de várias pessoas que estão trabalhando aqui, é difícil. É realmente difícil."

Ela mostrava irritação diante de toda e qualquer sugestão de que suas experiências anteriores na McKinsey a haviam transformado em uma operadora clássica, que reduzia os custos e pretendia impor suas ideias sobre uma equipe extremamente necessitada de disciplina. No atendimento ao consumidor, observou Georgiadis, ter simplesmente informado o padrão de tempo gasto com teleatendimento neste ramo de negócios levou a equipe a se aprimorar por conta própria.

"O setor de vendas é, provavelmente, o mais complicado de todos", disse ela. Isso, em parte, porque o esquema de remuneração vinha se mostrando mais desequilibrado. Nos primórdios da empresa, as pessoas que haviam sido comissionadas ao conquistar novas praças conseguiram realizar vendas com mais facilidade e obter ganhos astronômicos. É problemático romper com esses hábitos.

"Há sempre este risco de uma verdadeira cultura da crença no direito adquirido", disse Georgiadis. "E os funcionários têm expectativas muito altas, considerando-se a velocidade com que esta empresa cresceu e o quanto alguns deles enriqueceram. Mas o que seria uma expectativa realista? A maioria destas pessoas está fazendo quatro, cinco, seis, sete, oito, nove, dez vezes mais do que aquilo que jamais dissemos que elas teriam que fazer neste emprego. Portanto, já que foi assim tão fácil e tão rápido para tantas pessoas, como é que se faz para que elas continuem sendo realistas? Elas não abandonarão o emprego, porque, em comparação com qualquer outra empresa em que pudessem estar trabalhando, aqui elas estão se saindo muito melhor em ordem de grandeza. Portanto, elas sabem que precisam ficar, mas, para isso, será necessário mudar de mentalidade."

Deste modo, Mason e Lefkofsky abraçaram a ideia de acolher Marc Samwer e sua equipe de Londres, a fim de dinamizar a função de vendas e harmonizar os processos norte-americano e internacional. "A empresa que eu tinha em mente até a primavera eram duas empresas diferentes", afirmou Georgiadis.

Ao contrário dos gigantes da internet 1.0, como o Google e a Amazon, nos quais a criação de um modelo global se mostrara difícil, já que os negócios nos Estados Unidos haviam se expandido muito mais do que as operações internacionais, o Groupon contava com uma oportunidade única de adotar, desde cedo, uma plataforma operacional universal. Isto porque a empresa vinha sendo implementada de cidade em cidade, e não de país em país, e os clones estrangeiros comprados pelo Groupon vinham progredindo concomitantemente à atividade nuclear, sediada nos Estados Unidos.

Eis o grande pomo da discórdia: "Os negócios internacionais tinham se concentrado muito, mas muito mais, no desenvolvimento cidade por cidade", observou Georgiadis. "Nós, dos Estados Unidos, acabamos fugindo um pouco disso à medida que aumentávamos de escala, e querer ganhar em Nova York, ganhar em Chicago e ganhar em Los Angeles nos fez perder o foco, nos afastando do que era essencial: amar e possuir cada um dos mercados."

Parecia que a oferta diária estava à deriva.

VINTE E NOVE

Conquistar — e dominar implacavelmente — os mercados era uma especialidade dos Samwer e de seus excelentes gerentes europeus. Em 17 de maio de 2010, quando o alemão Chris Muhr, obstinado chefe do escritório londrino do CityDeal, comunicou aos seus funcionários que a empresa havia sido vendida para o Groupon, as cerca de 150 pessoas que compunham a equipe britânica gargalharam quando ele começou o seu discurso: "Tentarei falar com o mínimo de envolvimento emocional que eu puder."

Certamente, o traje informal padrão usado no escritório naquele dia — o próprio Muhr estava vestindo um lamentável par de calças jeans com lavagem ácida — se assemelhava ao da sede do Groupon em Chicago, e a equipe de Londres era tão jovem quanto à daquela cidade. Mas Muhr e o seu grupo estavam incansavelmente focados em uma única coisa: vender o maior número de ofertas diárias quanto fosse humanamente possível. Eles não dependiam de um time de redatores para elaborar textos bem-humorados. Eles não valorizavam as palhaçadas no escritório. Para se ter uma ideia, no Reino Unido, o melhor que Muhr conseguiu fazer para se aproximar dos exemplos de diversão entre os funcionários, ao estilo do Groupon, foi ter escolhido alguns dias de saudação, quando os membros da equipe eram encorajados a se cumprimentar com as mãos espalmadas para cima, e um dia do Canadá, quando tinham que usar blusas canadenses. A equipe de Londres simplesmente se orgulhava de ser a cidade de melhor desempenho do CityDeal.

De modo geral, o sistema do CityDeal, com os gerentes de cidades sendo responsáveis pelo desempenho de cada mercado local, era muito mais eficiente do que o sistema do Groupon. Além disso, cada gerente da organização de vendas norte-americana comandava de 25 a trinta representantes, enquanto a operação europeia mantinha limitado a 15 o número de subordinados por gerente.

Nos Estados Unidos, um gerente de vendas poderia chegar a supervisionar uma grande cidade, algumas cidades de tamanho médio e cinco ou seis cidades menores. Era coisa demais. Segundo Jens Hutzschenreuter, um dos fundadores da equipe do Reino Unido, na Europa "temos um modelo muito claro de quem é de fato responsável por um determinado grupo, preferencialmente uma cidade, e esta pessoa responderá por aquela cidade".

Marc Samwer acrescentou: "Com a equipe administrativa que existia nos Estados Unidos, talvez eles fossem capazes de coordenar cinquenta representantes, mas não os oitocentos que possuíam. Eles não conseguiam expandir sua escala. E não porque não fossem suficientemente inteligentes ou bons; era, simplesmente, por conta daquele número absurdo de subordinados."

No verão de 2011, quando se tornou evidente que o Groupon precisava aumentar o padrão de desempenho de sua área de vendas e colocar a empresa no caminho da lucratividade antes do IPO, Eric Lefkofsky ligou para Samwer.

"Marc, conversei com o Andrew e nós concordamos: vocês precisam vir para cá", disse o presidente. "Temos que mudar esta situação."

Naquele momento, o que se pretendia é que Samwer contribuísse na qualidade de consultor, e não que ele fosse incorporado, como logo acabou acontecendo. "No começo, eles achavam que se nos limitássemos a explicar um pouquinho o modelo e o seu modo de funcionamento, depois de quatro semanas já poderíamos voltar para casa", afirmou Samwer. "Mas, no fim, pelo fato de eles simplesmente não terem gerentes em número suficiente, não bastava apenas explicar." Era hora de uma mudança definitiva. De Londres, Samwer trouxe Muhr e sua excelente equipe — que contava com outros dois alemães e um canadense — para incrementar a força de vendas norte-americana.

Darren Schwartz, vice-presidente sênior de vendas, não recebeu a notícia com bons olhos. "Não queremos fazer as coisas do jeito que eles fazem", disse ele. "Eles são muito rudes, e massacram as pessoas. Foi aí que tentamos colocar em prática o programa liderado por Rob, já que, talvez, apenas não o tivéssemos executado corretamente."

Samwer e o cofundador do CityDeal do Reino Unido, Emanuel Stehle, haviam acabado de introduzir o modelo de um gerente por cidade nas operações do Groupon no Brasil, e aprenderam algumas coisas sobre como exportá-lo para fora da Europa.

"Quando chegamos ao Brasil, ficamos irritados com o fato das estruturas não terem sido implementadas como deveriam ter sido", disse Stehle. "Mas, analisando *a posteriori*, acho que eles fizeram um trabalho muito bom. Chegamos lá esperando que eles fossem seguir os nossos conselhos dentro de dois ou três dias. Não foi assim tão rápido. Percebemos, porém, que não basta apenas ensinar e propagar os princípios, pois, desta maneira, não se vai muito longe. O segredo todo é a execução. A cultura é ligeiramente diferente no Brasil. Eles dão muita importância à empatia e às relações interpessoais, então era algo que tínhamos que levar em consideração".

Aliás, não era uma dica de todo má para os escritórios dos Estados Unidos, mas a empatia não entrara na agenda desta primeira viagem a Chicago. Os problemas estruturais na abordagem norte-americana ficaram aparentes para Samwer e Stehle menos de uma hora depois de sua chegada. "A empresa estava indo na direção errada; isso ficou muito claro", afirmou Stehle.

Samwer não dourou a pílula ao identificar o que, para ele, eram falhas da equipe de Chicago. "Quando ele apareceu por aqui, em três minutos já estava dizendo a mim e ao Andrew que deveríamos fazer algumas coisas à maneira dele, isto é, da maneira que ele supunha ser a correta", disse Schwartz. "Ele não poupou ninguém."

A reunião logo descambou para uma discussão aos gritos entre Samwer e o executivo de vendas. "Ele começou a nos dizer que nós éramos péssimos", disse Schwartz. "Ele foi bastante ríspido, e tudo porque eles tinham uma estrutura de negócios que não era igual à nossa." Se a operação europeia colocava a função de vendas acima de todas as outras, a unidade dos Estados Unidos havia instalado os planejadores de cidades em uma "torre de marfim, isolada das vendas, e nós brigávamos eternamente com eles", informou Schwartz. "Foi neste cenário que Marc chegou, e, dentro de uma semana, ele já tinha resolvido tudo."

"A empresa precisava daquela mudança para chegar à fase seguinte de crescimento", rebateu Samwer. "E, realmente, não era uma briga com o Darren; tinha mais a ver com o que dissemos: 'Vejam, muitas coisas precisam mudar', ao passo que, aqui, acho que as pessoas pensavam que uma pequena mudança seria suficiente."

De fato, Stehle ficou chocado quando ele e Samwer chegaram ao escritório de Chicago e encontraram Mason em um dos cubículos envidraçados, cercado por 25 pessoas que assistiam a uma complexa apresentação no PowerPoint.

"A principal lição que se tirava daquilo tudo era: 'O mais importante é aumentar a soma total de ofertas, independentemente da qualidade'", lembra Stehle. "Quando lemos isso, não conseguimos acreditar."

Samwer e Stehle pediram licença para comer alguma coisa, mas ficaram tentando digerir a contundente frase daquela apresentação, mais do que a própria comida.

No fim das contas, na operação alemã, a métrica "qualidade da oferta" tinha um significado distinto do atribuído nos Estados Unidos. O argumento da apresentação era o de que uma maior densidade de ofertas seria melhor para a empresa, assumindo-se a alta qualidade das ofertas como uma constante — e não o de que o Groupon devesse sacrificar a qualidade das ofertas em nome da densidade. Portanto, foi um grande mal-entendido, mas que deixou os alemães preparados para roubar o foco para si. Depois do almoço, começaram os debates mais intensos.

"É preciso se comunicar muito bem" para levar a cabo uma reestruturação, afirmou Samwer. "É preciso haver uma supracomunicação. É preciso repetir. É preciso explicar e explicar e explicar. É preciso conquistar emissários dentro da organização. Porque nenhuma organização terá facilidade de aceitar uma mudança que vem de fora. E, tendo construído as operações internacionais com base no CityDeal, somos, basicamente, duas empresas sob o mesmo teto. Penso, ainda, que nunca será uma coisa fácil para os Estados Unidos. Vocês estão acostumados a ser o motor do mundo. Não é fácil receber pessoas que chegam da divisão internacional e dizem: 'Desenvolvemos um modelo muito mais bem-sucedido.'"

As inovações do Reino Unido incluíam "o discurso de Glasgow", uma técnica de vendas extraída diretamente de uma peça de David Mamet, desenvolvida pelo canadense Raj Ruparell, o único não alemão da equipe nuclear, para ajudar a fechar negociações com comerciantes de alta categoria. A equipe também desenvolveu o conceito do Perfect Pipeline [Canal de Processamento Perfeito].

"Nos perguntamos: em um mundo perfeito, como é possível manter certo encadeamento no fluxo de ofertas?", recordou Stehle. "Queríamos, por exemplo, ter um restaurante bacana na segunda-feira, uma oferta de um spa na terça e uma pista de kart na quarta. E o que mais podemos oferecer sem cansar os associados e sem quebrar aquele encadeamento? Este é o conceito do Perfect Pipeline. Fizemos todas essas inovações em todo o Reino Unido, e, pelo fato de termos executado estas ideias que nos ajudavam a conseguir melhores ofertas o tempo todo, as receitas também aumentaram. Foi exatamente isso o que também tentamos explicar aqui, na primeira semana. Houve muita desconfiança, é óbvio, mas, sejamos justos, o estilo norte-americano significa que sempre haverá alguém favorável à mudança: queremos progredir e, portanto, estamos atentos às maneiras de melhorar."

Samwer estava de acordo. "A maioria disse: 'Isso é ótimo, era exatamente isso que estávamos esperando, finalmente existe uma estrutura para uma organização de vendas de grande envergadura.' Evidentemente, algumas pessoas não gostaram da mudança, seja porque consideravam satisfatório o que estavam fazendo ou porque se sentiram ameaçadas com a mudança de *status quo* que nós promovemos." Mas o fato de que os Samwer haviam vendido o CityDeal em troca de ações significava que os irmãos só sairiam ganhando se o Groupon se tornasse uma bem-sucedida empresa de capital aberto. Portanto, eles estavam dispostos a gastar o tempo que fosse necessário para robustecer as operações norte-americanas.

Este não seria um trabalho de consultoria de curto prazo; a mudança de rumos duraria um ano inteiro. Muhr traria consigo Stehle, Ruparell e Hutzschenreuter, que, recentemente, havia ajudado as operações do Groupon na Coreia do Sul a alcançar uma posição dominante.

Os planejadores de cidades se reportariam, agora, às vendas, exatamente como na Europa. À equipe alemã coube a tarefa de ensinar aos líderes de vendas de Chicago o sistema do CityDeal, com seu foco no gerenciamento rigoroso dos representantes de vendas, na venda de ofertas experimentais e na criação do fluxo adequado de diferentes tipos de ofertas, dia após dia. A ideia era a de que os alemães passassem as rédeas novamente à equipe local, mas conforme transcorriam os meses e os resultados começavam a melhorar, os consultores foram assumindo a posição de líderes interinos. Grande parte do que os alemães implementaram Schwarz descrevia como "Vendas por telefone — não é tão difícil assim". Em seu entender, lhe haviam solicitado que administrasse as coisas de modo diferente quando chegou à empresa, mas nem por isso ele deixava de se sentir disposto e capaz de liderar a sua equipe sob o novo sistema.

Mas quando Muhr se instalou, "todos perceberam, rapidamente, que ele deveria ser alçado à vice-presidência sênior de vendas, pois ele já havia feito isso antes", afirmou Samwer.

E foi então que Mason e Lefkofsky dispensaram Schwartz.

Em um dia qualquer de agosto, Schwartz entrou no escritório de Lefkofsky e perguntou: "O que está acontecendo aqui? Quando é que estes caras vão embora?"

"Escute, você não está a fim deste cargo", respondeu Lefkofsky. "Você conseguiu fazer com que saíssemos de um milhão por mês para cento e vinte milhões por mês, mas este cargo vai ficar cada vez mais difícil daqui para frente. Vai ser uma merda se esses caras forem considerados bons neste cargo, e você não. Ele passará a ser totalmente focado em operações, execução e aumento de escala. Mesmo que você se disponha a aprender, você não quer ser obrigado a aprender; você não quer isso. Você fez o que podia. Levante as mãos, declare vitória e nos ajude em algum outro setor."

Em tom parecido, Mason procurou estimular Schwartz: "Se Eric Lefkofsky fosse diretor de vendas do Groupon e estes caras chegassem, eles assumiriam o comando, porque eles são bons mesmo, porque o Marc é bom mesmo", disse ele.

Na hora, Schwartz pensou: *Sabe do que mais? Isso é ótimo. Vou fazer outra coisa. Há muitas outras coisas para fazer.*

Comprovando o caráter e a dedicação de Schwartz, ele continuou contratado, ajudando a lançar o Groupon Live e, mais tarde, as "ofertas épicas" da empresa, tais como uma viagem de US$ 12,500.00 para explorar os destroços do Titanic. Alguns meses depois daquela discussão aos berros, Marc Samwer se referiu a ele com admiração.

No fim, Schwartz acabou considerando perspicaz aquela análise feita por Lefkofsky e por Mason. "Veja, o Rob durou um ano", disse Schwartz. "Eu durei, essencialmente, dois anos na minha função e ainda estou aqui na empresa. Se esses caras conseguirem, realmente, realizar o que se propõem a realizar, então ótimo, vamos deixar isso com eles." Na grande maioria dos casos, as pessoas que haviam sido nomeadas por Schwartz como vice-presidentes regionais e gerentes setoriais de vendas receberam a chance de colocar o novo sistema em execução. Para ele, isso era motivo de orgulho.

"Muito mais do que qualquer coisa a meu respeito, o único aspecto que importava era que eles percebessem que aquelas pessoas que eu instituí tinham valor, e que, simplesmente, eles soubessem separar o joio do trigo", disse Schwartz. "Eu me sinto bem por conta disso."

A transição, que começara em algumas cidades dos Estados Unidos no mês de julho, já estava totalmente em curso em meados de agosto. A melhora foi imediata. "Estamos vendo resultados", disse Schwartz, em setembro. "Agosto cresceu. Foi um grande passo adiante e nossos números estão ótimos; então, parece que está funcionando. Chris Muhr é realmente talentoso. Ele também se importa com as pessoas e é muito amável.."

Com Muhr no comando, Schwartz estava seguro de que os únicos vendedores afastados da organização seriam aqueles que não estivessem demonstrando um bom desempenho. "Está na hora de eles irem embora", disse. Quanto aos grandes talentos de vendas que se afastaram por causa da troca de liderança, "não vimos nada disso", acrescentou ele. A mudança de rumos estava indo a todo vapor.

TRINTA

Sob o comando de Chris Muhr, o Groupon dos Estados Unidos, de fato, viveu um agosto espetacular. No intervalo de cinco semanas, algumas cidades tiveram 300% de aumento nas vendas. Houve ganhos excepcionais em grandes cidades, incluindo Atlanta e Boston, que, por acaso, também era o mercado mais amadurecido da empresa fora de Chicago. Definitivamente, a oferta diária não estava acabada.

"Na divisão internacional, os negócios sempre vêm em primeiro lugar", disse Samwer. "Se necessário, mudamos uma oferta faltando um minuto para a meia-noite. Se aparecer uma grande oferta dez minutos antes da meia-noite, os redatores precisam apenas preparar o texto e dar um jeito de colocá-lo no site. Aqui, segundo nos disseram e ainda nos dizem, este processo normalmente levaria dez dias, mas talvez consigamos acelerá-lo para quatro dias. E ainda existe um orçamento, que indica o quanto se pode acelerar. Eles agem da mesma forma que a AT&T." A equipe internacional ridicularizou o que, para ela, significava uma ingerência editorial sobre as atividades e o quanto se valorizava, segundo Hutzschenreuter, "a diversão, o estilo editorial e o humor como uma das principais ferramentas do processo de vendas".

"Acho que eles cumpriam cerca de dez etapas até que uma oferta fosse efetivamente materializada", disse Hutzschenreuter.

"Como resultado, se alguém propusesse uma ótima oferta, com potencial para agradar a muitas pessoas, não havia meios de lançar aquela oferta em um sábado, nem em um domingo, nem em uma segunda-feira", acrescentou Stehle. "Ficávamos com aquela oferta incrível diante de nós e dizíamos: 'Puxa, podíamos vender bastante, as pessoas iriam adorar, este é o dia certo da temporada, só que precisamos vender agora.' Mas havia uma demora de, talvez, uma ou duas semanas antes que aquela oferta pudesse ser lançada de fato. Com toda a certeza, este foi um dos obstáculos que se tentou colocar abaixo, e, hoje, já existe um processo para cuidar disso."

Posteriormente, Mason afirmou que a questão do prazo editorial era, simplesmente, uma parte dos "aspectos operacionais sobre os quais estamos trabalhando". Porém, quanto a colocar novas ofertas no ar ao romper da meia-noite, o diretor-executivo observou: "No Reino Unido, o volume de atividades da empresa é muito menor do que o dos Estados Unidos. Era assim que funcionava aqui, quando tínhamos algumas centenas de pessoas." Por sua vez, Aaron With teve uma desavença com Marc Samwer bem parecida com a que aconteceu com Schwartz, mas, por fim, o editor abreviou o processo de aprovação de forma a ainda reservar ao Groupon o tempo necessário para verificar integralmente as ofertas e redigir os respectivos textos. Digamos que foi uma trégua com alguns sobressaltos. Considerando-se que, na primavera de 2012, as operações do Reino Unido, no melhor estilo dos jogos de ação e aventura, levaram a uma constrangedora investigação governamental e a um acordo judicial, é razoável concluir que ambos os lados tinham importantes lições a aprender um com o outro.

No geral, a contribuição mais importante da equipe internacional foi redirecionar o foco para a oferta diária. "Para mim, um dos constantes riscos para o sucesso é perder o foco nas duas ou três coisas principais que é preciso executar bem", disse Muhr. Do contrário, seria como convidar um glutão para um bufê — escolhas demais poderiam levar a resultados inconsistentes. "Há tantas possibilidades quando se abre um negócio e ele se mostra tão bem-sucedido, que é muito fácil se perder", afirmou Muhr. "E é preciso se concentrar naquilo que constitui a nossa atividade principal. Onde reside a nossa força? Onde somos mais fortes do que o Google, o Yahoo! e o eBay, e onde ninguém consegue competir conosco? Isso foi algo que se perdeu um pouco nesta infinidade de opções que apareceu. Muitas escolhas, muitas coisas sedutoras. Foi algo que ajustamos um pouco, dizendo: 'Esta é a atividade principal'. E é aí que precisamos ser o número um."

Alcançar este objetivo também exigiu a demissão de vendedores de baixo desempenho, a quem fora permitido permanecer na empresa durante o período de crescimento. Em seus primórdios, quando ainda era uma marca desconhecida, o Groupon atraíra uma força de vendas jovem, em sua maior parte recém-saída da universidade. E, à medida que o empreendimento crescia, aquelas pessoas foram recrutando seus amigos, que entraram para a empresa devido à reputação de ser um ambiente agradável e empolgante para se trabalhar.

"Por um lado, foi ótimo, porque criou as bases para ser o que eles são", disse Muhr. "Foi uma primeira etapa necessária. Até mesmo se observarmos o Reino Unido hoje, o conjunto de pessoas que foi inicialmente contratado é bem diferente do que aquele que está lá agora. Mas o que mudou foi a forma com que lidamos com o recrutamento e aquilo que buscamos. Agora temos consciência de que somos uma grande empresa, seguimos alguns padrões, damos chances incríveis para que pessoas com pouquíssima idade ganhem dinheiro, e não fazemos nenhuma exigência quanto à sua origem, se o inglês delas é ou não é bom, se elas têm ou não têm um diploma de Harvard. Mas elas precisam ser excelentes no que estiverem fazendo. Portanto, o filtro de quem vai entrar na empresa ficou um pouco mais apertado, muito mais seletivo. Sempre houve grandes talentos na empresa, e, assim, algumas das pessoas que estão nos ajudando neste processo também já faziam parte da configuração anterior. Alguns dos gerentes de cidades já compunham a antiga força de trabalho. Combinar esses quadros com o correto estímulo exterior é o segredo para transformá-la em uma equipe de muita solidez."

As mudanças fizeram com que muitos vendedores do Groupon contestassem sua nova equipe administrativa. O Glassdoor, um site por meio do qual funcionários fazem uma avaliação on-line de seus ambientes de trabalho, registrou um aumento dos comentários negativos da equipe de vendas do Groupon, entre o fim do verão e o início do outono de 2011.

Um exemplo dos terríveis comentários feitos pelos reclamantes crônicos e anônimos:

"Costumava ser uma cultura divertida. Agora, só se fala em resultados finais, e está igual àquele centro de teleatendimento que você conhece." — 19 de agosto

"Estabelecem metas que ninguém consegue cumprir. Estão despedindo pessoas a torto e a direito, sem nenhuma razão específica. Reduzindo comissões e eliminando bônus. A equipe de vendas está ganhando cerca de 80% menos do que ganhava há 5 meses." — 29 de agosto

"Eles microgerenciam você, querem que você trabalhe mais de dez horas por dia, e aos sábados!!... Este costumava ser um ambiente alegre, do tipo 'trabalhe duro, divirta-se bastante', e a cultura incentivava a criatividade e as relações pessoais. Agora, trata-se de quantas ligações você consegue fazer, quantos negócios consegue fechar — e nada jamais estará bom o suficiente." — 4 de setembro

"Você trabalha em um centro de teleatendimento e o seu trabalho é ligar para as pessoas, sem esperar que elas o contactem primeiro. Você luta contra os fornecedores, mente descaradamente, dizendo que o Groupon não vai prejudicar o negócio deles, e, então, implora para que eles concordem em participar." — 8 de setembro

"Demitam a nova equipe administrativa sênior. Tragam de volta a velha cultura, as velhas atitudes, e tragam de volta o trabalho duro + diversão = $$ e felicidade. Foi tudo embora. Não conheço ninguém que continue feliz. Triste, triste, triste. Começando a ver um êxodo em massa..." — 9 de setembro

"Algumas pessoas se sairão melhor com táticas que causam medo, mas a maioria não. Portanto, divirtam-se contratando mais pessoas — elas logo perceberão o quanto este lugar é horrível e, então, vocês poderão começar tudo de novo." — 12 de setembro

"A divertida cultura da empresa está morta e foi substituída pelo medo." — 17 de outubro

"Andrew — você deveria ver o quanto sua equipe de vendas está infeliz agora. Mobilize-se e seja o diretor-executivo que você costumava ser." — 4 de setembro

Em outubro, Mason descreveu a situação como "um breve período de muito alarido e muitas queixas, que corresponderá à eliminação dos 20% que estão na base. Mas acabaremos tendo um lugar onde as pessoas estarão cercadas por colegas que as inspiram e as motivam a trabalhar com mais afinco ainda, e que será, enfim, um lugar melhor para trabalhar e um ambiente de desempenho mais elevado".

Para ele, a solução alemã — que incluía a redução, de 2,5% para 1,5%, da comissão sobre o faturamento bruto das ofertas, recebida pelos representantes de vendas e acrescida ao seu salário base de US$ 32.500,00 — era equivalente a um resultado líquido positivo. "A divisão internacional é uma parte considerável da nossa empresa, e, historicamente, viemos administrando-a praticamente como uma empresa distinta. A vinda de Marc está nos ajudando a transformar as duas divisões em um único negócio, no qual conseguimos nos comunicar melhor. E, culturalmente, estamos começando a convergir em pontos onde podemos absorver parte da disciplina operacional que eles desenvolveram, e eles podem absorver parte dos aspectos culturais que nós desenvolvemos."

"É um processo sobre o qual continuaremos trabalhando", disse Mason. "Essas postagens no Glassdoor são um resultado disso. Se formos comparar com os vendedores que provêm de um ambiente de vendas como o CareerBuilder, que tem cerca de 50% de rotatividade anual, neste exato momento ainda apresentamos entre 20% a 25% de rotatividade. Nossa margem estava em torno de 10%. Portanto, estamos despedindo mais pessoas agora, mas ainda não observamos nada parecido com os desgastes constatados no CareerBuilder. Mesmo assim, basta consultar as páginas do Glassdoor que fazem referência ao CareerBuilder para perceber que, de modo geral, os comentários são ótimos. Várias pessoas se acostumaram a exercer sua função de vendas aqui dentro como se estivessem em um clube campestre, e esse nunca foi o tipo de cultura que pretendíamos criar."

Até mesmo nas páginas do Glassdoor contendo críticas ao Groupon havia alguns sinais de esperança. "No âmbito geral, não é um lugar ruim para se trabalhar", escreveu, em 10 de setembro, um representante de vendas. "Ainda somos bem pagos, temos benefícios e muita liberdade na área de vendas. Alguns dias são mesmo ruins, mas alguns dias são ótimos... Afinal, é um emprego, e os empregos, normalmente, não pretendem ser divertidos, descontraídos e fáceis. Mas, no começo do Groupon, era assim que funcionava. As coisas mudaram, só que eu ainda me divirto, fecho negócios etc."

Em 16 de setembro, outro vendedor acrescentou: "Vocês são ótimos! Trabalham duro e estão disponíveis para nos ajudar quando precisamos de orientação. A gerência sempre está buscando maneiras de aprimorar a nossa experiência de trabalho."

Todas as segundas-feiras, Muhr se reúne com os diretores-executivos de cada cidade para acompanhar as ofertas sobre as quais eles estão trabalhando e a forma como as estão implementando. "É um trabalho insano, mas que precisa ser feito", disse ele. "Analiso a oferta e como podemos melhorá-la."

No começo, as coisas não deram muito certo. "Nos dois primeiros meses, eu tirei o couro deles o tempo todo", disse Muhr. "'Vocês comprariam esta oferta? Por que vocês comprariam esta oferta? É uma porcaria.' Eles, simplesmente, escolhiam veicular ofertas horrorosas, que nem eles mesmos comprariam. Por que alguém compraria uma inscrição experimental em uma academia de ginástica se a maior parte delas pode ser obtida de graça? Por que alguém compraria uma lavagem de automóvel pelo dobro do preço que normalmente pagaria, só porque o sujeito diz que desenvolveu um método especial?"

No fim de setembro, Muhr afirmou que suas diretrizes estavam ganhando popularidade. "Duas semanas atrás, e nesta semana novamente, me reuni com eles e eles conseguiram entender. Foram feitos, talvez, dois comentários. Um dos indivíduos disse: 'Eu sei que esta oferta é uma porcaria, eu realmente quero melhorá-la', e eu nem tive que dizer mais nada."

Ao fim e ao cabo, Muhr estava tão otimista quanto às perspectivas do Groupon que conseguia visualizar a empresa atingindo, algum dia, uma avaliação de US$ 100 bilhões. "Isso vai se transformar no Google do espaço local", afirmou ele. "O comércio local é gigantesco."

TRINTA E UM

Também havia um benefício implícito em manter os alemães por perto. Uma fonte próxima à situação informou que se os Samwer tivessem sabido o quanto o Groupon era operacionalmente vulnerável, eles, provavelmente, teriam dispensado o pagamento bilionário potencial e competido diretamente com a empresa, não apenas na Europa, mas na América do Norte e, inclusive, no resto do mundo. Se Mason e Lefkofsky consideravam o LivingSocial um forte concorrente, eles tinham a sorte de não ter que enfrentar os Samwer.

Georgiadis não contou com tanta sorte assim. Embora a diretora de operações se autodescrevesse como uma mulher de ação, ela, na verdade, criou a "paralisia de análise", segundo as palavras de Rob Solomon. "Era preparar, mirar, atirar e recalibrar. Esta era a sua abordagem. E a maneira pela qual os alemães e nós do Groupon operávamos era preparar, atirar, mirar. Vamos corrigindo enquanto progredimos, nada de superanálises, tomemos decisões rápidas."

Em resposta a tais críticas, Georgiadis disse: "Acho que foi difícil para o Rob ter que abandonar o seu posto. Ele e eu tentamos estabelecer uma transição realmente construtiva. Acredito que, provavelmente, ele me veja como este tipo de operadora. Ele era o animador de torcida e eu sou a operadora. Eu encaro de forma diferente: acho que todos têm que ser animadores de torcida e visionários, não importa em que estágio estejamos."

Mas Marc Samwer também começou a se frustrar rapidamente com a abordagem deliberativa de Georgiadis. "Todos perceberam que isso precisava ser feito", disse ele, a respeito da reestruturação. "Só havia desentendimentos — não com Andrew nem com Eric, mas com o resto da organização — quanto ao ritmo da implementação. Mas essas coisas precisam ser feitas com rapidez. Não é possível arrastá-las indefinidamente."

Como afirmou o vice-presidente de desenvolvimento de negócios, Sean Smyth: "O ponto de vista de Marc Samwer é: 'O que estamos fazendo neste minuto para ganhar mais dinheiro?' Margo está tentando organizar sistemas e processos através dos quais possamos aumentar de escala e ser um negócio duradouro. Margo está totalmente focada na marca, no que nós representamos e em como estamos fazendo o que fazemos, mas há outras pessoas que estão pensando apenas isso: 'Como eu faço para acumular o maior volume de dinheiro possível hoje?' Há um grande conflito acontecendo internamente neste exato momento por causa disso."

Consultora veterana, Georgiadis era boa na identificação de problemas, mas as críticas internas diziam que ela não conseguia colocar as soluções em prática. Depois de alguns meses, as pessoas da organização começaram a evitá-la. Naquele ponto, o destino já estava traçado. Mas, de acordo com Georgiadis, até 13 de setembro sua relação com Mason havia sido formidável: "Andrew e eu nos sentamos, literalmente, a 7,5 cm de distância um do outro, todos os dias. Como membros da equipe sênior, passamos muito tempo juntos. É bem provável que nos reunamos quase todos os dias, várias vezes por dia, conversando sobre os problemas empresariais mais delicados. Em muitas medidas, ainda administramos esta empresa como uma empresa nascente, e somos um grupo interativo do tipo verdadeiramente fragmentado. Quando a equipe de liderança adota um procedimento operacional padrão, fica, simplesmente, muito mais fácil."

"Definitivamente, temos um canal direto de comunicação", continuou ela. Andrew e eu passamos muito tempo conversando: 'Tudo bem, você quer assumir este ponto ou quer deixar isso comigo? Quer cuidar disso?'. 'Não, você cuida disso, eu cuido daquilo'. Então, é interessante, porque podemos quase nos dividir e ir conquistando coisas."

Na semana seguinte, Georgiadis tinha ido embora.

TRINTA E DOIS

Sua saída foi abrupta. Durante uma tensa conversa, na noite de 22 de setembro, Georgiadis comunicou a Mason que estava retornando ao Google como presidente das operações norte-americanas; o anúncio seria feito formalmente na manhã seguinte.

Embora ela tivesse razões para acreditar que logo seria demitida caso não fosse capaz de dar um salto qualitativo, a situação foi dramática. E, uma vez que a serena e refinada diretora de operações não era conhecida como uma pessoa dada à dramaticidade, a negociação para voltar ao Google deve ter sido finalizada de forma um tanto repentina.

Nove dias antes, ela concedera uma longa entrevista para este livro, um compromisso que, quase com certeza, teria reprogramado para o dia de São Nunca se estivesse certa da iminência de seu afastamento. Além disso, apenas um dia antes de se demitir, Georgiadis foi entrevistada pela CBS News para uma matéria do *60 Minutes* sobre o Groupon, durante a qual ela agiu como se a sua estabilidade na empresa estivesse garantida. Sua entrevista não foi incluída na edição final do programa.

"Margo e Andrew realmente trabalhavam lado a lado, mas não estavam se dando bem ultimamente", explicou uma pessoa que acompanhou os acontecimentos. "Ela era muito corporativa."

Se ela tivesse esperado apenas mais seis semanas para apresentar seu pedido de demissão, o Groupon poderia ter passado pelo processo de abertura de capital sem este afastamento de última hora em um alto nível de gerência, que fez com que os analistas lançassem dúvidas sobre a capacidade de Mason, algum dia, conseguir gerir as operações da empresa com tranquilidade. Por ter acontecido exatamente nesta ocasião, Nikesh Arora, o homem que levou a executiva de volta à sua equipe do Google, devia estar sorrindo de alegria.

A mensagem de Arora, que havia sido desdenhado pelo Groupon no mês de dezembro anterior e, logo depois, vira a empresa anunciar a contratação de Georgiadis no mesmo dia do lançamento do Google Deals, parecia suficientemente clara: apenas porque vocês estão em Chicago, não pensem que poderão menosprezar o Vale do Silício e sair impunes.

Mason teria comentado que a saída de Georgiadis, imediatamente antes do IPO, era o tipo de coisa que provocaria boas gargalhadas se acontecesse em qualquer outra empresa. E, agora, ele era o motivo da piada.

Na manhã seguinte, Mason ligou para Mossler, que havia acabado de embarcar em um voo para Las Vegas, com destino a um raro fim de semana de descanso. Quando ele lhe contou as novidades, ela saiu do avião segundos antes do fechamento das portas, e começou a cuidar das repercussões negativas do fato.

Às 15h18, Mason enviou um e-mail para os funcionários norte-americanos do Groupon e para os diretores corporativos da Alemanha. A tentativa de contornar o afastamento foi admirável, mas soou inócua para a maior parte dos observadores: "Por ser uma empresa de rápido crescimento, fizemos muitas contratações este ano, inclusive em nossa equipe de executivos seniores. Desde o começo de 2011, fizemos um total de 8 aquisições — isso significa 57% de toda a nossa equipe de executivos. Teria sido ótimo se eu pudesse dizer que tivemos um índice de acerto de 1.000%, mas, em um caso específico, parece que não conseguimos encontrar um ajuste perfeito; depois de cinco meses no Groupon, Margo Georgiadis, nossa diretora de operações, decidiu voltar ao Google (seu antigo empregador), para ocupar um novo cargo de 'Presidente, Américas'. Ficamos desapontados por não termos conseguido um bom entrosamento com Margo, mas recrutar profissionais não é uma tarefa fácil, e defendemos que sejam feitas mudanças imediatas quando não se estabelece uma correspondência. É a melhor forma de se fazer negócios."

Mason, então, anunciou algumas coisas por conta própria, indicando que o flerte do Groupon com a estrutura da diretora de operações estava chegando ao fim. "Analisando pelo lado positivo, construímos uma equipe fantástica que se mostrou altamente capaz; portanto, esta alteração não terá impacto nas operações", prometeu ele.

"Especificamente, eis aqui as mudanças que faremos:

- Marketing, sob o comando de Rich Williams, se reportará a mim.
- Canais de Negócios, sob o comando de Aaron Cooper, se reportará a mim.
- Now!, sob o comando de Dan Roarty, como canal de negócios, se reportará a Aaron Cooper.
- Vendas Nacionais, sob o comando de Lee Brown, se reportará às Vendas Norte-Americanas, sob o comando de Chris Muhr.
- Operações Norte-Americanas, sob o comando de Hoyoung Pak, se reportará a mim."

Ele, então, divulgou uma nota assinada por Georgiadis: "O Groupon é uma grande empresa, e eu me sinto privilegiada por ter trabalhado aqui, mesmo que tenha sido por um curto período. Sair foi uma decisão difícil, pois a empresa está trilhando um caminho magnífico. Tenho plena confiança na habilidade da equipe para realizar esta missão."

De imediato, Mason retomou o controle direto dos departamentos de vendas, canais, divisão internacional e marketing do Groupon.

Foi uma excelente oportunidade para encarar estes fatos específicos de frente. Os danos causados pela saída de Georgiadis já estavam feitos: perder um segundo diretor de operações em menos de seis meses, especialmente quando a empresa estava se esforçando ao máximo para abrir seu capital, realimentou a velha história das reações negativas.

Algumas semanas depois, Mason requisitou uma sala de reuniões para apresentar uma descrição geral do novo organograma da empresa, realizando uma verdadeira façanha na lousa branca. Depois de usar o pilô para resumir esquematicamente a antiga estrutura, ele logo a apagou e rascunhou a nova ordem de coisas, detalhando continuamente cada uma de suas partes.

Sob a antiga estrutura, disse ele, "tínhamos Finanças, Produto, Engenharia, Diretoria de Operações, Desenvolvimento Corporativo, Jurídico e Recursos Humanos" subordinadas ao diretor-executivo, "mas a maior parte da empresa estava, basicamente, sob o comando do diretor de operações". Gesticulando para sinalizar os departamentos supervisionados pelo diretor-executivo, ele disse: "Há centenas de pessoas aqui e, talvez, quarenta pessoas aqui, cinco aqui, seis aqui e trinta aqui". Mas, sob o comando do diretor de operações, "temos

Vendas, Divisão Internacional, Marketing e Operações, Relações Públicas e Canais — Groupon Now! e outros produtos, além das parcerias com a Live Nation e a Expedia."

"O modelo do diretor de operações funciona em um lugar como o Facebook, onde se pode dizer: 'Cuide disso para que eu não tenha que me preocupar', e era isso o que eu queria", continuou Mason. "Queria um modelo no qual eu pudesse prover a estrutura organizacional mínima e essencial para manter o ritmo de crescimento. Basicamente, eu encontraria um parceiro que administraria isso para mim, porque, assim, eu poderia focar em questões futuras, em produtos e engenharia, em desenvolvimento corporativo e na estratégia global do negócio."

"Parecia um bom modelo. O problema é que nós não somos iguais ao Facebook. O Facebook é uma empresa de tecnologia. Nós somos metade tecnologia e metade vendas, e, portanto, somos esta espécie de ciborgue, onde o nosso produto é o nosso conteúdo. São as nossas ofertas. E, para apresentar continuamente ofertas de alta qualidade, é preciso que esta máquina operacional esteja funcionando realmente bem. Um dos grandes erros que acredito ter cometido foi ter me deixado afastar demais dessas coisas."

Ele levantou o marcador que estava em sua mão. "Imediatamente antes de trazer o Marc e, em seguida, o Chris, eu me lembro de estar acompanhando e observando o fluxo de uma oferta — como ela era criada e alguns dos processos de negociação que estávamos executando, e pensei: 'Isso precisa ser otimizado; simplesmente, cresceu além do nosso controle.' Estávamos fazendo um trabalho mal coordenado; sim, há muitas oportunidades de consertar isso e essas coisas fazem parte de um crescimento muito rápido. Mas acho que se eu não tivesse me permitido pensar 'Não tem problema, alguém esta cuidando disso', não teria saído de controle tanto assim."

No fim das contas, exatamente como Rob Solomon previra, Mason não precisava de um diretor de operações de alto desempenho; ele precisava se livrar inteiramente desta função e operar o Groupon de forma bem parecida com a qual Jeff Bezos administrava a Amazon.

"Prescindir de um diretor de operações é algo que só posso fazer porque temos, neste momento, pessoas realmente fortes em todos esses outros cargos", disse Mason, referindo-se às divisões de alto desempenho. Os departamentos Now!, internacional, marketing, vendas e, por enquanto, operações estariam diretamente subordinados a ele, sem a intermediação de um diretor de operações. Os setores de relações públicas e comunicações ficariam sob o marketing, "e, por fim, canais passariam para vendas", disse ele. "Só posso fazer isso porque tenho um diretor de produtos incrível. Tenho um diretor de vendas incrível. Tenho um diretor de marketing incrível. Tenho todas essas coisas que eu não tinha quando concebemos inicialmente a função de diretor de operações."

O desempenho era impressionante, e a nova estrutura fazia sentido. No entanto, parecia estranho que o novo organograma desenhado por Mason com pilô vermelho se assemelhasse tanto a uma tenda de circo, com todas as linhas se remetendo diretamente ao mestre de cerimônias posicionado no topo.

Nikesh Arora, do Google, não aproveitou a oportunidade para se regozijar quando lhe pedi que comentasse a demissão de Georgiadis. Mas Georgiadis foi cortês o suficiente para aceitar-me como seu contato no LinkedIn. "Como deve ter ficado claro para você depois de nossa conversa, eu adorava o Groupon, e desejo a ele todo o sucesso daqui para frente", disse ela, por meio do serviço, em 16 de outubro. "Sair de lá foi uma decisão extremamente difícil, como você pode imaginar. Tanto o Groupon quanto o Google são locais extraordinários, por diferentes razões, e me sinto privilegiada por ter tido a oportunidade de fazer parte de ambos."

Mencionei sua saída um tanto abrupta, e ela continuou me respondendo através de mensagens: "Esta situação está suficientemente clara. Seus comentários parecem mais 'dramáticos' do que seriam plausivelmente justificáveis." Para contrabalançar, ela acrescentou: "Só desejo o melhor para o Groupon e tenho muita confiança na equipe administrativa etc. que montamos. E me sinto uma pessoa de sorte por me ter sido dada a extraordinária oportunidade de ajudar a estruturar a próxima fase do Google, capitaneada por Larry [Page] e Nikesh". Tais afirmações cheias de cautela e de cunho altamente diplomático deixavam ainda mais evidente que Georgiadis dificilmente confessaria a mim, ou ao *60 Minutes*, que tinha certeza de que seria demitida.

Dois dias depois, eu tomava uma bebida com um colega no Rebar, o *lounge* no *mezanino* do Trump Hotel & Tower, em Chicago. Alguns minutos depois de nos sentarmos, percebi um rosto familiar do outro lado do salão; Georgiadis estava conversando com várias pessoas, em uma das mesas do canto. Seria uma festa de despedida organizada pelos amigos? Talvez.

Logo depois, Georgiadis pediu licença e saiu do lounge. Quando ela voltou, eu a cumprimentei no instante em que se aproximava de minha mesa.

Ela abriu um sorriso e tentou adivinhar, no meio do salão parcamente iluminado, que amigo a estava saudando. Quando me reconheceu, manteve o sorriso no rosto, embora seus olhos a desmentissem.

"Que mundo pequeno", disse ela, resolutamente, enquanto eu aguardava para apertar a sua mão. Disse-lhe que estava feliz por poder felicitá-la pessoalmente por seu novo emprego, e perguntei se aquele era um encontro em sua homenagem. Mas ela também estava apenas tomando uma bebida com seus colegas — o escritório do Google em Chicago ficava nas redondezas, e Georgiadis, "por enquanto", estava trabalhando naquela unidade. Fazia sentido, considerando-se que seus filhos ainda iam às aulas em North Shore.

Nos despedimos e ela começou a se afastar, mas, depois de alguns passos, alguma coisa deteve Georgiadis. Ela se virou e disse: "Sabe, desejo à equipe do Groupon tudo que há de melhor. Converso com eles o tempo todo." Com isso, ela voltou para o seu coquetel de US$ 17. Ela podia pagá-lo; estava prestes a faturar mais de US$ 5,6 milhões no dia do IPO, depois de ter investido US$ 200 mil em opções de compra de ações do Groupon.

Nada mal para 156 dias de trabalho.

TRINTA E TRÊS

Pode-se imaginar a quantidade de questões operacionais importantes que recaíram sobre o colo do diretor de operações do Groupon até o fim daquele período, quando Andrew Mason precisou se ausentar por uma semana inteira, imediatamente após a partida de Georgiadis.

Mason e Marc Samwer já haviam conseguido isolá-la eficazmente dos processos diários de tomada de decisão — o comportamento de ambos, voltado para a ação, sobrepujara o que era considerado uma tendência da ex-diretora, de estimular a "paralisia de análise" —, e, assim, o diretor-executivo conseguiu tirar uma reconfortante pausa para se casar com sua noiva, Jenny Gillespie.

O casal embarcou em um jato particular Gulfstream IV para treze passageiros, dotado de motores Rolls-Royce que os levaram a Telluride, no Colorado, acompanhados por amigos íntimos e familiares — além do iPad de Mason e sua capa verde do Groupon. Mas este era mesmo o momento de se desconectar o máximo possível, depois de três extenuantes anos gastos na construção da empresa.

Gillespie havia abandonado seu emprego em uma revista para crianças no outono de 2010 para se dedicar à sua paixão pela música, no mesmo momento em que o Groupon começava a se ampliar. Neste ínterim, ela gravara um álbum de canções originais em estilo folk-pop, enquanto Mason trabalhava insanamente para alimentar o Groupon. Eles tinham escolhido o local do casamento um ano antes: Dunton Hot Springs, uma cidadezinha fantasma do Colorado que havia sido transformada em um destino turístico de luxo, a apenas uma montanha acima de Telluride.

Certo dia, alguns meses antes do casamento, enquanto percorria um dos corredores da sede do Groupon ao lado de Mason, perguntei-lhe como estavam indo os preparativos. Ele respondeu que, assim como muitos outros homens, estava deixando que sua noiva providenciasse quase tudo. Ele tinha a grande vantagem de ser capaz de dizer coisas como esta: "Estou aqui construindo a empresa com o maior ritmo de crescimento da história, querida; tudo o que você decidir sobre os convites está ótimo."

Mason, porém, tinha uma ideia incrível para a sua despedida de solteiro — ele e seus amigos alugariam uma base militar da era soviética na Polônia, onde poderiam pilotar tanques e pular de helicópteros, descarregando autênticos cartuchos de seus rifles. "Quero expulsar um macaco de uma árvore", brincou ele, em determinado momento. Este plano, porém, não foi adiante, o que, provavelmente, ajudou a salvar a vida de alguém. Mas Mason e seus amigos conseguiram escapar para Ibiza, a ilha de veraneio espanhola, onde promoveram uma festa menos insana, dentro de um iate.

E, agora, aqui estava o casal, admirando o Telluride Photo Festival e obtendo a sua licença para casamento no fórum do condado de San Miguel, uma joia arquitetônica feita de tijolinhos vermelhos, construída em 1887 e restaurada brilhantemente nos mínimos detalhes, incluindo as estrelas douradas afixadas na fachada. A estância turística, em si mesma, propiciava um relaxamento profundo, com sua fonte natural de água quente desembocando em uma piscina exterior circundada por rochas vermelhas, e de onde se podia avistar um exuberante vale alpino, quase tão imaculado quanto na época em que os índios Ute se banhavam naquelas águas, muito tempo antes dos mineradores de ouro chegarem. Talvez seja, também, a única cidade fantasma a oferecer um spa completo. Como se isso não fosse suficientemente relaxante, a cama da suíte de lua de mel recepcionava os visitantes com oito travesseiros de pelúcia e um edredom dentro do qual era possível se perder.

"Estou indo me casar em uma montanha", postou Gillespie em sua página do Facebook, em 27 de setembro. "Por que não? Isso. Casamento. Vamos FAZER ISSO." Eles prepararam churrasco, caçaram e descansaram regados a boa cerveja. Em uma área de recreação completa, que incluía uma mesa de pingue-pongue ao ar livre, Mason e Aaron With se depararam com uma tradição dos becos de Chicago — um jogo em que se lança um saquinho recheado de grãos em um buraco, conhecido como "sacos" ou "buraco de milho".

E, então, em 1º de outubro, para culminar um dos melhores fins de semana de sua vida, Mason vestiu um elegante terno azul sobre uma blusa também azul, compensados por uma gravata amarela e uma flor na lapela, e encontrou-se com Gillespie no altar exterior. Ela parecia revigorada e radiante, em um vestido branco tomara que caia, com um buquê de flores amarelas na mão direita e um discreto colar de pérolas no pescoço. A troca de votos foi feita aos pés da montanha, diante de cerca de cinquenta convidados. Mais tarde, ainda durante os festejos, a mãe de Mason derrotou Eric Lefkofsky em uma competição de bebida.

De certo modo, a cidade de Chicago foi convidada a comemorar ao lado do feliz casal naquela noite. O Groupon locou o Wrigley Field, que realizaria, assim, a sua primeira projeção de cinema. A empresa lotou o estádio de baseball, se saindo melhor do que o Chicago Cubs costumava fazer, para exibir a emblemática comédia da Cidade dos Ventos, *Curtindo a vida adoidado*. A cerveja circulou a noite toda, com o convidativo preço de U$ 3 por unidade, e a multidão estabeleceu um novo recorde mundial no Guinness, pelo número de pessoas cantando juntas, esganiçando uma versão ligeiramente bêbada de "Danke Schoen", em homenagem à dublagem feita por Matthew Broderick durante a parada retratada no filme.

Como definiu Shia Kapos, repórter do *Crain's Chicago Business*, naquela noite pelo Twitter: "Estou na festa de casamento de Andrew Mason — quero dizer, na noite de exibição do filme *Curtindo a Vida Adoidado*, pelo Groupon, no Wrigley Field." Assim como em 2008, quando o primeiro Groupon foi vendido no mesmo mês em que Mason fazia aniversário, tratava-se de mais um marco na vida do jovem diretor-executivo a se entrelaçar com um grande dia para a empresa.

Três semanas depois, Gillespie se apresentou em uma loja de discos, no bairro de North Side, em Chicago. Ela tocou algumas canções de seu segundo álbum, prestes a ser lançado. Sua mãe e vários amigos estavam na plateia, mas seu marido não.

A ideia era gravar a apresentação ao vivo para postar no site da loja, mas as conjunturas a colocaram diante de uma série de desafios técnicos. Dois pré-amplificadores estouraram logo no começo, exigindo uma série de reposicionamentos de microfones entre uma canção e outra, conforme Gillespie se revezava entre seu piano elétrico Wurlitzer e dois violões acústicos. O local estava lotado demais para que ela conseguisse trocar de equipamentos com facilidade, mas todas as dificuldades foram contornadas com uma elegância encantadora.

Gillespie fechava os olhos ao cantar, mas nos breves momentos em que os abria podia-se perceber o quanto eram acolhedores e brilhantes. Seus espessos cabelos de cor castanha passavam um pouco da altura dos ombros, encaracolando-se suavemente nas pontas, e suas franjas pairavam sobre a testa. Ela se mostrava ágil, vestida com uma delicada blusa de renda e calças pretas. Seus belos lábios forçaram um sorriso maroto ao cantar uma canção sobre um "homem bonito, difícil" — e, aí, os olhos se abriram e ela os pousou por um instante na porta de entrada da loja, como se Mason pudesse, subitamente, aparecer. Mas ele já havia embarcado para Nova York, a fim de participar das apresentações nos encontros com investidores, na fase pré-IPO do Groupon.

Enquanto ela continuava mostrando uma sequência de músicas altamente pessoais, geralmente melancólicas ("Quando for a hora de deixar este corpo/ Não me enterrem/ Levem minhas cinzas para o mar"), cantadas no adorável estilo dos trinados de Joni Mitchell, um pensamento me ocorreu: para além de toda a sua riqueza material, Andrew Mason é um homem de sorte.

TRINTA E QUATRO

Em meio a toda confusão em torno da SEC e à insistência de Samwer em focar novamente nas ofertas diárias G1, o Groupon continuou a se expandir e a refinar o que oferecia. Em meados de outubro, o Groupon Now! seguia apresentando um crescimento de dois dígitos, semana após semana. Os produtos móveis, com apenas um dígito, ainda representavam apenas uma parcela do total de receitas, mas se mostravam promissores.

"É empolgante constatar que, agora, estamos nos aprofundando mais nos produtos móveis e fazendo coisas que não conseguíamos fazer quando abrimos a empresa, e, ao mesmo tempo, avançando em direção a novas categorias", disse Andrew Mason. "Estamos abrindo novos canais para que o comércio aconteça. Estamos equilibrando a oferta e a demanda, através do preço e da descoberta. Estamos fazendo isso em âmbito local, e, em certa medida, é o que também estamos começando a fazer nos setores de viagens e de produtos. Em ambos os casos, por já termos construído uma relação de confiança com os consumidores, conseguimos transferi-la quase que uniformemente para uma nova categoria, de forma semelhante à verificada nos primórdios da Amazon."

Naquele outono, um dos principais executivos do Groupon, o vice-presidente sênior de produtos, Jeff Holden, que trabalhara na Amazon, traçou os planos de expansão da empresa. Mason o integrou à equipe ao adquirir a Pelago, empresa que Holden fundara em 2006, definida como "um produto para que os consumidores descobrissem o mundo real, (...) que ajudava as pessoas a sair de suas casas, ir para o mundo real e fazer coisas interessantes, agradáveis e sociais". Antes disso, Holden havia passado quase uma década na Amazon, onde administrara a divisão de consumidores, responsável pelo programa de fidelidade Amazon Prime e por "toda a mágica que acontece nos bastidores depois que um pedido é encaminhado".

Portanto, o ponto de vista de Holden se articulava perfeitamente com o do Groupon, e a empresa estava feliz pelo fato de as negociações terem lhe propiciado não apenas a capacitação de Holden em produtos, como, também, sua perspectiva por ter ajudado a Amazon a sobreviver às reações negativas de analistas e da mídia. "Os comentários desfavoráveis na imprensa não me incomodam nem um pouco", disse ele. "Talvez eu esteja menos preocupado com eles do que qualquer outra pessoa aqui. Foi exatamente isso que aconteceu na Amazon, e o segredo é o foco, (...) saber no que é preciso focar, no que se pretende construir e no que deve ser valorizado."

Holden tem 43 anos e é nativo de Detroit, mas esta pulsação aventureira do Noroeste Pacífico ele trouxe consigo de Seattle. Sua paixão por criar excelentes experiências ao consumidor é contagiante. Quanto mais empolgado ele fica, mais rápido ele fala e maiores são os seus sorrisos, características talhadas quase que sob medida para conquistar Mason.

Quando o diretor-executivo do Groupon se reuniu com Holden pela primeira vez, no começo de 2011, ele ensaiou uma brincadeira com o veterano da Amazon: "Não estou necessariamente entusiasmado com o fato de que meu legado se resumirá a ter apresentado as ofertas diárias à humanidade."

Holden ficou espantado. Ele precisava dizer algo imediatamente. "Não sei se você está sendo honesto com este excesso de humildade", disse ele a Mason. "Mas, considerando-se que não esteja, eis aqui como se deve lidar com isso: você se permitiu a oportunidade de inventar. Você tem esta enorme e pujante máquina de pessoas que se importam imensamente com o seu serviço, que se engajam no seu serviço todos os dias, e você começará a inventar em nome delas. Isso é fantástico."

Na avaliação de Holden, a escala e o escopo do negócio de ofertas diárias do Groupon tornam possível toda a sorte de inovações em termos de produto. "Construímos um mercado com dois lados: cada lado está ali por causa do outro", afirmou ele assim como o eBay. Ser o pioneiro neste ambiente e crescer com tanta rapidez ajudou o Groupon a superar o problema do ovo e da galinha, que era tentar atrair consumidores sem uma massa crítica de comerciantes, e vice-versa.

Como exemplo, Holden mencionou: "Não se pode fazer o Groupon Now! sem uma massa crítica de comerciantes e de consumidores, simultaneamente. Para alguém que não tem nem metade do alcance que nós temos, fazer algo como o Groupon Now! é muito, muito difícil. É, basicamente, impossível. Portanto, há uma grande vantagem neste ponto." Ele acrescentou que o Groupon Now! poderia acabar se revelando dez vezes maior do que o negócio de ofertas G1. Holden acredita que, em última análise, em vez de pensar no Now! apenas como um local para encontrar ofertas, os consumidores podem considerá-lo uma ferramenta abrangente para, casualmente, descobrir coisas agradáveis para se fazer em suas cidades — ou em qualquer destino para onde estejam indo —, e tudo isso a um ótimo preço.

Internamente, o Groupon desenvolveu uma filosofia batizada de Triforce. Como brincou Holden durante as apresentações nos encontros com investidores para o IPO, o termo foi retirado do videogame *A Lenda de Zelda*. No clássico jogo de fantasia, o Triforce, uma espécie de Poder das Deusas, é um triângulo de ouro composto por três triângulos menores, representando o poder, a sabedoria e a coragem. As almas merecedoras que conseguem montar o triângulo completo podem fazer um pedido (se metade do sistema de crenças do Groupon parece uma esquisitíssima piada interna, é porque é isso mesmo).

Em todo o caso, o Triforce pretende atender a três necessidades principais dos comerciantes. Com a ferramenta das ofertas diárias, para amostragem e sensibilização, os comerciantes conseguiram fazer com que os consumidores experimentassem seus produtos e serviços. O Groupon Now! os ajudou a otimizar a administração — a se livrar dos estoques excedentes ou a atrair consumidores durante os períodos de pouco movimento. "Estamos criando um ecossistema no qual o comerciante pode regular o preço, e as pessoas respondem instantaneamente", disse Holden.

O terceiro braço do modelo Triforce do Groupon lida com o maior desafio da empresa perante os comerciantes: mostrar-lhes que as ofertas podem gerar a fidelização dos clientes. Se o Groupon conseguir decifrar o enigma de como garantir a lealdade do consumidor, grande parte das críticas que lhe são feitas desaparecerá. Evidentemente, este é um grande "se", mas Holden está ávido por responder à altura.

"Como parte de nosso sistema operacional, ofereceremos aos comerciantes a capacidade de administrar um programa de fidelidade supersimples, mas superatraente", disse Holden. Com o braço Rewards [Recompensas] do

Triforce, os comerciantes podem estabelecer um patamar de gastos para os consumidores. Uma vez atingido aquele número mágico, os clientes podem, então, ganhar ofertas do Groupon para aquele estabelecimento, o que poderia se tornar um motivo irresistível para fazê-los voltar mais vezes.

"Acreditamos que esta é a experiência de recompensas mais interessante e mais mágica que existe por aí", afirmou Mason. "A pessoa entra aleatoriamente em qualquer restaurante ou spa, passa seu cartão de crédito e recebe um e-mail dizendo: 'Como foi sua experiência? Você ganhou US$ 50 em uma massagem gratuita no Jack's Massage.'"

Uma vez inscritos no programa de fidelidade, os consumidores nem precisam saber se o comerciante está cadastrado no Rewards para receber ofertas, bastando utilizar, como forma de pagamento, o cartão de crédito informado em sua conta no Groupon. Portanto, receber recompensas de comerciantes locais, segundo Mason, "pode ser uma verdadeira surpresa" para os consumidores do Groupon. O programa Rewards começa reunindo passivamente as análises de clientes de todos os comerciantes cadastrados, de modo que não é necessário fazer o registro on-line para rastrear os seus acessos.

Para garantir a tecnologia de rastreamento de acessos, em julho de 2011 o Groupon comprou, por US$ 10,2 milhões, uma empresa chamada Zappedy. "Ela permite que nos comuniquemos com o terminal de cartões de crédito dos comerciantes", disse Mason. "Conseguiremos comparar os hábitos de compra dos consumidores do Groupon com os dos consumidores que não são do Groupon. Sempre fizemos isso empiricamente, e temos alguns comerciantes que não se desfazem dos dados. No fim, sempre é bom."

Se tudo correr bem, "chegaremos ao ponto em que as empresas que contarem com as ferramentas Triforce serão, sob todos os aspectos, muito mais bem-sucedidas do que aquelas que não dispuserem de tais ferramentas", disse Holden. "É aí que queremos chegar. Vislumbramos o nosso destino como interligado diretamente ao destino do comerciante."

Produtos inovadores e o depósito de patentes podem ajudar o Groupon a construir uma trincheira mais profunda em torno de seus negócios, novamente seguindo o caminho da propriedade intelectual que se mostrou tão bem-sucedido na Amazon, como as compras com um só clique e coisas afins.

"Temos que gerar muita propriedade intelectual aqui", afirmou Holden. "Não podemos escapar disso. Estamos trilhando este caminho no momento, e há muitas coisas em jogo." Depositar patentes pode servir como uma boa defesa caso os concorrentes comecem a sondar o negócio, exigindo algum tipo de compensação financeira. "Se outra empresa surgir depois e nós já tivermos um grande portfólio de patentes, sempre haverá alguma espécie de troca que possamos fazer, ou alguma situação em que possamos dizer: 'Bem, vejam só as nossas vantagens sobre vocês'", afirmou Holden.

No fim das contas, acrescentou ele, "toda empresa de inovação tem que ter o mesmo *modus operandi*. Andrew e sua equipe inventaram o conceito das ofertas diárias. É muito fácil dizer que se trata de uma coisa trivial, da mesma forma que as pessoas disseram que o conceito do um só clique era trivial. Mas, se fosse trivial, alguém teria feito antes. Foram estratégias muito bem-sucedidas, muito criativas e, também, muito lucrativas. No caso das empresas de inovação, a única defesa é inovar continuamente, para que aquelas que são incapazes de se antecipar continuem buscando as oportunidades e o potencial econômico onde eles estão, e não onde estarão. Portanto, a tendência é que grandes empresas, como o Groupon, se tornem muito reservadas, pois a grande arma que elas têm é a inovação que trarão consigo".

Sob o ponto de vista do consumidor, o Groupon está totalmente focado na personalização. "Inventamos este conceito de Deal Tags [Marcadores de Ofertas], que é realmente interessante", disse Holden, que também cuidou da personalização na Amazon. "Ele ajudará os consumidores a nos dizerem 'Adorei esta oferta', através de um marcador específico. 'Eu gosto das ofertas do tipo "Traga as Crianças"' poderá ser o comentário a respeito de determinada oferta. Outras podem ser 'Ofertas com Adrenalina' ou 'Ofertas da Fonte da Juventude." Conhecendo os temas nos quais as pessoas estão interessadas, o Groupon pode propor ofertas que pareçam mais relevantes para cada consumidor.

É um salto considerável do "motor de busca por relevância" original do Groupon, que se baseava, principalmente, na localização do usuário e em seus dados demográficos básicos. "Ainda cometemos erros, enviando serviços de manicure e pedicure para homens", disse Holden, no outono de 2011. "Só começamos a levar o gênero em consideração muito recentemente. Isso tem nos ajudado, é claro. Mas podemos ficar infinitamente mais precisos e tornar a oferta muito mais perceptível: 'Eis aqui a oferta e eis aqui por que estamos lhe mostrando esta oferta. Fica a 320 m da sua casa, é uma "Oferta com Adrenalina", e você afirma adorar ofertas com adrenalina.' Despertaremos o interesse, porque tomamos por base uma oferta anterior. E as pessoas pensarão: 'Isso é tão legal. Foi feito para mim.'"

O Groupon pode, inclusive, derrotar a Amazon no plano da personalização. "Estamos chegando a níveis equivalentes", afirmou Holden. "O motor de busca da Amazon não é sofisticado; ele apenas opera com quantidades monstruosas de informação."

O segredo dos marcadores é agrupar as ofertas em temas experienciais, em vez de categorias específicas de produtos e serviços. "Se fossem categorias, haveria coisas como 'spa', e eu continuaria enviando ofertas de spas. Isso é ridículo", disse Holden. "Não é isso que queremos. Mas 'estilo de vida com muitos mimos' é diferente. Pode ter a ver com coisas luxuosas, pode ter a ver com [levantar] seus pés e [deixar] alguém cuidar disso para você."

Em teoria, quanto mais o Groupon insistir nesta tecla da autoavaliação dos consumidores, mais envolvidos eles ficarão com as ofertas apresentadas sob os marcadores. "Portanto, uma oferta gastronômica não está relacionada apenas a conhecer um restaurante diferente", disse ele. "Também tem a ver com coisas como degustação de vinhos e estabelecimentos de cozinha gourmet." Em última instância, através de um comportamento de compra, o Groupon pode inferir uma correlação com comportamentos semelhantes. Este é o ingrediente secreto da personalização. Segundo Holden, o objetivo é evitar apresentar aos consumidores ofertas que possam não ser do seu agrado, a julgar pelo que indicam seus hábitos de compra e sua seleção de marcadores. "Mas também queremos apresentar coisas que eles não teriam pensado em procurar."

Em outras palavras, o Groupon deseja vender aos consumidores aquilo que eles não sabiam que queriam, embora a mera exibição os deixe dispostos a comprar — é a oferta fortuita perfeita.

O motor também funciona com os produtos secundários do Groupon. "Com o Groupon Live, estaremos capacitados a perguntar quais os gêneros de música que o consumidor aprecia, de que artistas específicos ele gosta, que tipo de *shows* ele busca — ele quer ficar sentado ao ar livre na grama ou gosta de ir a locais mais sofisticados?", explicou Holden. No caso do Getaways, as perguntas poderiam ser deste tipo: o consumidor gosta de centros urbanos? Ou de viagens de aventura? Ou ele quer uma viagem com alto teor de adrenalina? Lugares exóticos? Ou um programa dentro de casa?

As redes sociais também podem desempenhar um papel importante. Holden descreveu uma característica da Buy With Friends que funcionaria particularmente bem com os eventos presenciais. Os consumidores poderiam comprar uma oferta de forma provisória, informando, essencialmente, ao Groupon: "Eu quero ir, mas só irei se dois ou mais dos meus amigos forem comigo", disse Holden. "O consumidor estabelece este número, vai até o Facebook, convida várias pessoas para serem aqueles dois ou mais amigos e alcança o patamar mínimo quando elas concordarem em participar. É como se fosse um micropatamar mínimo, dentro do círculo social de um indivíduo."

Enquanto isso, o funcionário de Holden, Mihir Shah, cuja empresa de aplicativos móveis, a Mob.ly, fora comprada pelo Groupon em maio de 2010 — sua primeira aquisição, antes mesmo do CityDeal —, estava atarefado, concebendo soluções móveis no escritório de Palo Alto, na Califórnia. Desde a aquisição, Mason tem dito, inúmeras vezes, que um de seus poucos arrependimentos foi não ter aberto antes uma filial no Vale do Silício, para ter acesso à enorme concentração de talentos de tecnologia. Juntamente com o diretor de informações Mark Johnson, que havia sido contratado da Netflix, Shah fez o movimento aumentar rapidamente naquela região. Em março de 2012, o Groupon acrescentou outro grande trunfo ao seu escritório de Palo Alto, com a contratação de Curtis Lee, da firma de jogos sociais Zynga, como novo vice-presidente de produtos ao consumidor.

Shah fora apresentado a Mason por Andrew Braccia, da Accel, o mesmo que colocara Solomon em contato com a empresa. Holden chamava Shah de "um empreendedor totalmente astro. É absolutamente incrível trabalhar com ele. Rapidamente, ele criou sua própria unidade de negócios dentro do Groupon para administrar os produtos móveis e os produtos para comerciantes. Quando cheguei aqui, sua grande preocupação era a de que eu desmantelasse tudo. Nem morto. Eu adoro isso aqui. Quero que continue deste jeito. O Andrew também adora."

O namoro com a Mob.ly havia sido rápido. Com o negócio da tecnologia móvel em franco aquecimento, a Mob.ly, que havia desenvolvido aplicativos para grandes operadoras da rede, como o motor de reservas em restaurantes OpenTable, contava com vários pretendentes. A maioria deles, Shah conhecia há anos, do próprio Vale do Silício.

"O Groupon apareceu de surpresa", disse ele. Shah conversou com Mason pela primeira vez através do Skype. *Quem são estes caras lá longe, em Chicago?*, ele pensou. *Qual o sentido disso, se posso permanecer em uma operação que eu já domino, aqui no Vale?* Shah havia administrado a equipe de gerência de produtos no Yahoo!, e suas raízes no Vale eram bastante profundas.

Mas a conversa no Skype foi suficientemente intrigante para convencer Shah e o cofundador da Mob.ly, Yishai Lerner, a voar para Chicago, a fim de se reunir com Lefkofsky, Keywell e Mason. Não haviam transcorrido nem vinte minutos de conversa quando Lefkofsky disse: "Bem, por que vocês dois não esperam aqui? Vamos conversar por dez minutos e já voltamos."

Conforme o prometido, eles retornaram, e Lefkofsky começou a escrever alguns números na lousa branca da sala de reuniões. "Vejam", disse ele. "Aqui está a avaliação de sua empresa; aqui estão alguns outros termos; aqui está a oferta que pretendemos lhes fazer. Aqui estão informações básicas sobre a situação financeira da empresa. Por que vocês não vão almoçar e voltam para nos dizer o que acharam?".

Shah e seu parceiro ficaram espantados. Era uma mudança bastante revigorante em relação à cultura com a qual estavam acostumados no Vale, onde os departamentos de desenvolvimento corporativo geralmente se moviam em ritmo letárgico. *Caramba,* pensou Shah*, esses caras conseguem focar de verdade e tomar decisões rapidamente. Eles percebem que a tecnologia móvel vai crescer muito, eles querem ocupar seu lugar no Vale e eles fizeram uma oferta imediatamente.*

E, em um instante, o Groupon deixou de ser um candidato externo e passou à condição de proponente vencedor. Shah também ficou feliz ao ver o quanto a cultura da empresa era empreendedora. No escritório de Palo Alto, ele administrava o setor de produtos, enquanto Lerner cuidava da engenharia. Shah logo teria a oportunidade de sugerir negociações potenciais para as aquisições do Groupon, incluindo a compra do Zappedy, que trouxe ainda mais empreendedores para a operação de Palo Alto e reforçou aquela cultura. Inicialmente, o escritório tinha cerca de seis funcionários. No outono de 2011, já havia mais de 120, todos concentrados nos produtos móveis e para comerciantes do Groupon.

Até o fim do ano, quando se mudou para um espaço maior, a equipe ocupou os três andares de um prédio com um grande eixo central. O grupo de produtos móveis e para comerciantes, sob o comando de Shah, ficava instalado no andar superior, cuja atmosfera era a de uma atarefada sala de negociações, na qual as pessoas disputavam todos os espaços de trabalho que pudessem encontrar.

Era, também, uma espécie de mini-Nações Unidas, com a equipe do Zappedy em uma sala, representada por um grande contingente de cientistas da computação de primeira linha, vindos do Chile. "Todos falam espanhol", afirmou Shah. "E ainda temos a equipe dos produtos móveis, com pessoas da Rússia, da Índia, da China, de toda e qualquer nacionalidade que se possa imaginar. Ouvem-se línguas diferentes o tempo todo, e acho que talvez isso reflita o Groupon como um todo, quando pensamos em nossas operações globais — o que é ótimo, já que estamos tentando construir um produto global em Palo Alto." Embora o CityDeal tivesse sido construído sobre uma plataforma de software diferente da do Groupon dos Estados Unidos, Shah insistia que eles atuassem em conjunto na elaboração de seus produtos móveis.

"Fomos para Berlim, conhecemos as pessoas e formamos as parcerias", disse Shah. "Agora, essencialmente, nós construímos aqui em Palo Alto todos os produtos móveis mundiais para o Groupon, com exceção de alguns países. É uma colaboração estreita entre as equipes de Palo Alto e de Berlim. E funciona."

Trabalhar com a outra extremidade das longínquas operações do Groupon se tornou algo muito natural para a equipe. No momento em que a Europa está desacelerando seu ritmo, Palo Alto está entrando em funcionamento. "Na verdade, acabamos tendo um ciclo perfeito, porque eles fazem o que precisam fazer, e, no dia seguinte, nós podemos voltar e retomar a partir dali", afirmou Shah. Um dia típico também pode começar com uma videoconferência com Chicago, às 6h.

"As pessoas sempre me perguntam: como você faz para trabalhar entre Chicago e Palo Alto e o produto internacional construído em Berlim? Como é realmente possível coordenar isso tudo, quando o ritmo de crescimento é tão veloz?", afirmou Shah. "Na realidade, não é tão ruim assim, porque, afinal de contas, tem sido desta forma desde o primeiro dia. Para nós, pelo menos. Para o Groupon, esta é, simplesmente, a vida normal. A maioria das empresas lançadas nos Estados Unidos precisa de vários anos para solidificar seus negócios no próprio país; elas vão fazendo aquisições e crescendo lentamente em outros países. No nosso caso, isso aconteceu com um ano e meio de existência."

Essencialmente, o Groupon foi a primeira empresa multinacional instantânea.

Mason visita com frequência o escritório de Palo Alto, avançando sobre a primeira mesa livre que encontra no intervalo entre as reuniões. Vindo de fora, Shah não conseguia acreditar na desconexão entre a percepção popular do diretor-executivo e o modo como ele, de fato, administrava os negócios.

"Podemos não nos levar muito a sério como indivíduos, mas levamos nossa empresa absurdamente a sério", afirmou Shah. "As pessoas compreenderão melhor as nossas características e mais sobre nós ao longo do tempo. Assim que fui admitido, passei um ano inteiro trabalhando diretamente com Andrew. Ele é extremamente focado, extremamente competitivo e extremamente sincero sobre o que precisamos fazer e como precisamos fazer. Qualquer um que tivesse feito parte das inúmeras reuniões diárias das quais venho participando ao lado dele teria, simplesmente, observado o cuidado com que formulamos estas perguntas: 'Por que isso aconteceu?', 'Por que isso não aconteceu?', 'Por que não estamos vendo isso?', e 'Precisamos prestar mais atenção nisso. Está acontecendo todos os dias.'"

Shah descreveu uma cultura apolítica, rigorosa e baseada em resultados, na qual aqueles com uma personalidade motivada e empreendedora podem prosperar. "A cada trimestre, todos os departamentos recebem objetivos e resultados principais, e é assim que cada um de nós é avaliado", disse ele. "Não há, realmente, onde se esconder. Esta empresa é administrada de forma bastante quantitativa. Há um grande equilíbrio entre a excelência operacional focada inteiramente em números, e [a ideia de que] não teremos medo de correr riscos e lançar produtos inovadores."

As metas de Shah com o produtos móveis eram tão ambiciosas quanto as de Holden: "Daqui a alguns anos, talvez tenhamos milhões de pequenas empresas ao redor do mundo prosperando e se perguntando: 'Nossa, como eu administrei minha empresa sem os produtos e as ferramentas que o Groupon oferece?'" Ele vislumbrava um dia em que este conjunto de ferramentas de aquisição e retenção de consumidores ajudaria os pequenos comerciantes a assegurar a igualdade de condições de concorrência diante de revendedores gigantes, como a Walmart.

"A outra coisa que realmente me empolga é que, considerando que lidamos prioritariamente com comércio local e que os smartphones e os produtos móveis estão crescendo a um ritmo extraordinário, nos tornaremos, provavelmente, uma das maiores empresas móveis em termos de receita", disse ele.

Quanto aos consumidores, Shah destacou um fato surpreendente: o Groupon tem muito mais usuários móveis do que o Foursquare. "Portanto, podemos usar nossos aplicativos móveis para levar as pessoas, com muita eficácia, ao Groupon Now!, a uma oferta G1 regular ou a uma oferta Getaways", afirmou ele. "Faremos parcerias com o Foursquare apenas para ajudar a distribuir coisas como as ofertas Now!, mas também contamos com uma ampla base de usuários móveis."

Para além do tamanho de sua base móvel, até mesmo o Groupon se surpreendeu ao constatar que os consumidores confiam tanto na marca que estão dispostos a fazer grandes compras quando estiverem se deslocando de um lugar para outro. "Não imaginei que as pessoas fossem, necessariamente, comprar itens mais dispendiosos através de seus celulares", disse Shah. "Mas, no fim, as pessoas que gostam de usar o Groupon no telefone comprarão qualquer coisa pelo telefone, seja uma oferta Getaways, uma oferta Now! ou uma oferta diária regular."

Muitas pessoas que planejam viajar costumam gastar horas pesquisando o destino e comparando preços em seus laptops e PCs, mas o Groupon rapidamente observou um pico nas ofertas Getaways através de seu aplicativo móvel. "Isso, realmente, é um indicativo do que as pessoas estão fazendo com seus smartphones, que, hoje em dia, estão se tornando uma espécie de substitutos dos seus PCs", afirmou Shah (de fato, 25% dos cupons do Groupon vendidos em dezembro de 2011 foram comprados através de dispositivos móveis).

E, uma vez que o Groupon está presente em quase cinquenta países, o comércio local se torna, rapidamente, uma forma de recomendar as ofertas de comerciantes e de dar sugestões aos viajantes em quase todas as grandes cidades. "Quando estamos viajando e querendo ir a algum lugar, é a hora exata de sacar o aplicativo móvel do Groupon, verificar o que está disponível naquela cidade e começar a comprar algumas coisas logo, antes de chegar lá", afirmou Shah.

Prestes a completar um ano e meio trabalhando para o Groupon, Shah continuava otimista sobre as perspectivas de crescimento da empresa. "Sinto como se tivéssemos acabado de começar. É fácil as pessoas dizerem: 'Ah, a empresa é grande e tem 12 mil funcionários em cinquenta países', mas eu percebo que, considerando-se a oportunidade de transformar radicalmente o modo de funcionamento dos negócios locais, nós acabamos de começar."

Mas a promessa de receitas advindas desses produtos poderia justificar a altíssima capitalização de mercado que o Groupon estava buscando no IPO?

Em 22 de setembro, esbarrei com Eric Lefkofsky na Ala Moderna do Instituto de Arte. Estávamos lá para um levantamento de fundos para o Goodman

Theatre, e aproveitamos para conversar brevemente, a apenas alguns metros de onde Michael Bloomberg fora fotografado, juntamente com Richard M. Daley e Rahm Emanuel, após a sua visita pela sede do Groupon, sem o pônei. Apesar da última rodada de manchetes horripilantes, Lefkofsky parecia animado. Os dados financeiros do terceiro trimestre surpreenderiam as pessoas — para o bem, sugeriu ele. "Prefiro ter uma boa empresa e uma cobertura negativa na imprensa do que uma má empresa e uma cobertura positiva", ele acrescentou. Era inegável que ele estava de bom humor: o relatório trimestral terminaria mostrando que o Groupon se aproximava do limiar de rentabilidade, e era lucrativo nos Estados Unidos.

TRINTA E CINCO

No entendimento do Groupon, o processo de abertura de capital já estava se arrastando por um tempo longo demais. Em meados de setembro, quando, enfim, a empresa parecia se encaminhar tranquilamente para o IPO, o site agregador de ofertas YipIt.com divulgou um relatório insinuando que, até aquele momento de 2011, 170 dos 530 concorrentes do Groupon nos Estados Unidos haviam ido à falência ou sido incorporados por outras operações. Vamos dizer que eram 171, já que o BuyWithMe, o primeiro clone do Groupon, estava prestes a ser absorvido pelo site de ofertas Gilt City, depois de ter dispensado mais da metade de seus funcionários. "O mercado de capitais perdeu a vontade de investir no negócio de ofertas diárias", lamentou o diretor de operações do BuyWithMe, imediatamente antes da venda.

Em 24 de outubro, na cidade de Nova York, Mason deu início às suas apresentações nos encontros com investidores, vestido elegantemente com um terno azul e uma gravata cor de prata. Ele levou consigo alguns números impressionantes para compartilhar e uma história irrefutável, que apontava para o potencial de crescimento futuro. Mas, inevitavelmente, as más notícias estavam prestes a aparecer.

Os problemas começaram com um restaurante local de Louisville, em Kentucky, chamado Seviche. Mason usou a bem-sucedida experiência do restaurante com o Groupon para ilustrar os benefícios que uma atividade empresarial qualquer poderia usufruir ao lançar uma oferta. Ao mostrar um slide do PowerPoint cujo título era "Por que o Seviche Adora o Groupon", Mason explicou que, mesmo depois de subtraídos os custos de bens e serviços e o percentual do Groupon, o restaurante, efetivamente, lucrou com cada oferta resgatada. Na verdade, acrescentou ele, a promoção tinha sido tão bem-sucedida na fidelização de clientes que, como resultado, o restaurante de alta classe havia aumentado o número de assentos disponíveis.

O único senão é que, depois de encerrada a oferta, o Seviche mudou de donos, e ninguém no Groupon se preocupou em verificar se o novo proprietário endossaria o quadro excessivamente otimista que a empresa estava pintando sobre a experiência do restaurante. Como acabou acontecendo, os novos donos logo declarariam que não consideravam o Groupon uma oportunidade de marketing viável. Colocando sal — sem dúvida, um sal de muito boa qualidade — na ferida das relações públicas, em 25 de outubro, em uma matéria intitulada "Seviche não adora mais o Groupon", o proprietário disse à Reuters que a ampliação do número de assentos "não teve nada a ver, realmente, com os Groupons". Mais tarde, o novo proprietário comunicou à empresa que a sua declaração havia sido deturpada, mas o caldo já tinha azedado.

Enquanto isso, um analista sênior da Morningstar fixou o valor da empresa em US$ 5 bilhões, inferior à oferta proposta pelo Google em 2010, e muito abaixo da capitalização de mercado de US$ 10 bilhões a US$ 11,4 bilhões que a empresa estava esperando atingir no dia do IPO. Ainda segundo suas projeções, o Groupon não se tornaria lucrativo antes de 2013. Mais manchetes negativas apareceram em consequência de um comentário feito por Mason em Boston, diante de investidores potenciais, sobre eliminar da empresa os representantes de vendas mais fracos, o que foi interpretado como um plano concreto de dispensar 10% da equipe. As matérias obrigaram o Groupon a divulgar um comunicado, afirmando que "Andrew Mason está se referindo a um processo de avaliação de rendimento, concebido para afastar e substituir os funcionários de baixo desempenho, algo muito comum nas organizações de vendas mais eficientes".

E, apenas para completar a abertura da semana dos encontros com investidores, o Groupon aplicou em si mesmo um outro golpe, quando seus advogados processaram um site de paródias por uso indevido da marca. Por um lado, a página, lançada por um site varejista on-line, chamado runningshoes.com, usava o logotipo do Groupon e era exatamente igual a uma página de ofertas. Por outro, ela se denominava "paródia digital", e qualquer um que lesse o texto imediatamente constataria que se tratava de uma brincadeira.

A oferta era para o "IPO do Groupon" e anunciava uma ação por US$ 16, ou 60% de desconto sobre o preço de US$ 40 que fora aventado no início daquele ano. A descrição da oferta dizia tudo: "Compre ações em uma das mais rápidas empresas nascentes da história da internet. Já avaliado em US$ 25 bilhões, o Groupon está saindo, agora, pelo preço base de negociação, estimado em US$ 10,1 bilhões". Uma empresa que lançava ofertas pela metade do preço vira seu prognóstico de avaliação despencar para menos do que a metade, uma ironia que era um grande motivo de piada, apenas esperando por alguém que se aproveitasse da ocasião. Cada consumidor poderia comprar, no máximo, um milhão de ações, mas aqueles com dinheiro extra para gastar eram convidados a conhecer outras ofertas parecidas, como um bonequinho feito de meia, da Pets.com, por dez dólares; o logo oficial do MySpace, por um centavo; ou o domínio Napster.com, por um dólar.

A ironia de uma empresa obcecada pelo humor, que achava tanta graça quando alguém mandava seus advogados perseguirem os outros por causa de uma paródia, era um deleite para a mídia. Afinal de contas, ler e escrever matérias sobre a hipocrisia corporativa é uma coisa divertida. Mesmo que o Groupon considerasse o uso indevido de seu logotipo e de suas outras marcas um motivo tecnicamente suficiente para uma interpelação judicial, por que será que a gerência não percebeu que atacar o runningshoes.com faria com que os críticos tivessem a chance que tanto queriam, de dizer que o Groupon abusava do humor como bem lhe conviesse, mas era incapaz de suportá-lo?

"Acho que, simplesmente, perdemos nosso senso de humor naquele dia", disse a diretora de comunicações, Julie Mossler.

Em uma reviravolta ainda mais severa, o Groupon também abriu um processo contra três ex-gerentes de vendas, a quem acusava de repassar segredos comerciais para o Google Deals, ainda que seus contratos de trabalho os impedissem de trabalhar para um concorrente direto por dois anos (mais tarde, o trio também respondeu com ações judiciais contra o Groupon, requerendo indenização por danos morais, classificando o arquivamento do pedido de registro do IPO como "uma farsa", projetado para permitir que a empresa "saqueasse os bolsos dos seus mais novos concorrentes"). Realmente, estava começando a parecer que o Groupon e o Google tinham questões pendentes. Outro tropeço surgiu quando o Groupon informou erroneamente aos funcionários detentores de opções de compra de ações que eles poderiam vender suas ações no dia da abertura do pregão, quando, na verdade, eles precisavam esperar pelos 180 dias usuais do período de carência.

E, com tudo isso, restava uma última traquinagem: no fim da noite de Halloween, a apenas quatro dias do IPO, o *Business Insider*, de Henry Blodget, lançou uma bomba intitulada "Por dentro do Groupon: A verdade sobre a empresa mais controversa do mundo". A matéria, baseada inteiramente em fontes anônimas, afirmava que Lefkofsky havia aberto o caminho das compras coletivas apenas para se ver ignorado por um arrogante e teimoso Mason. O editor-chefe do Groupon, Aaron With, que comparecia às reuniões da empresa, contestou vigorosamente a alegação da matéria, de que Lefkofsky fora "o verdadeiro operador por trás da empresa inteira, durante sua fase inicial".

O desenrolar dos acontecimentos foi assustador: um dos ex-colegas de Mason no The Point estava tão insatisfeito que atacou inesperadamente o diretor-executivo durante a semana do IPO. O artigo vaticinava que o Groupon estava "fadado a ser bastante lucrativo", mas criticava severamente Mason como ser humano. Quem o apunhalara daquele jeito pelas costas? Mason havia planejado levar a equipe original do The Point para a cidade de Nova York, para que todos pudessem celebrar juntos a abertura de capital da empresa. Mas logo depois da publicação do artigo, os voos com a turma do The Point foram cancelados. Agora, Lefkofsky, Keywell e os integrantes da equipe dos encontros com investidores seriam os únicos executivos a comemorar na NASDAQ. No primeiro dia, With fora informado de que iria ao evento do IPO; no dia seguinte, disseram que ele não iria mais. Embora não soubesse por que ele e os outros membros da equipe original haviam sido desconvidados, a desfeita não pareceu incomodá-lo. Sempre havia muito trabalho a fazer em Chicago.

Aquele momento foi como se alguém tivesse colocado um freio em uma montanha-russa desgovernada: um enorme tranco, mas, pelo menos, o percurso chegara ao fim. E já não era sem tempo. Como afirmou ao *Chicago Tribune* um banqueiro de investimentos que prestara consultoria ao Google em seu IPO: "Pouquíssimas empresas cometem tantos deslizes" em seu processo de abertura de capital.

A semana ia terminando e a pergunta permanecia: todas estas nuvens negras seriam dissipadas a tempo para um IPO bem-sucedido?

Na verdade, a maioria delas já havia sido dissipada. O "fiasco" no Super Bowl levara à melhor semana de vendas do Groupon até então. A SEC aprovara o processo de abertura de capital da empresa, apesar das enfáticas objeções dos críticos ao "esquema Ponzi". Mason reformulara o organograma da empresa para eliminar seu incômodo problema na diretoria de operações. E a reformulação do processo de vendas gerenciada pelos alemães, embora dolorosa, estava começando a mostrar excelentes resultados: em 6 de outubro, o Groupon vendeu, pela primeira vez, mais de um milhão de ofertas em um único dia — quase o triplo do volume médio de vendas da empresa no segundo trimestre.

Impulsionado por um orçamento de marketing anual equivalente ao de empresas tão grandes como a Visa, o Groupon alcançara, agora, mais de 142 milhões de associados no mundo inteiro, 30 milhões dos quais haviam adquirido, pelo menos, uma oferta. Só no terceiro trimestre, a empresa trabalhara com quase oitenta mil comerciantes, vendendo 33 milhões de Groupons em todo o planeta durante aqueles meses. E um surpreendente índice de 54% de lares norte-americanos com renda acima de US$ 150 mil estavam, naquele momento, cadastrados em algum site de ofertas diárias, segundo uma pesquisa da Accenture. Como resultado de toda esta fase positiva, os prejuízos do Groupon recuaram para apenas US$ 239 mil no terceiro trimestre, mais de US$ 100 milhões a menos do que havia sido computado nos três meses anteriores.

Porém, ainda havia sinais de alerta — muitos deles. O ritmo de crescimento da receita diminuiu, acompanhando a contenção das despesas de marketing; o lucro total do Groupon sobre as ofertas vendidas abaixou para 37% no terceiro trimestre, em comparação com os 42% registrados no mesmo período do ano anterior; e as vendas por funcionário durante aqueles três meses somaram US$ 41.290, comparadas com os US$ 322.730 por funcionário na Amazon. Enquanto isso — o que não era pouco —, ainda restava comprovar a viabilidade do modelo a longo prazo. Mas, pelo menos por enquanto, a aposta em recusar as propostas do Yahoo! e do Google estava sendo, aparentemente, recompensada. Houve tanta demanda de investidores pela oferta que, no último minuto, o Groupon aumentou o número de ações disponíveis, de 30 milhões para 35 milhões, e estabeleceu um preço inicial de US$ 20, acima da meta que constava no formulário, entre US$ 16 e US$ 18 por ação. As ações em negociação representavam apenas modestos 5,5% dos 632 milhões de excepcionais ações da empresa — o menor percentual de todos os tempos para um IPO —, mas a maioria das linhas de tendências apontava para cima.

3-4 DE NOVEMBRO, 2011

Na noite anterior ao grande dia — chamemos de véspera do IPO —, Mason, Lefkofsky e Keywell, acompanhados de suas respectivas esposas, alguns dos principais investidores e vários colaboradores da alta gerência, estiveram no bar do terraço do elegante Hotel Gansevoort, no distrito de Meatpacking, em Manhattan. Foi um encontro descontraído, regado a bebidas preparadas com a vodca de garrafas exclusivas, e ao som dos maiores sucessos musicais, executados por um DJ instalado em um dos cantos do ambiente.

Mason parecia um pouco nervoso, talvez porque ainda não redigira o seu grande discurso para as câmeras da NASDAQ, mas Lefkofsky estava positivamente sereno. Camisas para fora das calças continuavam sendo a escolha mais popular de vestimenta entre os homens, mas, ao que parece, todos haviam escolhido as mais estilosas para a grande noite.

Na manhã seguinte, a assistente de Lefkofsky, Pat Garrison, foi a primeira integrante da equipe do Groupon a chegar ao estúdio de transmissão MarketSite, da NASDAQ, na Times Square. Ela passou pela segurança logo depois das 8h, seguida por um rapaz que trazia um bolo decorado com o logotipo do Groupon, preparado com uma cobertura glaceada tão espessa que seria capaz de deter uma bala perdida.

À chegada, oferecia-se aos convidados uma foto de recordação, tirada contra um fundo branco. Através da aplicação de algum truque de computador, tinha-se a impressão de que todos eles haviam aparecido na gigantesca tela cilíndrica da NASDAQ, com vista para a Times Square.

Pelo fato de a NASDAQ ser uma bolsa de valores virtual, o edifício MarketSite foi concebido para produzir belas imagens para o mundo dos investimentos e para turistas que passam diante das janelas, voltadas diretamente para o estúdio do andar térreo. Uma parede de monitores serve de pano de fundo para as operações. Na manhã do IPO do Groupon, as ações da empresa estavam listadas ao preço preestabelecido de US$ 20.00, com a designação ESTÁVEL, até o início das negociações. Depois disso, todas as flutuações passaram a ser mostradas em tempo real nas telas, ao lado das alterações nos principais indicadores do mercado.

Fora da área do estúdio, algumas dúzias de convidados bebiam café e refrigerante, enquanto uma música inspiradora, cheia de notas graves, como as que tocam antes dos jogos da NBA, preenchia o espaço. Logo acima do nível da cabeça dos presentes, vários miniestúdios de televisão abraçavam o espaço, de modo que os repórteres financeiros, quando filmados dos seus postos de observação no segundo andar, tivessem como cenário as telas de rolagem, que exibiam a cotação das ações e seus respectivos códigos de negociação.

Emily Chang viajara desde o estúdio californiano do *Bloomberg West* para cobrir o evento, e estava aborrecida por ter sido deixada de fora. Sua irritação não a impediu, no entanto, de tirar uma foto do estúdio com seu celular, a partir do cubículo da Bloomberg, localizado no segundo andar.

Àquela altura, Mason estava sentado em um canto, afastado da área do estúdio, tendo ao seu lado Jeff Holden, que lhe dava palavras de estímulo, já que o diretor-executivo continuava trabalhando, até o último minuto, nas breves observações que faria. Enquanto todos se serviam de café e refrigerante, Kevin Efrusy, da Accel, um dos investidores cujo apoio foi de vital importância para o crescimento independente do Groupon, repetia o mantra de Mason e Lefkofsky, de que o IPO era uma mera etapa, e nada mais do que isso, naquela que seria, segundo eles, a longa trajetória da empresa até sua supremacia no mercado. Harry Weller, da New Enterprise Associates, também estava a postos, mas não cantou nenhum número de Billy Joel, como fizera durante o South by Southwest.

Em consonância com o excêntrico estilo da empresa, Mossler sugerira que os proprietários do Motel Bar — os indivíduos que lançaram o primeiríssimo Groupon e, desde então, haviam fornecido refeições para milhares de seus funcionários — deveriam tocar o sino de abertura do pregão. A dupla ficou tão satisfeita pela honraria que acabou batizando um sanduíche em homenagem a Mossler, oferecido no cardápio das segundas-feiras.

Quando chegou a hora das apresentações, o diretor-executivo da NASDAQ, Bob Greifeld, observou que o Groupon era a terceira empresa de Lefkofsky a promover a abertura de capital através da bolsa de valores. Somente um outro empreendedor havia conquistado esta vitória tripla: Steve Jobs, com a Apple, a Pixar e a NeXT.

Não era má companhia, o que tornava ainda mais curioso o fato de a bolsa ter escrito incorretamente o nome de Lefkofsky na gigante tela exterior. Quem sabe, na quarta vez, a NASDAQ conseguisse acertar.

Ao receber das mãos de Greifeld a réplica de cristal do cilíndrico MarketSite, Mason a deixou escorregar e quase a derrubou, mas o diretor-executivo conseguiu agarrá-la a tempo, enquanto os espectadores cochichavam que ela se parecia mais com um *bong*.

Feitos os devidos agradecimentos aos investidores e colaboradores, o volume da música começou a aumentar de intensidade. Os proprietários do Motel Bar tocaram o sino de abertura do pregão e confetes verdes estouraram pelo ar; um deles, errante, colou-se na testa de Lefkofsky por um minuto, até que, finalmente, ele o retirou com os dedos. Os fundadores e alguns dos principais executivos do Groupon vibraram com a ocasião, e aplausos irromperam na galeria quando Mason abraçou Lefkofsky diante do púlpito.

E então... chegou o momento de esperar. Ainda demoraria mais de uma hora, até às 10h45, para que as ações do Groupon começassem a ser negociadas, e, assim, a manhã assumiu todas as características típicas de um casamento. Havia champanhe e bolo. Havia pessoas jogando conversa fora, informalmente. E havia fotos do lado de fora, na Times Square. Quando o grupo deixou o prédio, Emily Chang correu até Mason, levando a reboque o câmera da Bloomberg.

— Como você se sente? — perguntou ela. — Você deve estar se sentindo ótimo.

O diretor-executivo apenas sorriu para ela e continuou andando.

— Diga algo — pediu ela, acompanhando o ritmo de sua caminhada. — Nada? E sobre o futuro do Groupon a longo prazo?

— Tente de novo, tente de novo — disse Mason, zombando gentilmente da repórter.

— Certo — disse Chang. — Como você se sente, Andrew?

253

Ele deu outro sorriso e foi embora. Não nos enganemos: estes executivos tinham prestado muita atenção aos comentários negativos da imprensa ao longo de um ano inteiro, e a Bloomberg praticamente encabeçava a lista de asneiras que haviam sido publicadas contra eles. Chang não decepcionou, preparando uma matéria extremamente ferina, naquele mesmo dia:

"Ao contrário de muitos diretores-executivos de empresas que promovem a abertura de capital, Mason e o departamento de relações públicas do Groupon se recusaram a dar declarações à imprensa, no único dia em que deveriam estar cantando vitória", entoou ela, antes de afirmar que "muitos analistas e investidores acreditam que o Groupon está zombando dos investidores, o que pode trazer resultados dúbios".

Quando a equipe do Groupon se reuniu no meio da Times Square, aqueles que passavam por ali começaram a tirar fotos em frente a Mason. Um deles foi até o grupo e disse: "Alguém sabe quem são estas pessoas?". O grupo virou, praticamente, uma atração turística, embora não pudesse ser comparado com o Naked Cowboy, artista de rua de Nova York, famoso por andar pela praça usando uma cueca e um chapéu de boiadeiro, ao mesmo tempo em que dedilha um violão.

De volta ao interior, alguns momentos tensos. A coordenadora líder, a Morgan Stanley, acreditou que a equipe do Groupon acompanharia a primeira negociação nos escritórios do banco de investimentos, mas a empresa já havia prometido a honraria à NASDAQ, e eles acabaram ficando por lá.

A primeira negociação pública registrada do Groupon foi à cotação de US$ 27,93, um acréscimo de 40% sobre o preço preestabelecido. Uma grande comemoração tomou conta da galeria, enquanto os mais novos milionários e bilionários brindavam à sua boa sorte.

O diretor financeiro Jason Child foi imediatamente posicionado em uma desconfortável cadeira, em meio à arena, para uma entrevista remota com Jim Cramer, do programa *Squawk Box*, da CNBC. Enquanto Child esperava a entrevista começar, seus colegas o perturbavam. "Imagine que você está diante de um pelotão de fuzilamento, sem saber quando acionarão o gatilho", reagiu Child.

Quando o diretor financeiro apareceu ao vivo no ar, todos imediatamente se afastaram dele para que pudessem acompanhar o impacto de suas declarações nos monitores, pendurados do lado de fora da área do estúdio. Muitas risadas e cumprimentos se seguiram. O clima ficou ainda mais animado quando chegou a informação de que, como bom competidor, o LivingSocial mandara entregar quarenta pizzas do Motel Bar na sede do Groupon em Chicago, como forma de parabenizá-lo.

Algumas horas depois, a equipe de liderança já retornava a Chicago, no jato de Lefkofsky — ao lado dos donos do Motel Bar, que o presidente convidara, no último minuto, para a charmosa viagem. Com a bolsa fechando seu primeiro dia em US$ 26,11 por ação — um aumento mais do que considerável, de 31%, desde o badalar do sino de abertura —, o valor dos papéis dos fundadores, dos primeiros investidores e dos membros da diretoria disparou, ao mesmo tempo em que a empresa conquistava uma capitalização de mercado de US$ 16,7 bilhões.

Feitas as contas, o Groupon arrecadou US$ 700 milhões com o IPO, embora os analistas tenham criticado a minúscula quantidade de ações em negociação, entendendo-a como um dispositivo para manter a cotação das ações artificialmente alta, pela limitação da oferta. Eles também levantaram um sinal de alerta quanto a uma estrutura de ações que daria 150 votos a cada uma das ações preferenciais dos fundadores, garantindo-lhes, assim, o controle majoritário.

Mas os investidores procuravam olhar além de tais preocupações, pelo menos naquele dia, para fazer com que o Groupon se tornasse o maior dentre todos os IPOs de empresas de tecnologia, já que, em 2004, o Google conseguira acumular US$ 1,7 bilhões.

Quase exatamente um mês antes, Solomon havia previsto um IPO "bom, mas não ótimo. Acho que será alto o suficiente para justificar nossa recusa à oferta de compra do Google, mas não chegará nem perto dos números malucos sobre os quais as pessoas estavam comentando no início deste ano", disse ele — especialmente as supostas avaliações de US$ 20 a US$ 25 bilhões que, provavelmente, provinham de banqueiros de investimentos interessados no negócio.

"Não sei de onde estavam vindo aqueles números malucos", afirmou Solomon. "Definitivamente, não era de ninguém do Groupon. Sempre dissemos que seria muito bom recebermos uma avaliação de US$ 15, US$ 18 bilhões; US$ 20 bilhões seria fantástico." Portanto, depois de tantas turbulências, a turma do Groupon conquistara mais ou menos tudo aquilo que desejara.

Eric Lefkofsky, sozinho, chegou ao fim do dia com quase US$ 3,4 bilhões a mais; seus 28% em participações remanescentes valiam aquilo que o Yahoo!

havia pretendido pagar pela empresa inteira, no ano anterior. Isso pavimentou seu acesso à lista da *Forbes 400*, que o apontou como um dos homens mais ricos dos Estados Unidos. Seu parceiro, Brad Keywell, recebeu cerca de US$ 1,1 bilhões. Na verdade, ele foi ultrapassado pelos US$ 1,2 bilhões de Mason — mas quem estava ligando para isso, a não ser todos?

Por seu estilo oportunista e sua excelência operacional, os irmãos Samwer foram surpreendidos com respeitáveis US$ 1 bilhão. Os investidores New Enterprise Associates e Accel Growth Fund arranjaram-se com US$ 2,3 bilhões e US$ 863 milhões, respectivamente.

O ex-presidente e diretor de operações Rob Solomon embolsou agradáveis US$ 105 milhões pelo ano de serviços prestados, enquanto sua sucessora, Margo Georgiadis, obteve US$ 8,4 milhões pelos cinco meses em que ocupou o cargo. O ex-gerente de tecnologia Ken Pelletier, que participou do The Point e ficou na empresa por mais algum tempo, valia, agora, US$ 70 milhões. Os membros da diretoria Howard Schultz e Ted Leonsis ganharam, respectivamente, US$ 49 milhões e US$ 48 milhões. Os funcionários do Groupon em nível de diretoria também terminaram o dia como novos milionários.

Das três coordenadoras, a Morgan Stanley ficou com a maior fatia das comissões, alcançando US$ 17,3 milhões; a Goldman Sachs ficou em segundo lugar, com US$ 8,7 milhões; e a Credit Suisse, com US$ 3,1 milhões. Outros onze bancos ajudaram a coordenar o IPO, levando para casa um total de US$ 42 milhões em comissões.

Nada mal para uma empresa com três anos de existência, que começara com um investimento de US$ 1 milhão.

Mason e companhia haviam sobrevivido às reações adversas, mas as feridas persistiam. "É tudo tão sem sentido que nos vemos obrigados a desenvolver uma casca grossa, o que não é necessariamente uma coisa boa. Eu não acho. Porque é ótimo ser realmente sensível a como os seus consumidores se sentem e a como o público se sente", disse o diretor-executivo, antes do IPO. "Mas, pelo fato de estarmos efetivamente impedidos de dizer ou fazer qualquer coisa durante o período de silêncio, a única maneira de lidar com isso e não dar um tiro na cabeça é aprender a ignorar."

O ano de 2011 estava chegando ao fim, e Mason manifestava a esperança de que, em breve, as violentas críticas ao Groupon começassem, talvez, a esmorecer. "Acho que isso acontecerá ao longo de 2012", disse ele. "A temporada de bobagens estará extinta, espero, em um ou dois trimestres depois do IPO, mas acredito que as desconfianças desaparecerão lentamente — pela simples razão de que, diante dos números, haverá mais evidências."

"Os números dirão tudo e, então, seremos tratados, em vários sentidos, como uma empresa normal de tecnologia", previu ele. "Quanto à minha opinião sobre o que estaremos fazendo daqui a cinco anos, diria que pretendemos fazer parte do comércio local de uma maneira realmente fundamental. Queremos que todos pensem no Groupon diariamente, sempre que saírem de casa para fazer compras em suas localidades. E, com as coisas que estamos fazendo, a cada dia fico mais e mais empolgado com o potencial existente para que isto ocorra."

Solomon suspeita que Mason estará no comando do Groupon se e quando isto acontecer. "Acho que o Andrew será o diretor-executivo a longo prazo", disse ele. "Vai ser um período muito competitivo e confuso. Mas eu realmente acredito que ele desponta como a pessoa que estará administrando esta empresa daqui a cinco anos ou dez anos. Ou seja, é ele. É a vida dele, assim como a Amazon é o Bezos, e o Bezos é a Amazon. A mesma coisa acontece aqui."

As verdadeiras operações de negociação da NASDAQ acontecem bem ao sul da Times Square, na One Liberty Plaza, na baixa Manhattan. O edifício paira sobre o ex-Liberty Plaza Park, agora conhecido como Zuccotti Park, onde os famosos manifestantes do movimento Occupy Wall Street montaram acampamento.

No dia do IPO do Groupon, o músico David Crosby percorreu o parque, analisando qual seria o melhor lugar para ele e Graham Nash tocarem. Certamente, ao contrário de Neil Young, eles não eram fãs do gato do Groupon.

Na terça-feira seguinte, Crosby e Nash trespassaram seus violões acústicos sobre o peito e incitaram os ativistas do Occupy a cantar juntos versões *a capella* de "Long Time Gone", "Teach Your Children", "Military Madness", "What Are Their Names" e a mais recente acusação da dupla contra os excessos do capitalismo, "They Want It All".

"Esta é uma canção para todos estes caras que estão nestes prédios aqui em volta", disse Crosby, fazendo um gesto com a cabeça para a sede da NASDAQ, exatamente do lado oposto da praça, tomando como referência o local onde ele estava.

"Eles querem aquela Mercedes, aquele Gulfstream também/ Eles querem arrancar, arrancar isso de você", ele e Nash cantavam. "Eles sangram as empresas que devem administrar/ É o mesmo que levar o seu dinheiro usando uma arma."

Diante dos versos desconhecidos, a multidão ouvia silenciosamente, mas não durou muito para que todos aprendessem o refrão e se juntassem ao coro: "Eles querem tudo, eles querem agora/ Eles querem arrancar tudo e nem se importam como."

Os manifestantes não estavam direcionando sua ira contra o Groupon, não quando existiam grandes bancos para atacar — muitos dos quais, admitidamente, haviam coordenado o IPO da empresa. Mas ter um ícone do movimento de protesto dos anos 1960, como David Crosby, erigindo o seu mais recente brado político ao mesmo tempo em que as ações GRPN começavam a fabricar bilionárias a apenas alguns metros de distância, bem, isso certamente ilustrava o quanto Mason havia progredido desde a fundação de um site de ações coletivas politicamente correto e idealista, até figurar na seleta posição dos 1% mais ricos, em apenas três anos de existência.

Sem dúvida, Andrew Mason ainda estava determinado a mudar o mundo.

Porém, pelo menos por enquanto, esta mudança seria medida em termos do quanto o mundo estava disposto a pagar.

TRINTA E SEIS

Depois de terminar o ano com uma oscilação na cotação de suas ações, graças, em parte, aos vendedores a descoberto e à baixa quantidade de ações em negociação, histórica no IPO, a primeira grande aparição do Groupon em 2012 foi em um perfil da empresa no *60 Minutes*, exibido em 15 de janeiro. Reiterando a sua refinada atitude enfadonha, Andrew Mason declarou a Lesley Stahl: "Sou tão experiente, tão maduro ou tão inteligente quanto os outros diretores-executivos? Não, provavelmente não, mas acredito que é bastante útil ter um dos fundadores no cargo de diretor-executivo."

Ao observá-lo, era impossível não apreciar seu comportamento cada vez mais confiante, e refletir sobre o quanto de atenção pública a empresa conseguira atrair ao se valer do estratagema do executivo travesso. Evidentemente, algumas matérias sobre as brincadeiras de Mason haviam sido negativas, mas teria o IPO do Groupon causado metade do alvoroço que causou se Mason não tivesse feito as suas caretas para as câmeras? Com efeito, segundo o HighBeam Research, o Groupon abocanhou 69% de toda a cobertura de mídia no segmento de ofertas diárias em 2011, sendo que o LivingSocial ocupou um distante segundo lugar, com 15%. Consideremos: cerca de um mês depois de o Groupon promover a abertura de capital, foi a vez da Zynga começar a negociar suas ações na bolsa, e, logo no primeiro dia, as ações da empresa caíram 5% em relação à sua faixa inicial de preço, muito embora a firma de jogos sociais estivesse obtendo lucro, aumentando sua receita e recebendo avaliações positivas de analistas. Talvez a Zynga precisasse de um diretor-executivo com um talento especial para arrebatar as manchetes. E, talvez, Mason e Lefkofsky estivessem devendo aos denunciastes cibernéticos uma ou duas cervejas.

As boas notícias do Groupon só seriam reveladas em 8 de fevereiro: as vendas da empresa explodiram no quarto trimestre de 2011, acumulando uma receita de US$ 506,5 milhões — um surpreendente incremento anual de 194%. Infelizmente, mais uma surpresa desagradável aguardava o Groupon em seu atribulado ano do IPO, com a revelação de um prejuízo líquido de US$ 42,7 milhões no quarto trimestre, ou US$ 0,08 por ação, embaralhando as expectativas dos analistas, que haviam previsto um lucro de US$ 0,03 por ação. A lucratividade das operações norte-americanas alcançou, aproximadamente, US$ 35 milhões, e o prejuízo total se deveu, principalmente, a uma tributação incomumente elevada, associada à inauguração da nova sede internacional do Groupon, na Suíça. Mas o fracasso da empresa em equilibrar suas contas acabou levando a cotação das ações a uma espiral descendente, de mais de 15%, em negociações realizadas fora do horário do pregão, até que restasse menos de um dólar sobre os US$ 20 do preço preestabelecido. Naquela tarde, liderando sua primeira teleconferência sobre os resultados do balanço financeiro para investidores e analistas, Mason enfatizou, repetidas vezes, com um sotaque que soava quase canadense, que a empresa "ainda estava em sua fase inicial", e que eles acreditavam "estar à beira de profundas mudanças no comportamento do consumidor".

Mason destacou vários pontos fortes das finanças, incluindo o fato de que os custos do Groupon para captação de usuários vinham diminuindo; o número de consumidores ativos (aqueles que haviam comprado pelo menos uma oferta nos doze meses anteriores) subira para 33 milhões, significando um incremento anual de 20%; o faturamento bruto anual por consumidor ativo saltara de US$ 160, em 2010, para US$ 188; e a receita total mais do que quadruplicara em 2011, passando a US$ 1,6 bilhões, em meio a um confortável faturamento bruto de US$ 4 bilhões.

Certamente, eram números bastante expressivos, mas se alguém estivesse esperando por uma pitada do Andrew Mason humorista ficaria desapontado com o seu desempenho sóbrio e, até mesmo, desfalecido. A única gargalhada da teleconferência surgiu quando o diretor-executivo explicou uma ferramenta aprimorada de personalização: "Ela permite que o consumidor diga: 'Por favor, parem de me mandar ofertas de aulas de dança erótica'", apenas para que alguém ligue reclamando que gostaria de continuar recebendo e-mails com ofertas picantes (Mason fez, pelo menos, uma brincadeira interna, ao afirmar que a capacidade de vetar tais aulas era "uma característica muito procurada", uma referência às afirmações provocadoras sobre este assunto, feitas anteriormente por Kara Swisher, do *The Wall Street Journal*).

E, como se um analista da Goldman Sachs querendo roubar o foco de Mason não fosse uma evidência suficiente de que aquele 8 de fevereiro era mesmo o Dia do Contrário*, ninguém mais ninguém menos do que Henry Blodget, do *Business Insider*, contrariou as manchetes majoritariamente negativas que se seguiram à conferência sobre o balanço financeiro, dando ênfase ao lucro operacional do Groupon, que chegara a US$ 15 milhões naquele trimestre (em comparação com o prejuízo de US$ 336 milhões, no mesmo período do ano anterior), e insistindo que "a empresa já provou que seus inimigos estavam errados".

Rumando firmemente em direção ao crescimento futuro — e à expectativa de que todos os mercados regionais do Groupon seriam lucrativos dentro de dois anos —, Mason descreveu, em linhas gerais, como a empresa vinha quadruplicando seu quadro de colaboradores em desenvolvimento de tecnologia, agora abrigados em um novo escritório no Vale do Silício, já que pretendia continuar aperfeiçoando as ferramentas para comerciantes (como o "notável e mágico" programa Rewards) e as opções de personalização, ao mesmo tempo em que continuaria a criar novos produtos.

"O Groupon dos próximos cinco anos exigirá investimentos em tecnologia e inovações", afirmou o diretor-executivo. "Apesar do rápido crescimento, nossa estimativa é a de que estejamos atuando em menos de 1% de todas as transações locais." Isso deixava a empresa com uma grande margem de manobra. Se o Groupon conseguisse ampliar, de forma gradativa, a sua fatia de participação no comércio local, o aumento de receita resultante seria bastante significativo.

Mesmo sem apresentar uma expansão de tal ordem, depois de mais de seis meses de concorrência direta, o Groupon já possuía um tamanho de vinte a 25 vezes maior do que o do Google Offers e o da Amazon Deals, e suas margens de lucro relativas a cada oferta (ou "taxa de lucros") haviam retornado a níveis superiores a 40%. Enquanto isso, o principal rival, o LivingSocial, tivera um prejuízo de US$ 558 milhões em 2011, com receita de apenas US$ 245 milhões, ou menos de um sexto da receita do Groupon naquele ano. Com 150

---

* Data comemorativa existente nos Estados Unidos, comemorada no dia 25 de janeiro. (*N. do E.*)

milhões de associados e mais de 250 mil comerciantes como clientes em 47 países, os efeitos de rede do Groupon estavam começando a soar formidáveis, especialmente no momento em que a empresa seguia refinando os seus processos, a fim de implementar um "Sistema Operacional de Comerciantes Locais" completo, que atenderia a uma base de clientes cada vez mais sofisticados e exigentes. Esta era a forma pela qual o Groupon planejava vencer o que Kartik Ramachandran, vice-presidente de relações com investidores, chamava de "a briga de faca diária".

No dia seguinte à divulgação do balanço financeiro, a cotação das ações do Groupon continuou enfrentando sucessivos baques, mas o banco de investimentos William Blair & Company divulgou um boletim de análise em que afirmava: "Ainda que sejam necessários alguns meses para convencer os críticos, acreditamos que, no tocante aos fundamentos, o Groupon iniciou o quarto trimestre solidamente." A Goldman Sachs, a Morgan Stanley e a Wells Fargo também se mostraram otimistas, sendo que um analista da Wells, em artigo no *Journal*, ressaltou os efeitos de rede do Groupon: "A nosso ver, as barreiras para o bem-sucedido comércio on-line no mercado de ofertas diárias são subestimadas."

Mas analistas da J. P. Morgan e da Colin Stewart levantaram um alerta sobre a redução do crescimento no faturamento trimestral sequencial do Groupon. E, logo depois da divulgação dos resultados financeiros, Rick Summer, analista da Morningstar, cujo boletim pré-IPO fizera uma avaliação cética sobre as perspectivas do Groupon ("Excetuando-se as inovações significativas, podemos esperar que a falta de vantagens competitivas duráveis se tornará mais óbvia ao longo dos próximos dois anos"), declarou ao *Crain's Chicago Business*: "Ainda não temos respostas para as perguntas mais importantes, que são: o quão lucrativo este negócio é a longo prazo, e qual é o tamanho deste negócio?"

Em 30 de março, os incrédulos se deleitaram quando o Groupon republicou os seus resultados do quarto trimestre e alegou "falha material" em seu controle financeiro. Esta conturbada sucessão de acontecimentos, que significou uma redução de US$ 14,3 milhões na receita do quarto trimestre do Groupon, encolhendo-a para US$ 492,2 milhões, e um aumento no prejuízo líquido, dos US$ 42,7 milhões originais para US$ 65,4 milhões, se deveu, em parte, ao fracasso da empresa em separar um fluxo de restituição suficiente para as ofertas de valor mais elevado, que o Groupon passara a vender há pouco. Para evitar surpresas desagradáveis no futuro, a empresa reforçou a supervisão na contabilidade, mas, como resultado da republicação, as ações sofreram um impacto, despencando 17% em 2 de abril, primeiro dia de negociação depois do comunicado, e fechando quase cinco dólares abaixo de seu preço inicial. "Continuamos confiantes nos fundamentos de nosso negócio", afirmou o diretor financeiro, Jason Child, ainda que pelo menos um analista tenha rebaixado a avaliação das GRPN para "vender", e os velhos companheiros do Groupon na SEC cogitassem, segundo informações, dar início a uma investigação.

Apesar dessas preocupantes armadilhas, o Groupon agora se considerava grande o suficiente para enxergar a Amazon como sua principal concorrente, e optou por se relançar como um site de comércio eletrônico de amplo espectro. Havia, basicamente, dois lados na equação do comércio eletrônico: o atendimento da demanda, que era o caso dos consumidores que tradicionalmente buscavam a Amazon para comprar um item que já tinham em mente, e a geração de demanda — aqueles mesmos consumidores, que procuravam o Groupon para encontrar ofertas interessantes e comprar no impulso do momento. Cada vez mais, a Amazon e o Groupon montavam suas barraquinhas de limonada e invadiam os terrenos um do outro.

"Achamos que poderemos nos tornar a próxima grande empresa de comércio eletrônico, ao lado da Amazon", declarou Lefkofsky, no início de 2012.

Levará anos até que saibamos se o Groupon foi capaz de cumprir esta previsão — e, antes de tudo, a empresa terá que começar a gerar lucros regularmente e colocar suas finanças em ordem, a fim de evitar uma morte prematura. Mas, considerando-se a força de seu IPO e o vasto e inexplorado alcance dos mercados de comércio local mundiais, o corajoso gesto do Groupon, de recusar a oferta de quase US$ 6 bilhões do Google, poderá, simplesmente, ficar marcado como uma das jogadas mais audaciosas e vantajosas da história corporativa dos Estados Unidos.

AGRADECIMENTOS

Obrigado, primeiro, e mais do que tudo, a Julie Mossler, sem a qual este projeto não teria acontecido.

Sou grato a todas as pessoas no Groupon que, desde outubro de 2010, me deram amplo acesso à organização, por quase 16 meses. É raro encontrar fontes que falem abertamente tanto de seus fracassos quanto de seus sucessos, e que, inclusive, farão tudo o que estiver ao seu alcance para fornecer um relato completo sobre um período que foi verdadeiramente conturbado e incerto.

Andrew Mason não se mostrou muito animado com a ideia de escrever um livro sobre o Groupon, já que a empresa ainda dava os seus primeiros passos, mas ao tomar conhecimento de que a publicação levaria em consideração o frenético interesse pela empresa, ele colaborou comigo como se eu fizesse parte da família. Considerando-se que ele estava administrando a empresa com o maior ritmo de crescimento da história, Andrew foi generoso com o seu tempo, e compartilhou uma enorme quantidade de informações úteis. Mesmo que ele venha a se arrepender de algo, sou grato por ter me dado esta oportunidade. Eric Lefkofsky esteve presente nos momentos mais críticos. Rob Solomon não mediu esforços para atender às minhas solicitações, muito tempo depois de deixar o Groupon.

Agradeço, também, a Aaron With, a Joe Harrow e aos outros integran tes pioneiros do The Point — Matt Loseke, Steven Walker, Zac Goldberg —, assim como Brad Keywell, Darren Schwartz, Sean Smyth, Margo Georgiadis, Jeff Holden, Mihir Shah, Pat Garrison, Sophie Hinkley e todos os outros que me auxiliaram no Groupon. A equipe internacional, formada por Marc Samwer, Chris Muhr, Emanuel Stehle, Jens Hutzschenreuter e Raj Ruparell, foi tão franca quanto poderia ser. E foi, também, o elo com minhas fontes externas do Groupon.

Sou verdadeiramente abençoado no tocante aos editores e agentes: Dan Weiss, Matt Martz, toda a equipe da St. Martin's, Robert Gottlieb, Alanna Ramirez e Melissa Flashman, obrigado por suas sugestões, seu suporte, seu tempo e sua paciência.

E, por falar em paciência, obrigado a toda a minha família — especialmente Heather, Nick e Emma — por seu apoio enquanto eu trabalhava neste livro, e aos amigos maravilhosos que me orientaram, compartilharam suas ideias e ouviram minhas lamúrias.

Agradeço a Robert Feder e a Keir Graff, por sua cuidadosa leitura e seus conselhos ainda mais cuidadosos, e a Sam Weller, pela assistência de pesquisa. E muito obrigado aos meus colegas incrivelmente solidários da *Time Out Chicago*, onde este projeto teve início como uma matéria de capa, editada pela única e exclusiva Laura Baginski, com a colaboração de Jake Malooley, em uma entrevista concedida por Steve Albini. Tenho sorte por trabalhar com todos vocês.

Finalmente, obrigado a você que leu este livro. Para atualizações contínuas sobre o Groupon e o compartilhamento de opiniões, por favor, acesse franksennett.com.

Este livro foi composto na tipologia Minion Pro,
em corpo 10,5/14,6, e impresso em papel off-white,
no Sistema Cameron da Divisão Gráfica
da Distribuidora Record.